Mystische Pfade
Odenwald

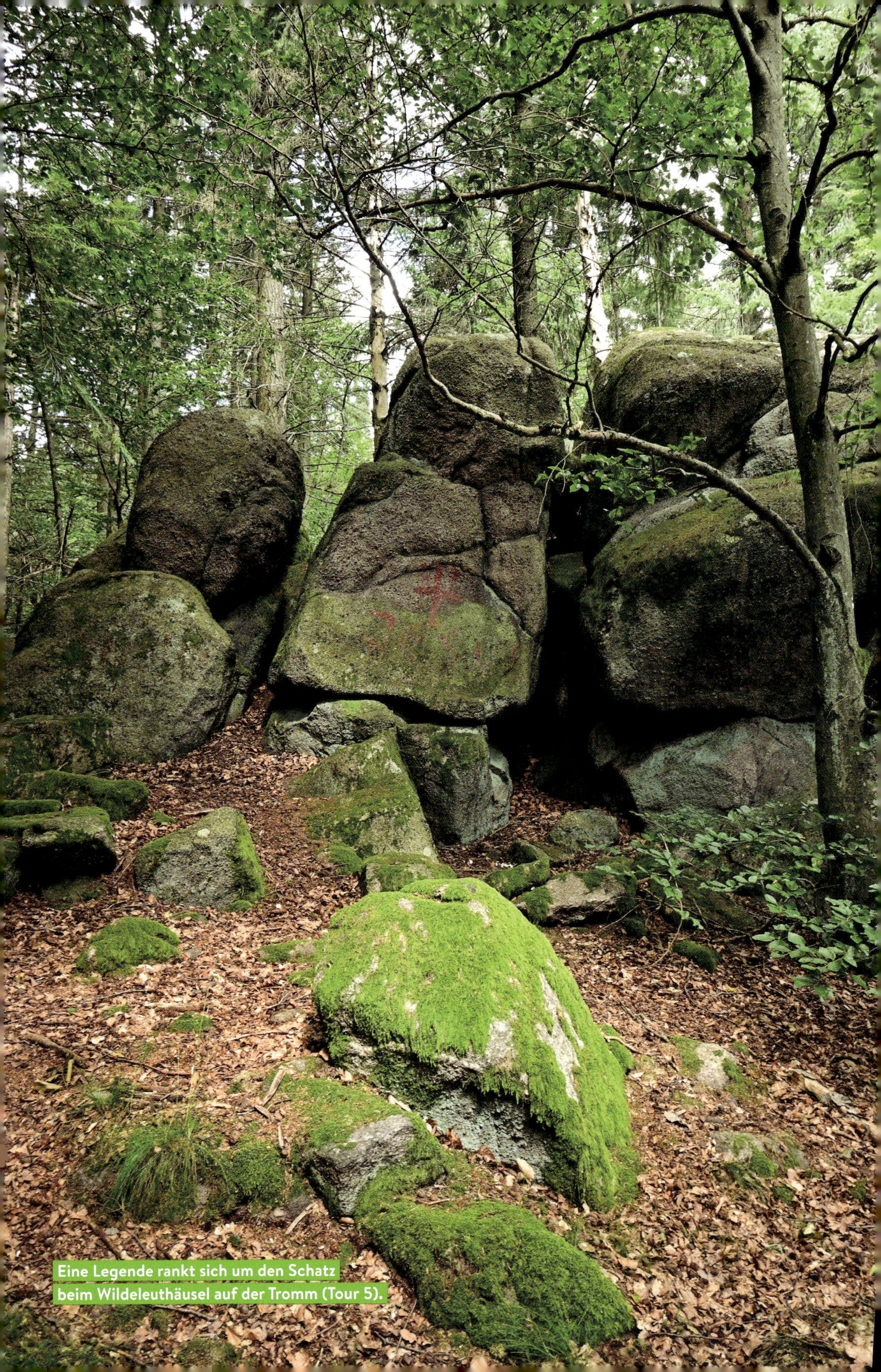

Eine Legende rankt sich um den Schatz beim Wildeleuthäusel auf der Tromm (Tour 5).

Albrecht Ritter

Mystische Pfade
ODENWALD

34 Wanderungen auf den Spuren von Mythen und Sagen

BRUCKMANN

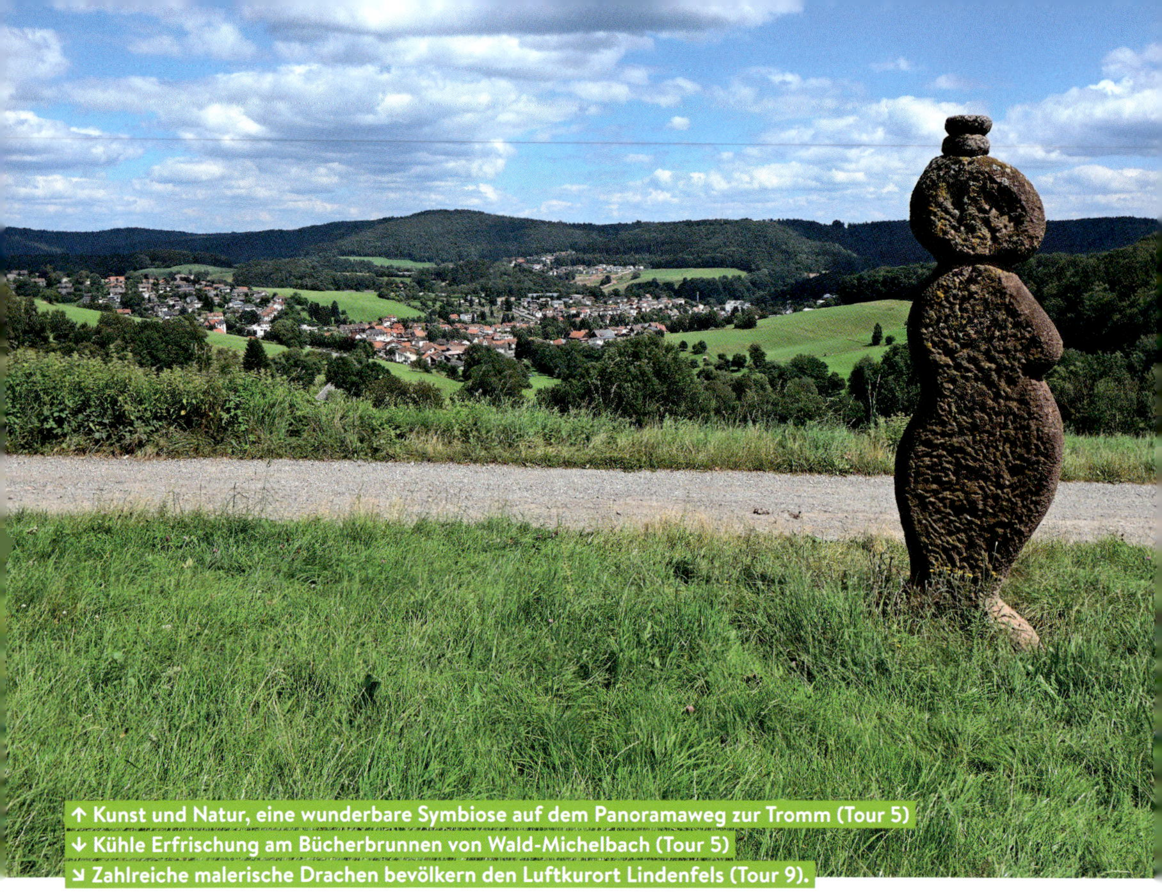

↑ Kunst und Natur, eine wunderbare Symbiose auf dem Panoramaweg zur Tromm (Tour 5)
↓ Kühle Erfrischung am Bücherbrunnen von Wald-Michelbach (Tour 5)
↘ Zahlreiche malerische Drachen bevölkern den Luftkurort Lindenfels (Tour 9).

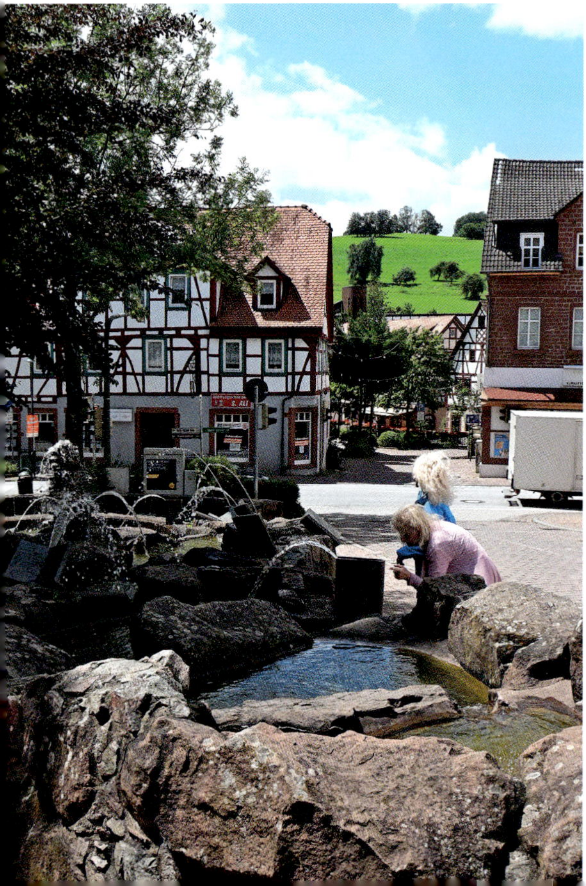

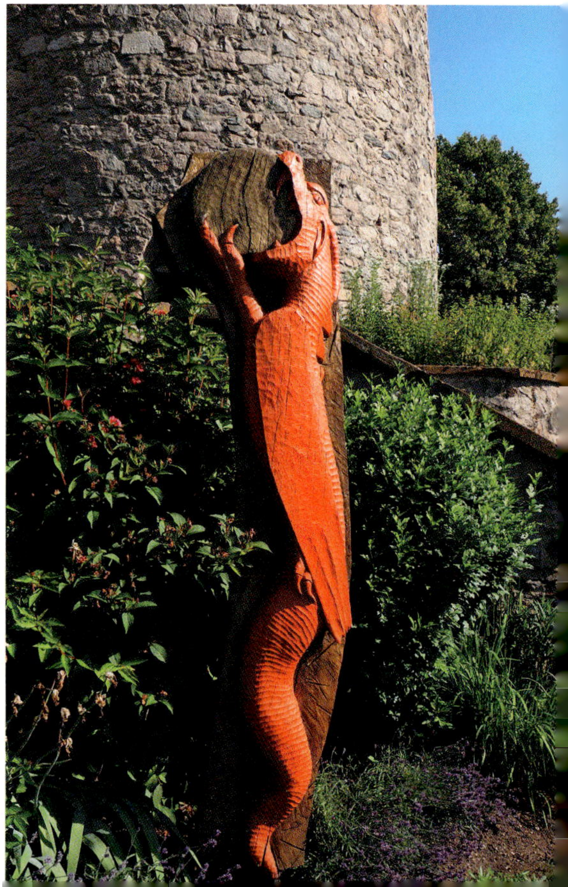

INHALT

DIE TOUREN

Vorderer Odenwald

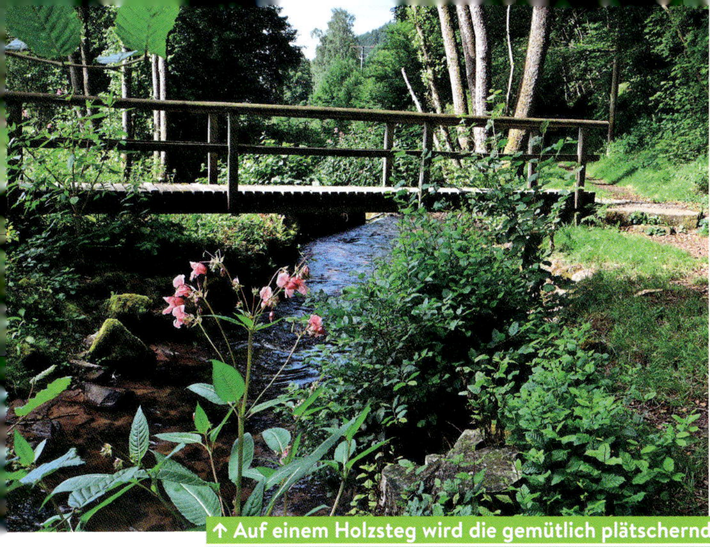 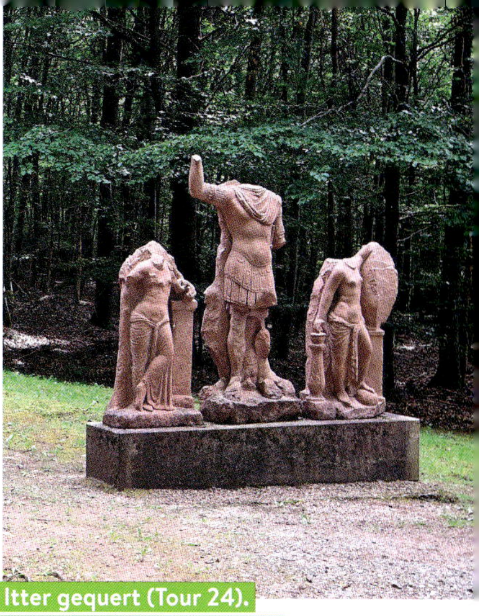

↑ Auf einem Holzsteg wird die gemütlich plätschernde Itter gequert (Tour 24).
↗ Göttliche Grüße am Odenwaldlimes beim Wachturm Schneidershecke (Tour 24)

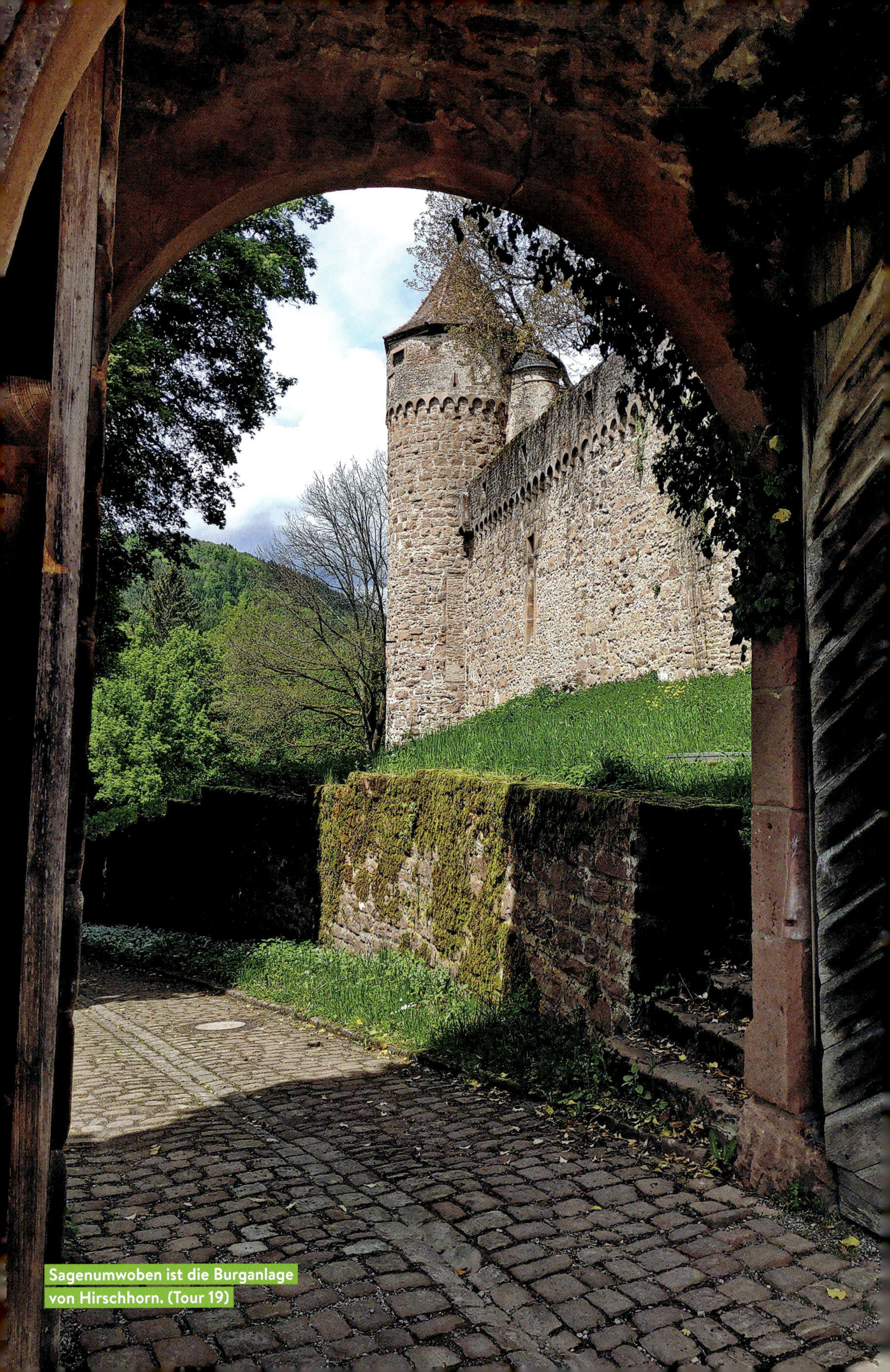

Sagenumwoben ist die Burganlage von Hirschhorn. (Tour 19)

Vorwort

ICH KANN MICH NOCH GUT ERINNERN, wie ich als junger Student der Geografie in Frankfurt meine erste Exkursion in den Vorderen Odenwald machte. Die Landschaft erinnerte mich ein bisschen an die Ausflüge meiner Kindheit, die jedoch aufgrund meiner süddeutschen Herkunft meist ins Allgäu oder ins Schweizer Voralpenland führten. Mit Entzücken stellte ich fest, dass die rundlichen und bewaldeten Kuppen mit Viehweiden und Streuobstbeständen zwischen tief eingeschnittenen Tälern, abgesehen von der Bauweise der Häuser und dem fehlenden Alpenpanorama, dennoch manche Gemeinsamkeiten mit dem Alpenvorland haben. Dies faszinierte mich so sehr, dass ich heute am westlichen Eingangstor zum Odenwald, an der schönen Bergstraße, wohne und so oft ich Lust und Laune habe, durch die hügelige Mittelgebirgslandschaft stromern kann.

Ob dies nun auf mystischen Pfaden geschieht, oder auf einem der traditionsreichen und ausgezeichneten Fernwanderwege, wie Nibelungensteig, Neckarsteig oder Alemannenweg, oder einfach auf einem der zahlreichen hervorragend markierten Rundwanderwege des Odenwaldklubs, ist egal. In jedem Fall finden wir überall im Odenwald eine abwechslungsreiche und vielfältige Landschaft, die eine Menge Geschichten zu erzählen hat. Ihre Sagen und Legenden sind weithin bekannt. Allen voran die Erzählung um Siegfried den Drachentöter, von dem mehrere Gemeinden im Odenwald behaupten, die Quelle des berüchtigten Meuchelmordes läge auf ihrem Territorium. Wir werden auf unseren Wanderungen gleich drei sogenannte Siegfriedbrunnen aufsuchen. Weithin bekannt ist die Geschichte des geheimnisvollen Zuges des Rodensteiners und seines wilden Heeres. Bei Kriegsbeginn zieht er mit wildem Geklapper, Peitschenknallen und Hundegebell vom Schnellerts zum Rodenstein, um am Ende des Krieges wieder zurückzukehren. Ritter Georg von Frankenstein, der den Drachen tötete – es sind zahlreiche Geschichten, die man sich einst in den düsteren Bauernstübchen erzählte.

Lassen Sie sich entführen in die reichhaltige Kulturgeschichte dieses zauberhaften Landstrichs, deren Zeugen man oft am Wegesrand entdeckt. Kunstvoll gestaltete Bildstöcke aus Sandstein, alte Sühne- und Wegekreuze finden wir allerorten. Und wem das noch nicht genug ist, der besucht die verlassenen staufischen Burgruinen, wo in einem der Gemäuer vermutlich sogar Teile des mittelalterlichen Parzival-Epos entstanden. Ob nun die Herkunft des Namens Odenwald aus Oden (= Sagen) als »Wald der Sagen« zutreffend ist, oder eher jene, die ihn dem germanischen Göttervater Odin zuschreibt, beide Varianten unterstreichen den mystischen Ursprung des sagenumwobenen Mittelgebirges zwischen Rhein, Neckar und Main. Also ziehen wir los und lassen uns verzaubern.

Viel Freude beim Wandern und Entdecken wünscht

Albrecht Ritter

Willkommen im Odenwald

Nehmen Sie sich Zeit und entdecken Sie die Besonderheiten dieser reizvollen Landschaft, deren Natur und Kultur einige Juwelen zu bieten hat.

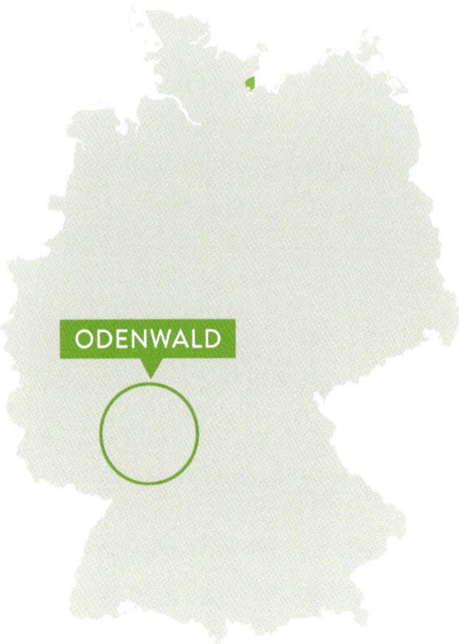

Geo-Naturpark Bergstraße-Odenwald

Der Geo-Naturpark Bergstraße-Odenwald erstreckt sich zwischen den Flüssen Rhein, Main und Neckar auf einer Fläche von 3800 km^2. Er zählt mit seiner Gründung im Jahr 1960 zu den ersten Naturparks Deutschlands und trägt inzwischen die Auszeichnung UNESCO Global Geopark. Überall im Odenwald findet man die Tafeln des Geoparks, die über geologische, aber auch kulturelle Phänomene informieren. Ranger und Vor-Ort-Begleiter bieten spannende Führungen durch die Landschaft an. Alles Nähere dazu findet man auf www.geo-naturpark.net

Odenwälder Berge

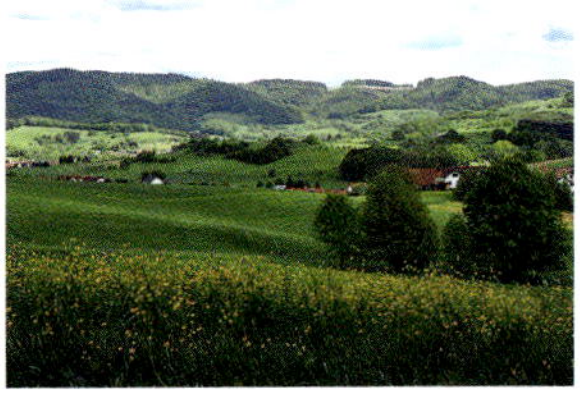

Der Katzenbuckel bei Eberbach ist mit 626 m die höchste Erhebung. Die Neunkircher Höhe im Norden ragt mit 605 m heraus.

Wandern im Odenwald

Das Wanderwegesystem im Odenwald ist klug und genial. Fernwanderwege sind mit Buchstaben und geometrischen farbigen Motiven gekennzeichnet. Rundwanderwege des Geo-Naturparks sind gelb, örtliche Rundwanderwege weiß oder grün.

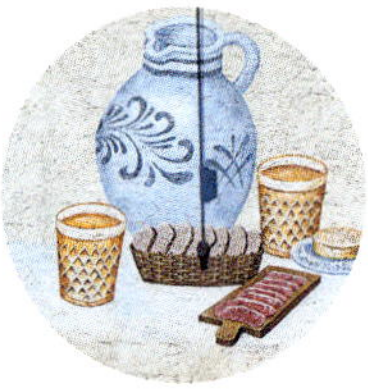

Odenwälder Küche

Eher deftig speist man im Odenwald. Es gibt den Kochkäse oder fast in Vergessenheit »Himmel un Erd« aus Äpfeln, Kartoffeln, Speck und Blutwurst.

20 Kunstwege

Eine einmalige Symbiose von Kunst und Landschaft findet man auf den 20 Kunstwegen der Sparkassenstiftung Starkenburg. Wanderkarte dazu im Downloadbereich der Homepage.

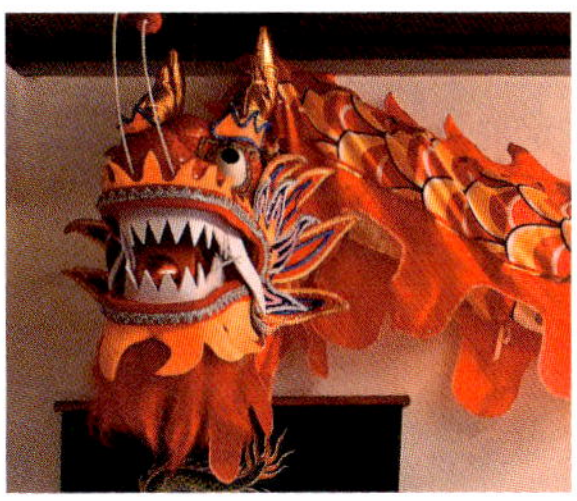

Drachen in Lindenfels

Eine Kuriosität der besonderen Art ist das Drachenmuseum in Lindenfels. Hier sind die Fabelgestalten aus alllen Kulturen ausgestellt und man erfährt einiges über die gruseligen Wesen.

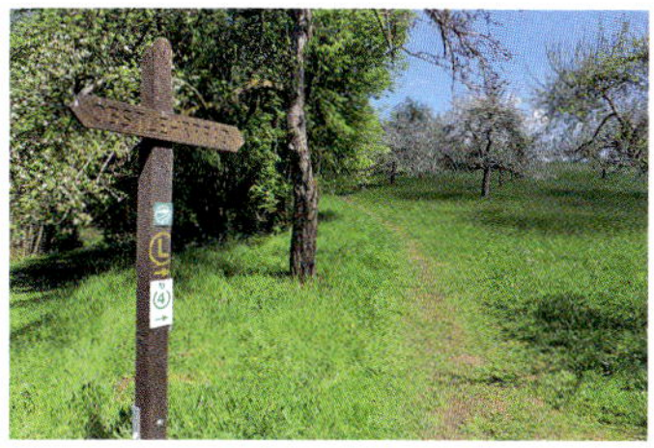

Odenwälder Streuobstwiesen

Überall im Odenwald finden wir die knorrigen Obstbäume, die das Landschaftsbild bestimmen und sogar von einem Förderverein Odenwälder Apfel gehegt und gepflegt werden. Probieren Sie in einer Odenwälder Kelterei den frisch gepressten Apfelsaft oder ein »Stöffsche« Apfelwein.

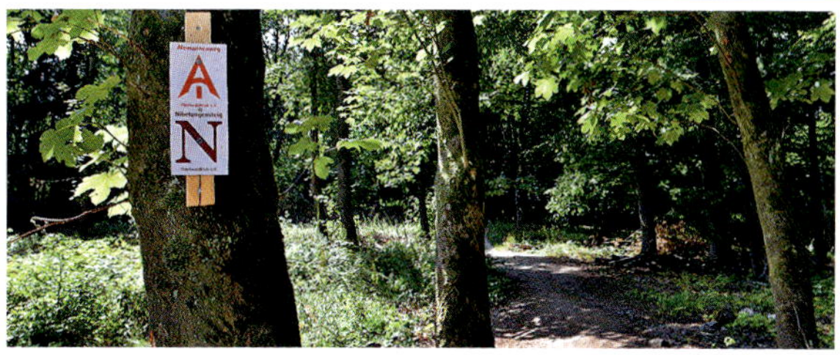

130 Kilometer

Auf einer Länge von 130 km schlängelt sich der Qualitätswanderweg Nibelungensteig quer durch den Odenwald von West nach Ost, von der Bergstraße bis zum Main im fränkischen Freudenberg. Dabei werden 4000 hm überwunden. Ein Highlight für Freunde von Fernwanderwegen.

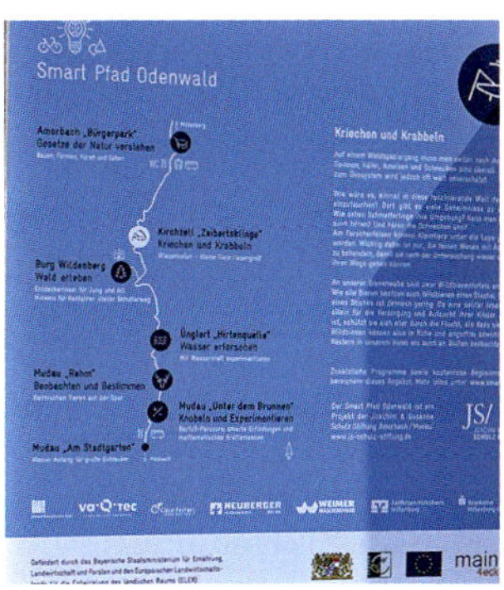

Der Smart Pfad Odenwald

Smart im Sinne von pfiffig oder schlau, werden Kindern naturwissenschaftliche Gesetze spielerisch beigebracht. Auf einer Länge von 15 km zwischen Mudau und Amorbach ist auf 6 Erlebnisstationen Experimentieren und Tüfteln angesagt. Ein Spaß für die ganze Familie. Der Pfad kann zu Fuß oder mit dem Fahrrad besucht werden, wobei ein Start in Mudau angenehmer ist, da man dann nur bergab radelt oder wandert. Mehr Infos unter www.smart-pfad.de

Bruckmann-Tourenfinder

Für jeden Tag die richtige Tour

			Std.	km	hm									
01	Schriesheim – Spatschlucht	🔴	5.15 h	13,4	680		✓	✓	✓		✓		✓	
02	Steinberg – Eichelberg	🔴	5.00	14,8	570	✓	✓		✓	✓	✓		✓	
03	Lichtenklinger Hof	🔵	3.45	11,3	370	✓	✓	✓	✓		✓		✓	
04	Birkenau – Götzenstein	⚫	4.45	17,7	650	✓			✓	✓	✓		✓	
05	Wald-Michelbach – Tromm	🔵	5.00	15,1	460	✓	✓	✓	✓	✓			✓	
06	Laudenbach – Kreuzberg	🔴	5.00	14,0	560	✓	✓		✓		✓		✓	
07	Mörlenbach – NaturKraftWeg	🔴	4.00	13,2	340	✓	✓		✓	✓	✓		✓	
08	Hammelbacher Klangweg	🔵	4.00	12,3	330	✓	✓	✓	✓	✓		✓	✓	
09	Lindenfels – Schlierbach	🔴	4.00	11,4	450	✓	✓	✓	✓	✓			✓	
10	Reichenbach – Knoden	🔴	4.45	12,5	560	✓	✓		✓		✓		✓	✓
11	Felsenmeer	🔴	4.00	9,7	480	✓	✓	✓			✓		✓	
12	Neunkircher Höhe	🔵	3.15	9,4	330	✓	✓		✓		✓		✓	
13	Neunkirchen – Rodenstein	🔴	4.30	12,8	490	✓	✓	✓	✓		✓		✓	✓
14	Ober-Kainsbach – Schnellerts	🔴	6.30	17,7	630	✓				✓			✓	
15	Fischbachtal	🔴	4.45	13,0	500		✓	✓	✓		✓		✓	
16	Burg Frankenstein	🔴	5.30	15,1	590	(✓)	✓	✓	✓		✓		✓	

Nr.	Tour		Std.	km	hm									
17	Neckargemünd – Dilsberg	🔴	5.15	15,0	620	✓	✓	✓	✓		✓		✓	
18	Burg Stolzeneck	🔵	3.45	10,2	440		✓	✓	✓		✓		(✓)	
19	Waldbrudershütte	🔴	4.00	13,3	520		✓		✓		✓		✓	
20	Katzenbuckel	🔵	4.15	12,7	490	✓	✓	✓	✓		✓		(✓)	
21	Reisenbacher Grund	🔴	4.45	13,9	480	✓	✓	✓	✓		✓		✓	
22	Dürr Ellenbach	🔵	4.30	13,4	440		✓	✓	✓		✓		✓	
23	Burg Freienstein	🔴	5.00	15,9	380	✓	✓	✓	✓	✓	✓		✓	
24	Odenwaldlimes	⚫	6.00	16,6	540	✓		✓	✓				✓	
25	Schöllenbach – Hesselbach	🔴	4.45	14,1	420	✓	✓	✓	✓		✓		✓	
26	Grasellenbach – Güttersbach	🔴	4.45	14,0	440	✓	✓	✓	✓		✓	✓	✓	
27	Kirchzell – Wildenburg	⚫	6.00	17,8	680	✓		✓	✓				✓	
28	Amorbach – Zittenfelden	⚫	5.45	16,6	570	✓		✓	✓	✓	✓		✓	
29	Weschnitz – Lärmfeuer	🔴	5.00	14,8	450	✓	✓	✓	✓		✓		✓	
30	Würzberg – Schrahmühle	🔴	5.00	15,6	380		✓	✓	✓		✓		✓	
31	Michelstadt	🔵	4.30	13,8	340		✓		✓	✓			✓	
32	Höchst – Obrunnschlucht	🔴	5.30	17,1	410	✓		✓	✓				✓	
33	Bürgstadt – Centgrafenberg	🔵	4.45	13,4	430		✓	✓	✓		✓		✓	
34	Vielbrunn	🔴	5.00	15,6	460	✓	✓		✓	✓	✓		✓	

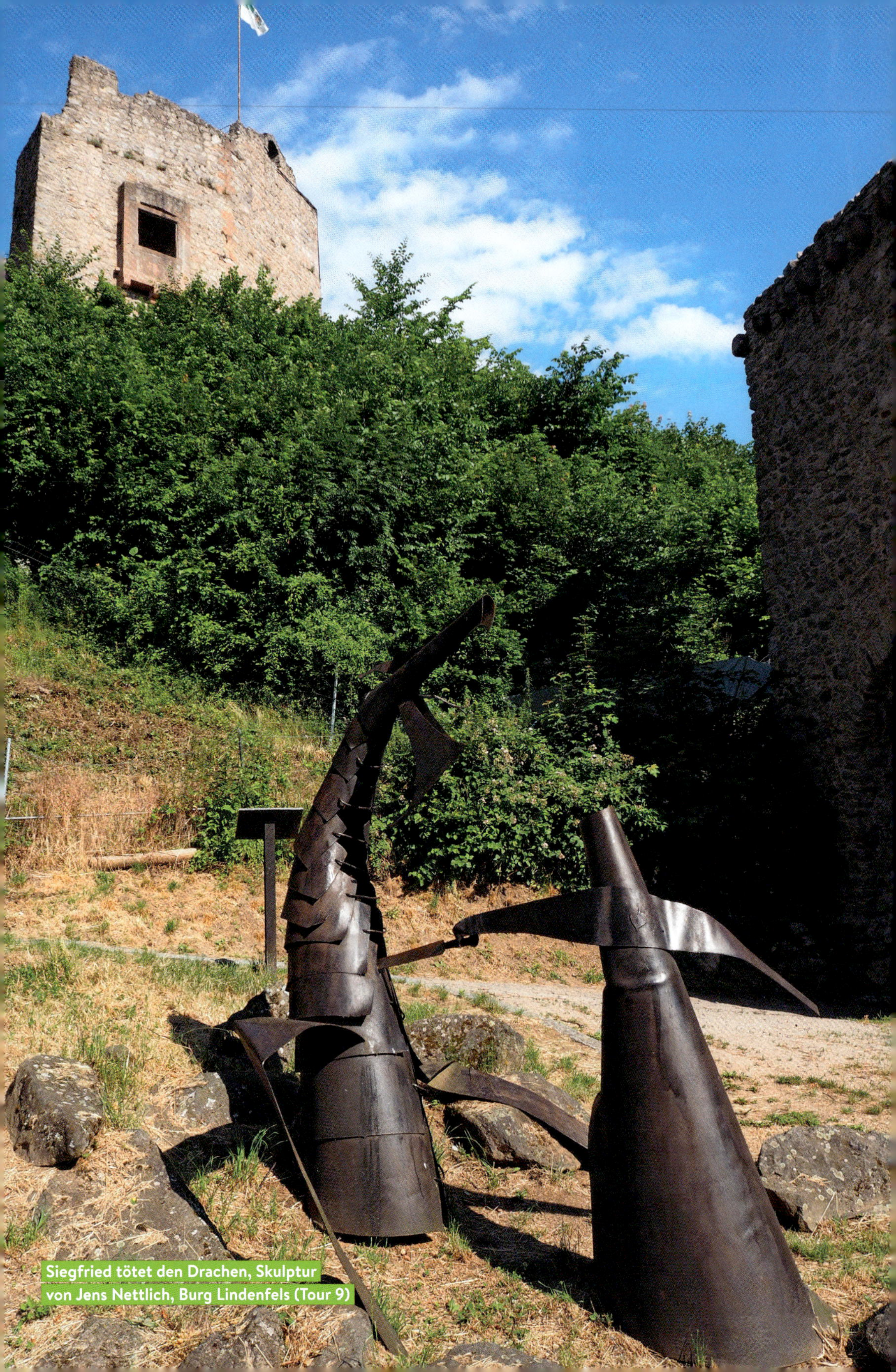

Siegfried tötet den Drachen, Skulptur von Jens Nettlich, Burg Lindenfels (Tour 9)

INFO

PIKTOGRAMME ERLEICHTERN DEN ÜBERBLICK

Gehzeit

Länge

Höhenunterschied

Einkehr

kindergeeignet

Sehenswürdigkeit

wintergeeignet

viel Sonne

schattiger Weg

Baden

ÖPNV

Klettern

ANFORDERUNGEN

Die schwierigste Passage ist maßgebend für die Einstufung der jeweiligen Tour, auch wenn nur einzelne Komponenten aus den Angaben der Einstufungen zutreffen.

● LEICHT

Technisch einfache Wanderung auf guten Wegen und Pfaden ohne starke Steigungen. Ausgesetzte oder schwierige Stellen sind hier kaum vorzufinden.

● MITTEL

Mittelschwere Wanderung auf Pfaden und Wegen, die aufgrund von Länge und Höhenunterschieden eine gewisse Kondition und Ausdauer erfordern.

● SCHWER

Wanderung auf teilweise steilen Wegen mit spürbaren Anforderungen an die Kondition.
Orientierungsvermögen ist geboten.

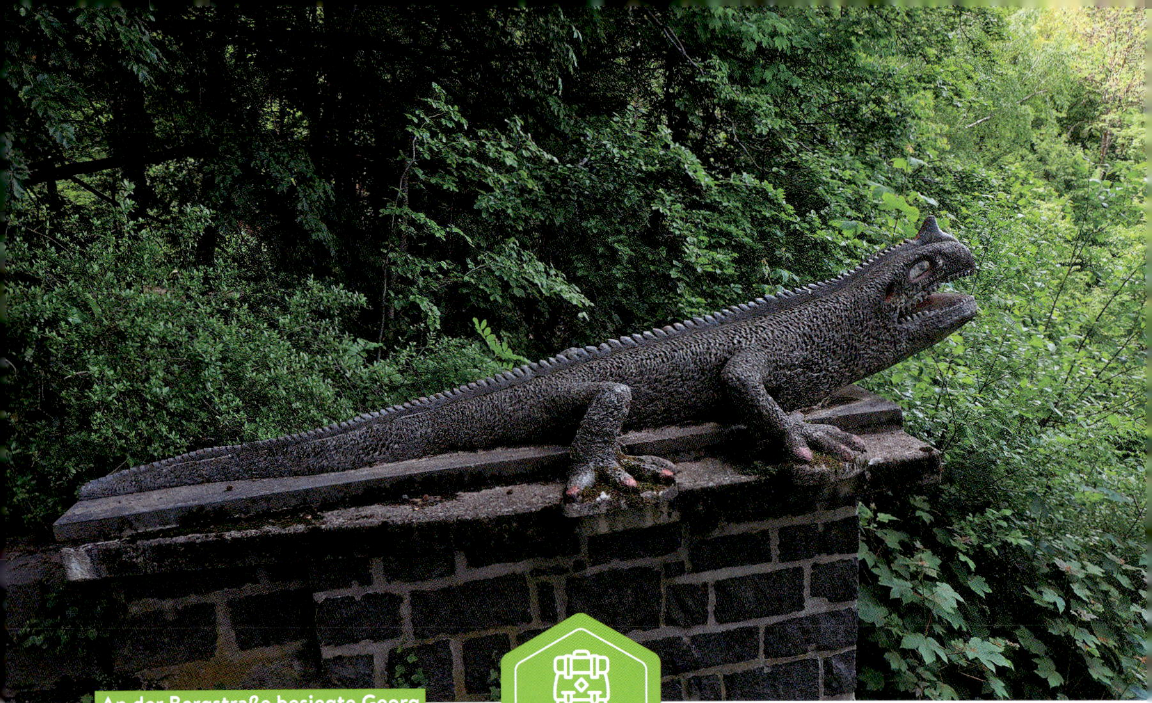

An der Bergstraße besiegte Georg von Frankenstein den bösen Drachen (Tour 16).

Zeitreise in die Kulturgeschichte

Von Römern, Klöstern und Burgen

»HEIT HAB ISCH DE ADAM GEFUNNE«, so wird kolportiert, habe der Arbeiter abends am Stammtisch erzählt, der im Jahr 1907 den Unterkieferknochen des ca. 600 000 Jahre alten Homo heidelbergensis aus der Sandgrube in Mauer bei Heidelberg ausgebuddelt hat. Seit dieser Frühgeschichte der Menschheit verlieren sich wieder menschliche Spuren. Nur weniges hinterließen die Menschen der Jungsteinzeit. Funde aus dieser Zeit beschränken sich eher auf die Randgebiete des Odenwalds, wie die Menhire der Scheftheimer Wiesen im Messeler Hügelland. Erst mit den Kelten, die sesshaft waren, Ackerbau betrieben und die Metallbearbeitung beherrschten, entwickelte sich allmählich eine Kulturlandschaft, die der heutigen ähnelt. Nur wenige Zeugnisse aus dieser Zeit finden wir im Odenwald. Reste eines keltischen Ringwalls (Tour 15) auf der Altscheuer im Fischbachtal, oder am Heiligenberg bei Heidelberg stammen aus dieser Epoche. Die Römer, die um die Zeitenwende auf die Bildfläche traten, fanden daher eine kaum besiedelte Mittelgebirgslandschaft vor und konnten ihre Expansion vom Rhein nach

Osten anfänglich ohne große Gegenwehr betreiben. Außer ihren Steinwerkstätten im Felsberggebiet (Tour 11), wo sogar Teile der Porta Nigra in Trier bearbeitet wurden, findet man ihre Spuren eher am Rande (Tour 17) und im Hinteren Odenwald rund um ihre Grenzbefestigung, den Odenwaldlimes (Touren 24 und 15). Um 260 n. Chr. überrannten die Alemannen die römischen Stellungen und gaben ein kurzes Intermezzo, bevor die Burgunder die Herrschaft übernahmen und sich mit der Nibelungensage ein ewiges Denkmal setzten. Dieses mittelalterliche Epos hier darzulegen, würde den Rahmen sprengen. Auf mehreren Wanderungen wird es uns ausführlich auf Infotafeln erzählt. Eine künstlerisch schön gestaltete Kurzfassung bieten die Schilder und Kunstwerke von Tour 33 bei Bürgstadt. Die eigentliche Besiedlung des Odenwalds bis in die hintersten Winkel erfolgte dann zurzeit der fränkischen Herrschaft ab 600 n. Chr., die mit der Gründung der Klöster Lorsch, Amorbach und Fulda die Kolonialisierung und Christianisierung vorantrieben. Klostervögte und Adelsfamilien sicherten die neu gegründeten Territorien und verwalteten sie von ihren Burgen und Schlössern, an deren Mauerresten wir auf mehreren Touren entlangstreifen und von deren Zinnen wir unvergessliche Ausblicke genießen. Immer wieder begegnen uns die alten Grenzsteine der große Teile des Odenwalds beherrschenden und heftig rivalisierenden Häuser Kurpfalz und Kurmainz. Im Kampf um den »richtigen« Glauben, im Dreißigjährigen Krieg, der die Hälfte der Bevölkerung dahinraffte, verschwanden viele Dörfer. Dasselbe passierte in den großen Hungersnöten nach den Napoleonischen Kriegen (siehe Tour 21 und 22). Nach Auflösung der Großherzogtümer Hessen und Baden und dem Königreich Bayern teilen sich Hessen, Baden-Württemberg und Bayern das bewaldete Mittelgebirge zwischen Rhein, Neckar und Main.

IM REICH DER SAGEN UND LEGENDEN

Auch wenn es nicht gesichert ist, dass der Name Odenwald (Ode = Sage) in einem Zusammenhang mit dem reichhaltigen Sagenstoff dieses Mittelgebirges steht, darf man dennoch konstatieren, dass diese Definition stichhaltig wäre. Große Mythen und Sagen handeln im Odenwald oder stehen im Zusammenhang damit. So das weit bekannte Nibelungenlied, in dem Siegfried der Drachentöter beim Jagdausflug sein Leben ließ (Tour 26), genauso wie der mitteldeutsche höfische Versroman Parzival von Wolfram von Eschenbach, der vermutlich um 1200 in Teilen auf Burg Wildenburg verfasst wurde (Tour 27). Nicht zu vergessen der Rodensteiner, der mit seinem wilden Heer durch die Lüfte fegt. Ist die Geschichte vom Felsenmeer, wo sich zwei Riesen mit Steinen bewarfen, nicht faszinierender als die bloße

Der Waldner-Turm bei Hemsbach.
Beliebt bei Wanderern und Radlern (Tour 6)

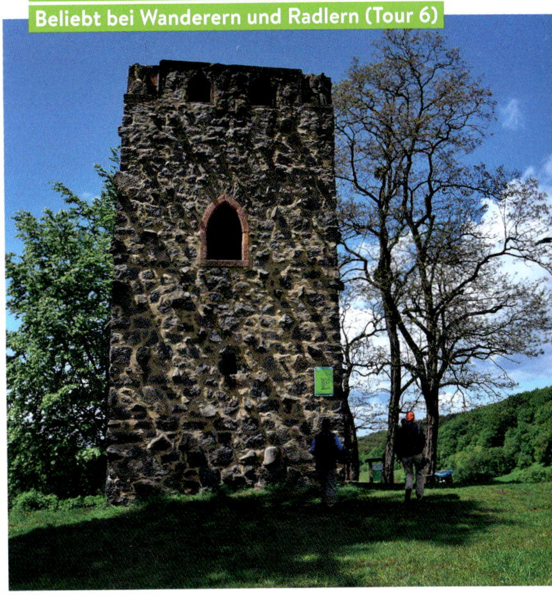

wissenschaftliche Erklärung von Felsblöcken, die in den Eiszeiten hangabwärts rutschten? Mythen von »wilden Weibchen« in Felshöhlen, die den armen Menschen zu Reichtum verhelfen können (Tour 13), lassen uns die bizarren Steinblöcke mancherorts in einem anderen Licht erscheinen. Und was wäre der Odenwald ohne seine Knodener? Nur sie verstanden den Zauber des Bannens und konnten ihre Feinde zur Not auf diese Art festhalten (Tour 10). Jedes Dorf und jede

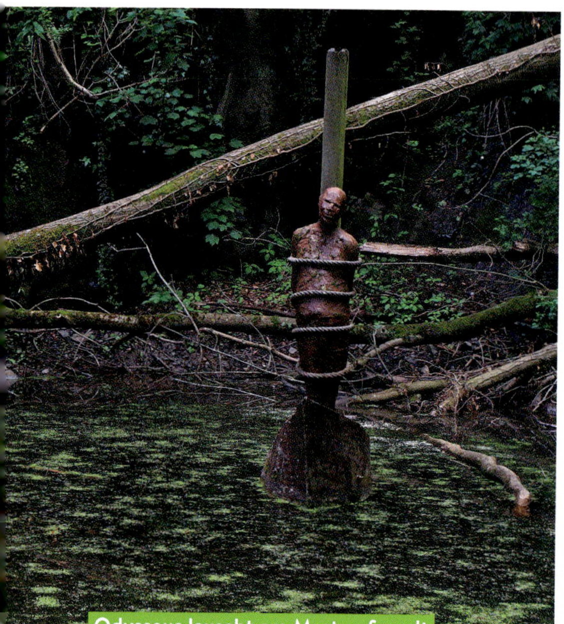

Odysseus lauscht am Mast gefesselt dem Gesang der Sirenen (Tour 16).

Stadt hat eigene Geschichten von Reitern ohne Kopf, von weißen Frauen, die nachts erscheinen, von Elfen, die Träume erfüllen, von riesigen Hunden, die zähnefletschend magische Schätze bewachen und von Hexen und Teufeln. Es gibt unzählige davon. Dazu die Legenden von wundersamen Heilungen an mittelalterlichen Quellheiligtümern, die schon in vorchristlicher Zeit aufgesucht wurden (Tour 12, 25 und 26). Nur ein paar dieser Geschichten kommen hier zur Sprache und begegnen uns auf unseren Wanderungen. Sie sollten als Anreiz verstanden werden, dieses in der Tat sagenhafte Kulturgut kennenzulernen und in Erinnerung zu behalten.

NATURRÄUME Die in diesem Buch vorgenommene Aufteilung orientiert sich an der geologischen Struktur des Odenwalds. Da die Erdgeschichte im Odenwald zwei völlig unterschiedliche Landschaftsräume entstehen ließ, scheint eine solche Einteilung sinnvoll. Dass dies zu leichten Überschneidungen führt, die sich nicht eindeutig zuordnen lassen, sei dem Autor verziehen.

KRISTALLINER (VORDERER) ODENWALD

Direkt angrenzend an die Oberrheinische Tiefebene bis zu den Höhenzügen der Tromm bei Wald-Michelbach spricht man vom Kristallinen Odenwald. Die Deckschichten des Erdmittelalters aus Buntsandstein, Muschelkalk und Keuper sind hier infolge der steilen Anhebung des Oberrheingrabens wieder abgetragen. Die Grundgebirgsschichten des vor 350 Mio. Jahren entstandenen variskischen Gebirges aus magmatischen Tiefengesteinen bilden ein stark gegliedertes, kuppiges Relief, dessen Grundlage aus harten Graniten, Dioriten und Mischformen besteht. An der Oberfläche finden wir artenreiche Laubmischwälder, durchmischt mit Wiesen und Weideflächen und Streuobstwiesen. Die tief eingeschnittenen Täler und Felsformationen bilden eine wunderbare Kulisse für abwechslungsreiche Wanderungen mit zuweilen knackigen An- und Abstiegen auf urigen Waldpfaden. Höchste Erhebungen sind die Neunkircher Höhe mit 605 Metern (Tour 12 und 13) sowie der Melibokus an der Bergstraße mit 517 Metern. Klimatisch ist der Vordere

Odenwald noch eher dem milden Bergsträßer Klima ähnlich.

BUNTSANDSTEIN (HINTERER) ODENWALD
Östlich des Tromm-Gebirges und auch im Kleinen Odenwald, südlich des Neckars, wurden die Buntsandsteinschichten aus dem Erdmittelalter noch nicht abgetragen. Sie bilden vorwiegend mit dichtem Nadelwald bestandene zertalte Hochflächen, die landwirtschaftlich genutzt werden. Vor allem am südlichen Rand, wo die Hebung des Oberrheingrabens sich intensiver auswirkte, bildeten sich durch heftige Erosion malerische Schluchten der zum Neckar mündenden Gewässer. Je weiter man nach Osten kommt, desto weniger markant sind die Höhen der Berge und die Tiefen der Täler ausgeprägt. Die Landschaft zeigt sich eher lieblich. Als höchster Berg des Odenwalds ragt der tertiäre Basaltkegel des Katzenbuckels mit 626 Metern hervor. Wanderungen im Hinteren und fränkischen Odenwald folgen oft Forst- und Waldwegen mit weniger ausgeprägtem Gefälle. Das Klima der Hochebenen des Hinteren Odenwalds ist mancherorts rau. Hier macht sich der Frühling erst im Mai bemerkbar. Nicht umsonst nennt man die Region nordöstlich des Katzenbuckels den »Winterhauch«.

ZU DEN WANDERUNGEN Das Wandergebiet des Odenwalds ist mit einigen Ausnahmen als eher moderat zu bezeichnen. Nur im Vorderen Odenwald trifft man zuweilen auf steile An- oder Abstiege, die Trittsicherheit erfordern. Fast alle Touren folgen den ausgezeichneten farblichen Markierungen des Odenwaldklubs, oder des Geo-Naturparks Bergstraße-Odenwald. Wenn hiervon abgewichen wird, ist es im Text deutlich beschrieben. Die Hauptwanderwege erkennt man an unterschiedlichen geometrischen und farbigen Symbolen. Rundwanderwege sind in gelbem Kreis und örtliche Wanderwege in weißem Kreis angezeigt. Dazu kommen die Fernwanderwege meist mit Buchstaben, wie das rote A des Alemannenwegs, oder das N des Nibelungensteigs. Sollten Sie auf einer Tour längere Zeit kein Wanderzeichen mehr finden, könnte es ein Hinweis sein, dass eine Abzweigung übersehen wurde. Denken Sie daran, dass sich die genannten Gehzeiten ohne Pause verstehen und nur Anhaltswerte sind.
Kurze Touren mit geringen Steigungen sind blau gekennzeichnet. Rot sind eher längere Runden, die etwas Kondition erfordern. Schwarz sind Touren im Mittelgebirge des Odenwalds nur auf Grund ihrer Länge, oder wenn es mehrfach bergauf und bergab geht. Meistens finden sich dann allerdings Möglichkeiten zur Abkürzung, wie in Text oder Karte erwähnt. Leider kommt es immer wieder vor, dass Wanderwege den Holzfällerarbeiten weichen müssen oder gesperrt sind. Vor allem klimabedingte Abholzungen von Fichtenbeständen findet man heutzutage allerorten. Bleiben Sie an stürmischen Tagen besser zu Hause. Hier lauern in den Wäldern manche Gefahren durch umstürzende Äste und Bäume. GPS-Daten zu allen Touren finden Sie auf http://gps.bruckmann.de.

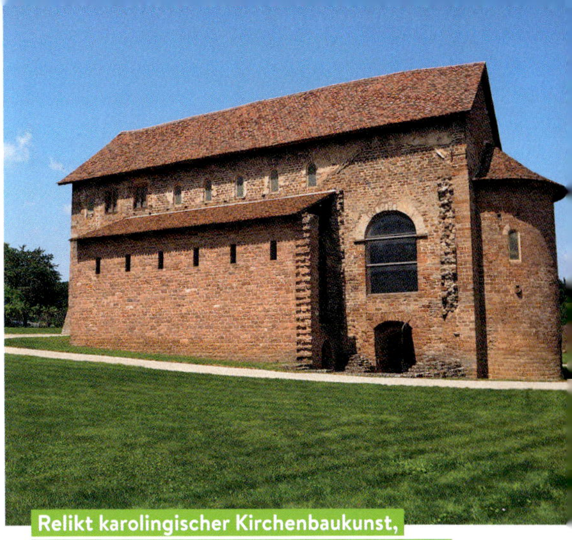

Relikt karolingischer Kirchenbaukunst, die Einhardsbasilika in Michelstadt (Tour 31)

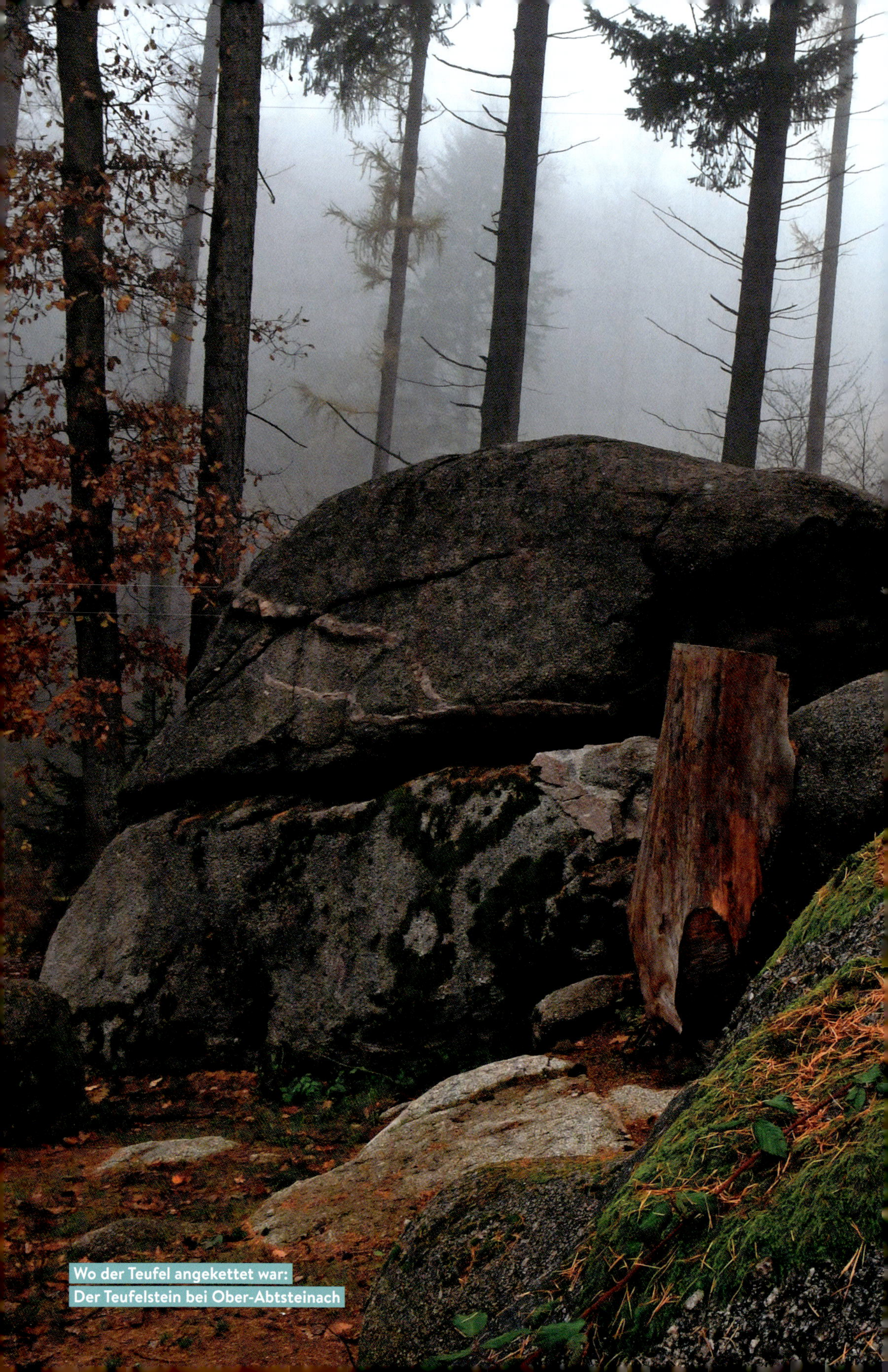

Wo der Teufel angekettet war:
Der Teufelstein bei Ober-Abtsteinach

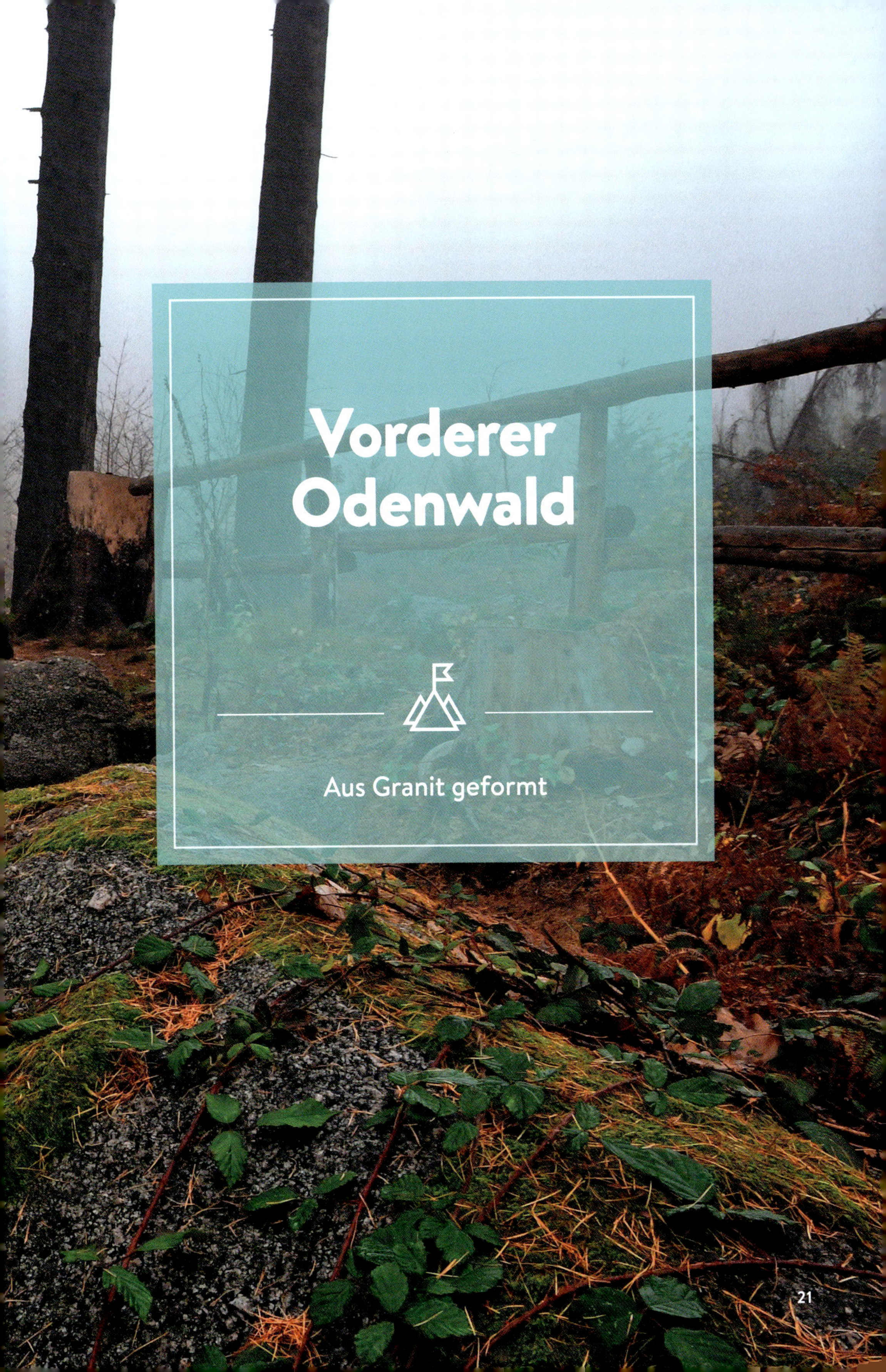

Vorderer Odenwald

Aus Granit geformt

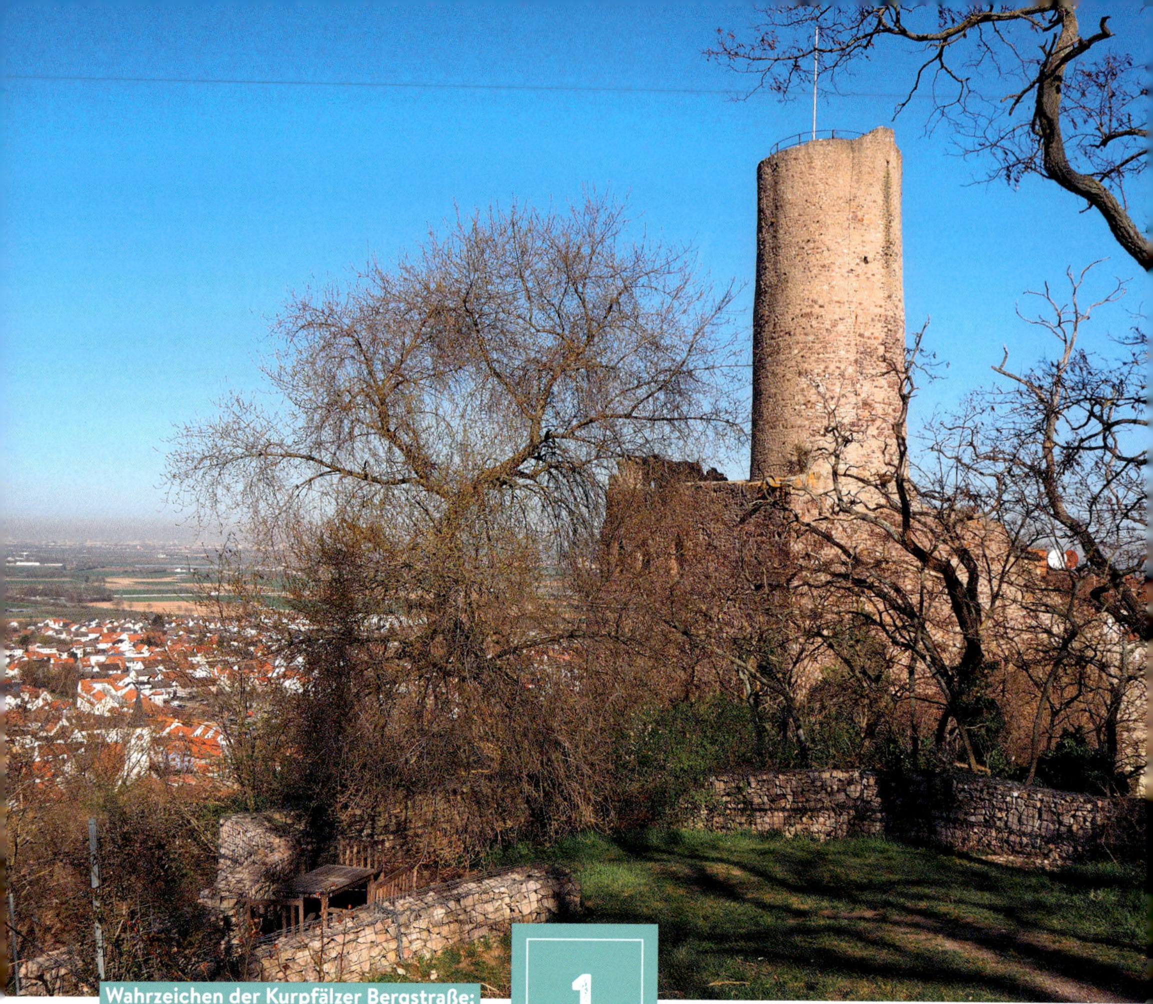

Wahrzeichen der Kurpfälzer Bergstraße: Die Strahlenburg bei Schriesheim

1

Zwischen steilen Wänden

Zum Schriesheimer Canyon im Weiten Tal

Schon seit dem frühen Mittelalter wurde rund um die Höhen des Vorderen Odenwalds der Untergrund auf der Suche nach Silber und anderen Rohstoffen durchpflügt. Aufgelassene Stollen und eine eindrucksvolle Schlucht zeugen von der Bergbauvergangenheit. Schaurige Geschichten erzählt man von den Burgherren zweier Ruinen, von denen noch spärliche Reste existieren.

INS UNBERÜHRTE GEISENBACHTAL

Am **A Wanderparkplatz Strahlenburg** folgen wir dem gelben Kreuz zu den Weinbergen hinauf und genießen erst mal den herrlichen Ausblick über das Weinstädtchen bis hinüber zu den Pfälzer Hügeln. Am Liederkranzdenkmal wenden wir uns nach links und vertrauen uns der blauen Burg des Burgensteigs an. An der nordöstlichen Flanke des Ölbergs zieht sich der Forstweg sanft und kurvenreich empor. Nach einer halben Stunde, der Weg verflacht sich etwas, finden wir in der Kurve einen links abgehenden Pfad, auf dem wir nun, den Burgensteig verlassend, bergab schreiten. Er führt uns zu einem parallel verlaufenden Weg, auf dem wir die Richtung fortsetzen. Nach einigem Richtungswechsel passieren wir eine Schutzhütte rechts des Weges. Wenige Meter darauf, im Scheitel der Linkskurve, verlassen wir den Forstweg nach links auf einen urigen, unmarkierten Waldpfad hinunter ins **1 Geisenbachtal**. Schon bald vernehmen wir das leise und beruhigende Plätschern des Geiselbachs, das uns bis zum Talausgang begleitet. Der stellenweise verwachsene Pfad trifft auf Höhe der Malzfabrik auf den Kanzelbach. Weiter geht es rechts die Talstraße hoch. Wir queren an der Bushaltestelle nach links die Straße und folgen auf dem Griethweg weiter der S3-Markierung, die bald links in Richtung Schriesheimer Hütte abknickt.

BERGBAURELIKTE IM WEITEN TAL Direkt hinter der Kurve sticht die Villa Hirschland ins Auge. Das prächtige Jugendstil-Haus wurde Anfang des 19. Jahrhunderts von einem Mannheimer Kaufmann erbaut. Gemächlich zieht der Weg hinein ins Tal, in dem sich der Martinsbach in zahlreichen Windungen dahinschlängelt. Am alten Jagdhaus, heute ein Waldkindergarten, ignorieren wir die Markierung und ziehen geradeaus weiter. Direkt nach den Gebäuden treffen

Tipp

DIE STRAHLENBURG UND DAS KÄTHCHEN VON HEILBRONN

Käthchen, der Tochter eines Heilbronner Waffenschmieds, erschien im Traum der Graf Wetter vom Strahl, der zuvor bei ihrem Vater zu Besuch weilte. Sie verliebte sich Hals über Kopf in den attraktiven Ritter und folgte ihm, wohin er auch ging. Der Ritter verschmähte jedoch ihre Avancen, bis er eines Tages im schlafenden Käthchen das Gesicht erkennt, das ihn immer wieder in Träumen heimgesucht hatte. Endlich, kurz vor seiner Hochzeit mit Gräfin Kunigunde, verkündet auch er seine wahre Liebe und nimmt Käthchen zur Gemahlin. Auf der Strahlenburg wurde schließlich Hochzeit gefeiert. So erzählt es das Ritterschauspiel »Käthchen von Heilbronn« von Heinrich von Kleist. Die 1235 von Conrad von Strahlenberg unrechtmäßig begonnene Burg auf Grund und Boden des Klosters Ellwangen konnte erst nach Strafzahlungen an den Kaiser vollendet werden. Im unruhigen 14. Jahrhundert gelangte sie in Besitz der Kurpfalz. Durch mehrere Feuer wurde sie um 1500 zerstört.

Senkrechte Wände der Spatschlucht, Relikt vom Feldspatabbau bei Schriesheim

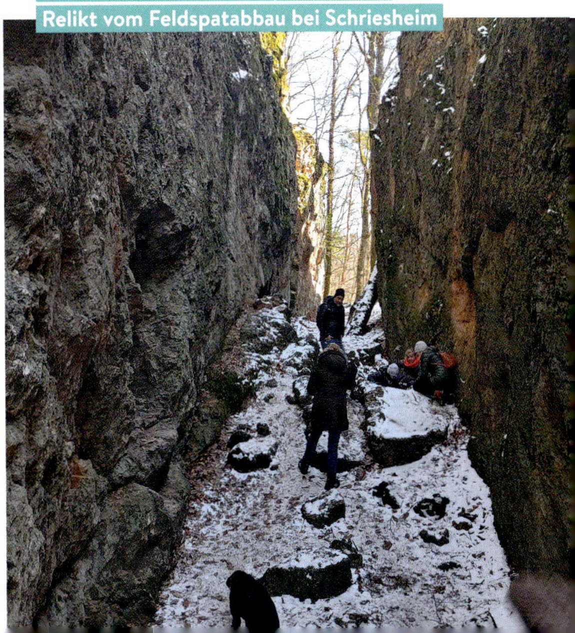

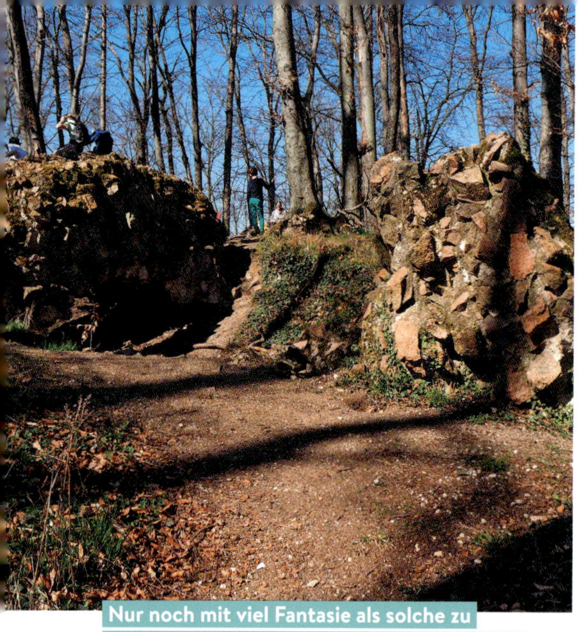

Nur noch mit viel Fantasie als solche zu erkennen: die Hirschburg bei Leutershausen

wir auf das erste Relikt des Bergbaus. Der vergitterte Wilhelmstollen zum Abbau von Schwerspat ist 139 Meter lang und war bis 1939 in Betrieb. An der Kreuzung folgen wir dem Burgensteig nach links, der nach der Infotafel emporsteigt. Schon nach wenigen Minuten öffnet sich der Schlund der **2 Spatschlucht**, den die Bergleute hinterlassen haben. Bis zu 10 Meter hohe abgenagte Felswände ragen rechts und links des Weges auf und bieten eine imposante Kulisse. Oben auf der Schulter klebt eine Kiefer am Felsen und trotzt ihrem Absturz. Kreuz und quer wurde hier der Talflanke ober- und unterirdisch zu Leibe gerückt. Wer mehr darüber erfahren möchte, besucht in Schriesheim das Besucherbergwerk Grube Anna Elisabeth in der Talstraße. Das blaue Burgenzeichen führt uns quer durch ein Seitental, wo wir uns nach dem Brücklein links und nach gut 50 Metern scharf rechts halten und dem ansteigenden Wanderweg folgen. Eindrucksvoll zeigt der Hermannstollen, wie einst abgebaut wurde. Weiter geht es munter bergan auf dem aussichtsreichen Burgensteig, an einem Unterstand vorbei, bis zur nächsten Infotafel.

HIRSCHBURG UND SCHANZENKÖPFLE
Nur noch der eindeutig erkennbare Burggraben und ein paar Steine zeugen von der einstigen Höhenburg, die im Volksmund **3 Schanzenköpfle** genannt wird. Mit etwas Vorstellungskraft lässt sich erahnen, dass auf dem runden Hügel eine Burg existierte. Vermutlich wurde sie, genauso wie die benachbarte Hirschburg, von den Herren von Hirschberg um 1100 errichtet. Um 1400 war sie jedoch schon wieder aufgegeben. Wir erobern die einstige Burg und verlassen den Bergsporn auf der südlichen Flanke. Rechtshaltend umkreisen wir den Burgberg und landen schließlich auf einem Forstweg, auf dem wir nach links fortsetzen. Ein Schild weist uns zum nächsten Aufstieg zur **4 Hirschburg**.

DER KOPFLOSE REITER Hier bezeugen die Reste des Bergfrieds aus Granit-Bruchstein eindeutig die ehemalige Burg, die im frühen 14. Jahrhundert von den Rittern von Hirschberg wieder verlassen wurde. Auch diese Burg besteigen wir und verlassen sie auf der gegenüberliegenden Seite. Es sei denn, wir begegnen dem Reiter ohne Kopf, dann soll-

Heute ein Vergnügen für Kinder: der Austritt des Hermannsstollens

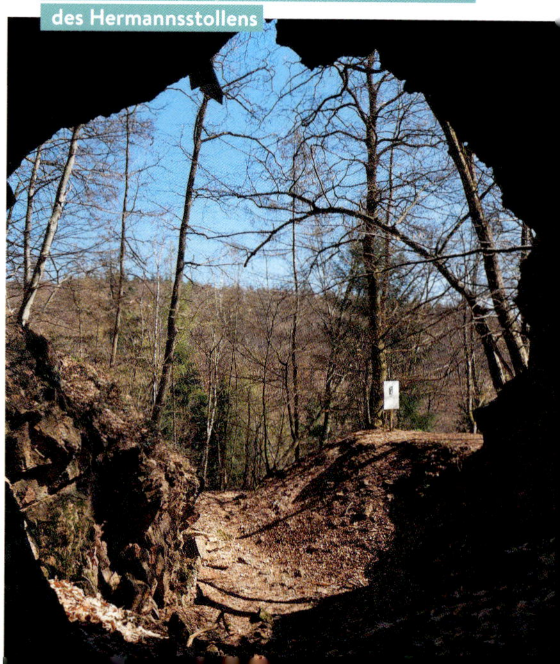

INFO

TOURENCHARAKTER

Abwechslungsreiche Rundwanderung auf reizvollen Natur- und Wirtschaftswegen

AUSGANGS-/ ENDPUNKT

Wanderparkplatz Strahlenburg (210 m)

ANFAHRT

Auto: A5, Ausfahrt Ladenburg in Richtung Schriesheim fahren. Durch Branichtunnel, dahinter rechts und auf Talstraße 400 Meter zurück. Nach der Malzfabrik links Richtung Strahlenburg. Bus & Bahn: OEG Linie 5 bis Schriesheim Bahnhof und zur Burg wandern. Alternative: Bus 628 bis Haltestelle Weites Tal

GPS

49.47486, 8.67126

GEHZEITEN

Strahlenburg – Spatschlucht 2.15 Std. – Hirschburg 1.45 Std. – Strahlenburg 1.15 Std.

EINKEHR

Burggasthof Zur Strahlenburg, derzeit geschlossen. Wiedereröffnung eventuell 2026.

mittel | 5.15 Std. | 13,4 km | 680 hm

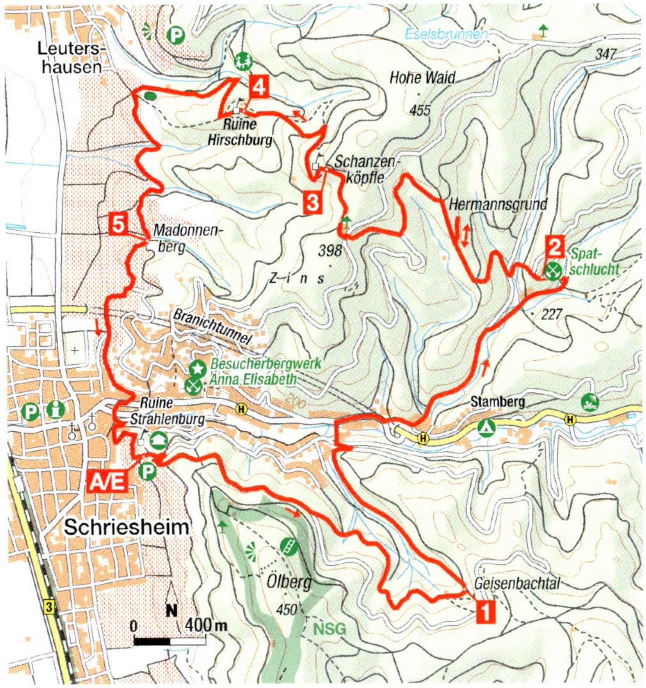

INFORMATION

Geo-Naturpark Bergstraße-Odenwald, www.geo-naturpark.net

ten wir uns schleunigst aus dem Staub machen. Hierbei soll es sich um den Bruder des einstigen Burgherrn der Hirschburg handeln, der die Burg überfallen und dabei sein Leben verloren hat. Als Sühne für die verruchte Tat kommt er nie zur Ruhe und reitet in dunklen Nächten kopflos auf seinem Schimmel umher, so die Sage.

AUF DEM BLÜTENWEG Wir folgen weiter dem Burgensteig, bis an einer Kreuzung die gelbe 6 in spitzem Winkel nach links zeigt. Der urige Wurzel- und Waldpfad mündet auf einen Forstweg, wo uns das gelbe B des Blütenwegs aufnimmt und zurück nach Schriesheim leitet. Am **5 Madonnenberg** weist eine Tafel neben dem Mammutbaum auf die historische Kulturlandschaft hin. Kurz vor dem Ort, in Höhe der Friedhofstannen zur Linken, verlassen wir den asphaltierten Weg nach links und folgen dem terrassenartigen Weg unterhalb des Wohngebiets Am Branich. Am Ende steigen wir über einen Felsblock hinunter zum Treppensteig, der uns in die Talstraße bringt. Nach wenigen Metern stadteinwärts geht es links über Bachgasse und Burgweg hoch zur **E Strahlenburg**.

Von Kelten und »wilden Leuten«

Über den mystischen Steinberg zum Eichelberg

Waren es Kelten, die tonnenschwere Granitblöcke auf der bewaldeten Kuppe des Steinbergs zu wallähnlichen Formen gestalteten? Leider weiß man nur wenig darüber. Hingegen boten die Rindensammler vom Eichelberg Anlass zu manchen Sagen, die früher in Odenwälder Spinnstuben erzählt wurden.

2

Kultplatz oder Fluchtburg, der Steinberg bei Ober-Flockenbach

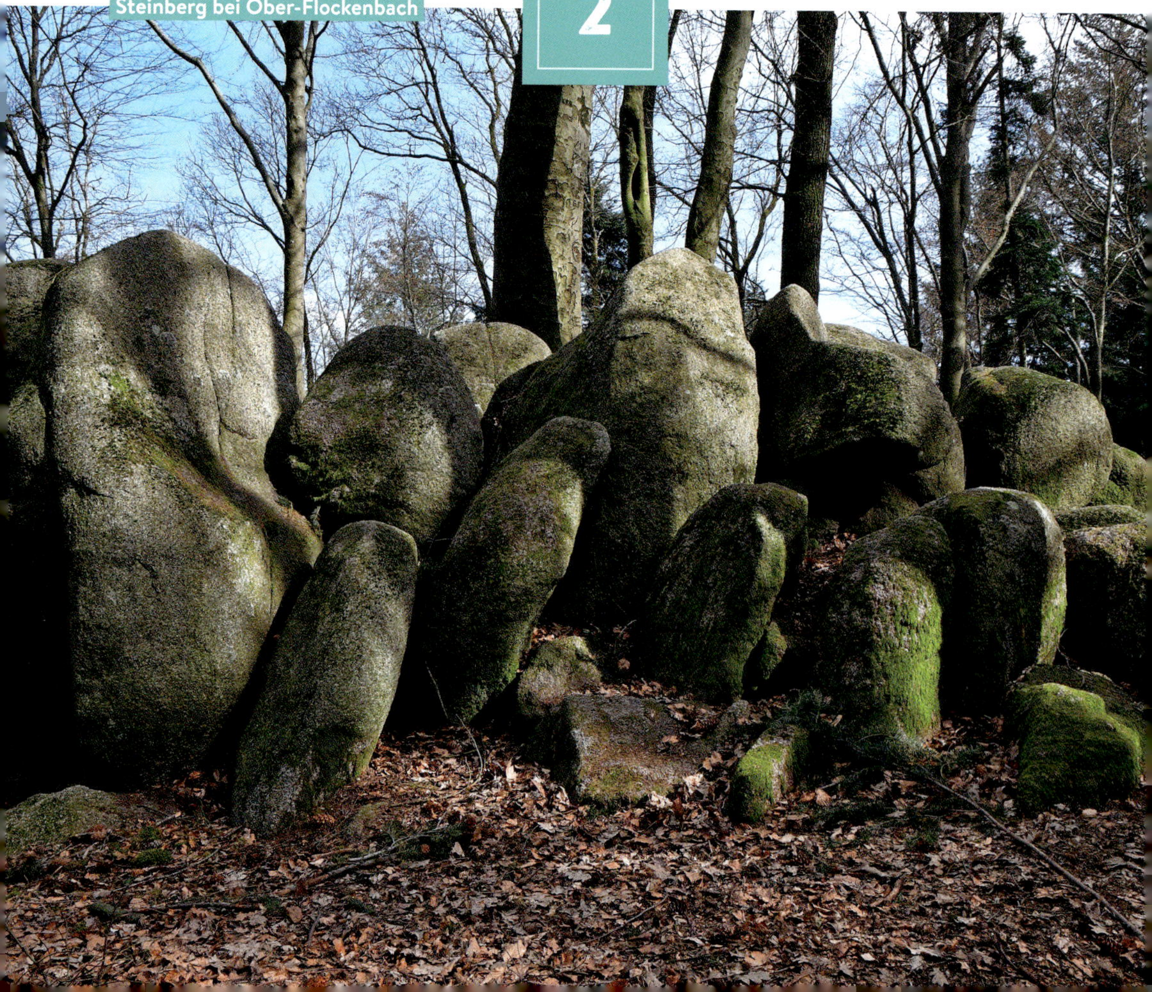

ZU KELTISCHEN STEINSETZUNGEN

Am **A Wanderparkplatz** Bildstock von Oberflockenbach folgen wir den Wanderschildern zum Wald und schlagen an erster Verzweigung den links versetzten Waldpfad ein. Wir kreuzen den Forstweg und überqueren den Cestaro Picknickplatz. Gegenüber der Sitzgruppe ziehen wir einer verblassten gelben 4 folgend das »Steile Pädche« hoch und biegen oben links ab. Am Ende der Kurve, an einer Ruhebank, ziehen wir rechts haltend auf einem Waldpfad weiter zum Plateau des **1 Steinbergs**. Mächtige Felsgruppen, die offensichtlich von Menschenhand bewegt wurden, deuten auf einen keltischen Kultplatz oder eine alte Fluchtburg hin. Ob unsere Vorfahren hier den Göttern huldigten oder sich vor anrückenden Feinden verschanzten? Man kann sich beides vorstellen und lässt einfach seiner Fantasie freien Lauf. Wir folgen dem weich gefederten, im Sommer mit rotem Fingerhut gesäumten Waldpfad bis zum Parkplatz an der »Zigeunereiche«. Die mehr als 300 Jahre alte Traubeneiche auf der **2 Ursenbacher Höhe** war früher ein beliebter Rastpunkt von Landfahrern.

ZUM WILDELEUTSTEIN An der Eiche wenden wir uns nach links, wo uns der bezaubernde Panoramaweg des Geo-Naturparks mit gelbem L leitet. Nach der Wegekreuzung schlagen wir an der mächtigen Linde den rechts in den Wald führenden Weg ein. Ein idyllischer, mit alten Wegesteinen markierter Forstweg bringt uns hoch zur Kreuzung an der Hohen Straße. Wir wenden uns am alten Sandstein-Wegweiser nach links und biegen nach Waldeintritt links ab. Ein uriger Trampelpfad führt uns zur Felsgruppe des Wildeleutsteins. Vermutlich waren es die Eichenrindensammler für die nahen Weinheimer Gerbereien, die Stoff für manch fantasievolle Geschichte lieferten (siehe Kasten). Weiter geht's vorbei an moosverpackten Felsbrocken, dem gelben L folgend, hoch zum **3 Eichelberg**.

EINE ODENWÄLDER SUPPENSCHÜSSEL

Wir gehen linker Hand am Turm vorbei und verlassen den breiten Weg nach knapp 100 Metern nach links auf einen Pfad, der zwischen bemoosten Felsblöcken hindurchführt (gelbes L). Eine Tafel informiert über den Steinabbau am Eichelberg. Der Lehrpfad leitet uns weiter bergab und verzweigt nach links. Hier verlassen wir das L und stoßen nach ein paar Schritten auf das grüne Kreuz, dem wir nach links folgen. Am Georg-Sauer-

Tipp

DIE WILDEN LEUTE VOM EICHELSTEIN

Am Eichelberg lebten im Wald an einer Felsengruppe die wilden Leute, von denen man diese Sage erzählt. Sie halfen den Bauern bei der Feldarbeit und wurden dafür mit Suppe belohnt, die sie aus der schüsselartigen Vertiefung des großen Felsblocks löffelten. Jeden Abend zog ein junges Mädchen ins Dorf und musste vor Sonnenuntergang zurückgekehrt sein. Eines Abends, als die Bäuerin erst spät vom Feld kam, erzählte das Mädchen mit Tränen in den Augen, dass man am nächsten Tag ihr Blut fließen sehen könne, weil sie erst nach Sonnenuntergang wieder im Wald sei. Und so kam es, dass am nächsten Morgen die Eichelbergquelle blutrot gefärbt war und die wilden Leute verschwunden waren. Unter den Felsblöcken soll sich das Wildemannloch befinden, eine Schatzhöhle, die von einem riesigen Hund mit glühenden Augen und fletschenden Zähnen bewacht wird.

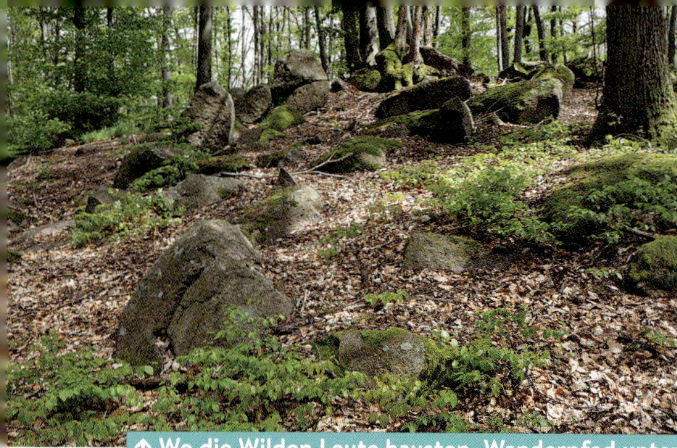

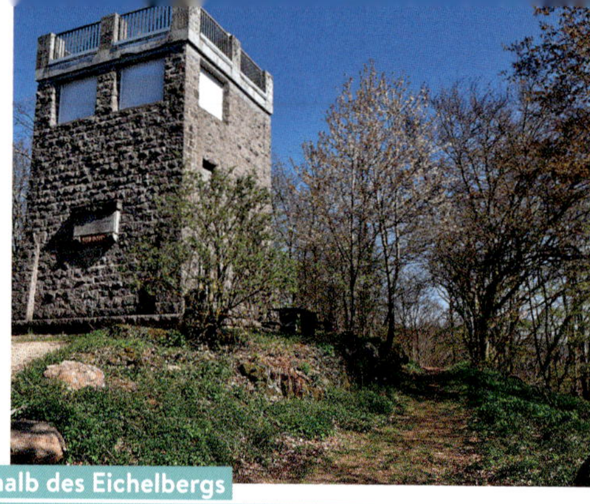

↑ Wo die Wilden Leute hausten. Wanderpfad unterhalb des Eichelbergs
↗ Mannheimer Hütte auf dem Eichelberg. Beliebter Treffpunkt an sommerlichen Sonntagen

Pavillon ziehen wir rechts am Waldsaum entlang über die Lichtung und verlassen die Markierung an nächster Kreuzung nach links. Nach wenigen Metern führt rechts ein Pfad abwärts zu einer Schonung, an deren Ende wir wieder in den Wald eintreten und vor dem Hohlweg auf den rechts abgehenden Pfad weiter marschieren (Schild: Radfahren verboten). Der romantische Suppenschüssel-trail schlängelt sich an moosüberwucherten Graniten hinunter zur »Suppenschüssel" von **4 Steinklingen**. Das Kuriosum italienischer Steinmetzarbeit von 1891 war eigentlich für Wasserspiele am Mannheimer Wasserturm gedacht. Wegen zu geringer Tragfähigkeit dazwischen liegender Brücken musste es hier an Ort und Stelle bleiben. Wenige Meter nach links an der Straße nach Oberflockenbach finden wir drei Sühnekreuze, die vermutlich aus dem 16. Jahrhundert stammen. Auf dem linken oberhalb der Straße stehenden Kreuz sind ein Pflug und eine Sense abgebildet. Der Sage nach sollen sich zwei Bauern damit wegen Besitzstreitigkeiten erschlagen haben. Zurück an der Suppenschüssel passieren wir das gleichnamige Gasthaus mit Biergarten.

IM TAL DES ERLENBACHS Nach 100 Metern weisen uns die Wegzeichen nach links. Mit Blick hinüber zu unserem Ausgangsort geht es am Pferdehof vorbei in den Wald, wo ein Pfad steil bergab führt. Im Tal verlassen wir das grüne Kreuz, halten uns links und folgen nach Überquerung der Straße dem bergan führenden Forstweg neben einer tief eingeschnittenen Klinge. In der zweiten Rechtskurve gehen wir geradeaus weiter am Waldrand entlang und tauchen erneut in bunten Mischwald ein. Nach längerem Anstieg zieht sich der Weg in einem langgezogenen Rechtsbogen talwärts. An der Wegespinne schlagen wir den halblinks bergab führenden Weg ein und wandern an nächster Gabelung geradeaus weiter bis zu einem großen Holzlagerplatz. Hier geht es in spitzem Winkel nach links und wir ziehen auf schmalem, an den Hang geschmiegtem Pfad in den Talgrund des Erlenbachs. Wir überqueren das munter plätschernde Wässerchen und spazieren gegenüber in Fließrichtung weiter. Am Ende des Pfades setzen wir auf der asphaltierten Talstraße die Richtung fort bis zum Weiler **5 Oberkunzenbach**, der idyllisch zwischen Wiesen und Wäldern eingebettet ist. Der wunderbar sanierte Katharinenhof mit einem holzgeschnitzten Scheunentor von 1700 ist eine Augenweide.

AM KALTEN HERRGOTT Kaum haben wir den Kamm erreicht, pfeift uns der Wind in schneidiger Schärfe um die Ohren, und wir wissen um die Namensgebung des Kalten Herrgotts. Um die Betsäule (vermutlich aus dem 16. Jahrhundert) ranken sich mehrere Sagen. Unter einem Erlenbusch habe ein

Bauer die Leiche eines Knechtes verscharrt, den er seiner Tochter nicht würdig erachtete. Seitdem färbte sich der Busch einmal im Jahr blutrot und brannte zuweilen lichterloh. Den Bauer solle man an manchen Tagen mit der Hacke auf der Schulter am kalten Herrgott umhergehen sehen, da er keine Ruhe im Grab findet. Eine andere Sage erzählt von einem Goldschmied, der einen Opferstock am Kalten Herrgott plünderte und beim Geldzählen tot zu Boden sank. Zu mitternächtlicher Stunde wandert er nun als Gespenst umher. Wir biegen links ab und folgen auf altem Höhenweg dem roten Balken. Am Ende des Sportplatzes von Oberflockenbach weist die Markierung nach links. Wir wandern jedoch geradeaus weiter, treffen auf die Verbindungsstraße nach Ritschweier, in die wir links einschwenken, und biegen rechts ab zum **E Wanderparkplatz**.

INFO

mittel | 5 Std. | 14,8 km | 570 hm

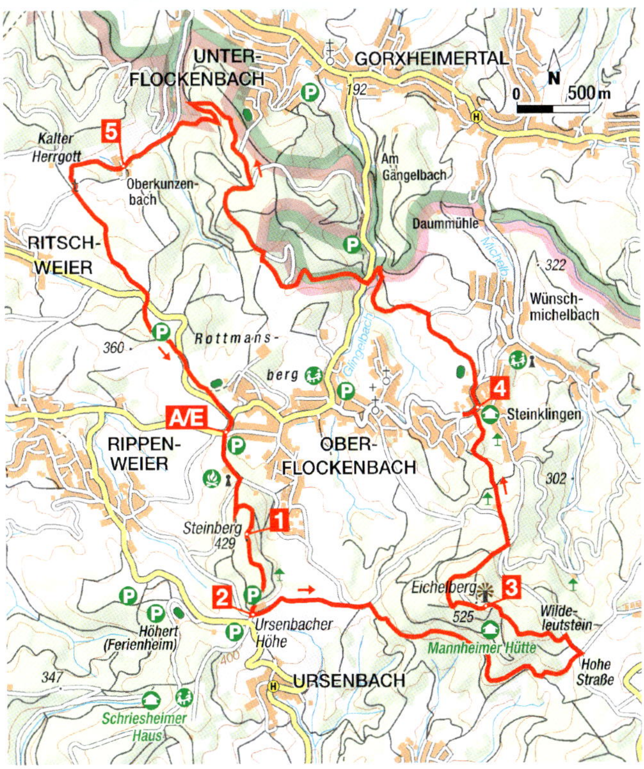

TOURENCHARAKTER

Ausgedehnte Höhenwanderung auf aussichtsreichen Wanderwegen und urigen Waldpfaden

AUSGANGS-/ ENDPUNKT

Wanderparkplatz Bildstock Oberflockenbach (324 m)

ANFAHRT

Auto: A5, Ausfahrt Hirschberg in Richtung Großsachsen fahren. Dort auf L596 in Richtung Oberflockenbach bis Wanderparkplatz Bildstock.
Bus & Bahn: OEG Linie 5 bis Großsachsen Bahnhof. Bus 682 bis Oberflockenbach Bildstock

GPS

49.50981, 8.72065

GEHZEITEN

Oberflockenbach – Eichelberg 1.45 Std. – Oberkunzenbach 2.15 Std. – Oberflockenbach 1 Std.

EINKEHR

Mannheimer Hütte, Ostern–Ende Okt. an Sonn- und Feiertagen, www.eichelbergturm.12hp.de. Steinklingen, Zur Suppenschüssel, Mi–Fr ab 17 Uhr, Sa, So 11–15 und ab 17 Uhr, Di Ruhetag. Oberflockenbach, Zur Rose, Mo, Mi ab 16 Uhr, Fr–So ab 11 Uhr www.zur-rose.de

INFORMATION

GeoNaturpark Bergstraße-Odenwald, www.geo-naturpark.net

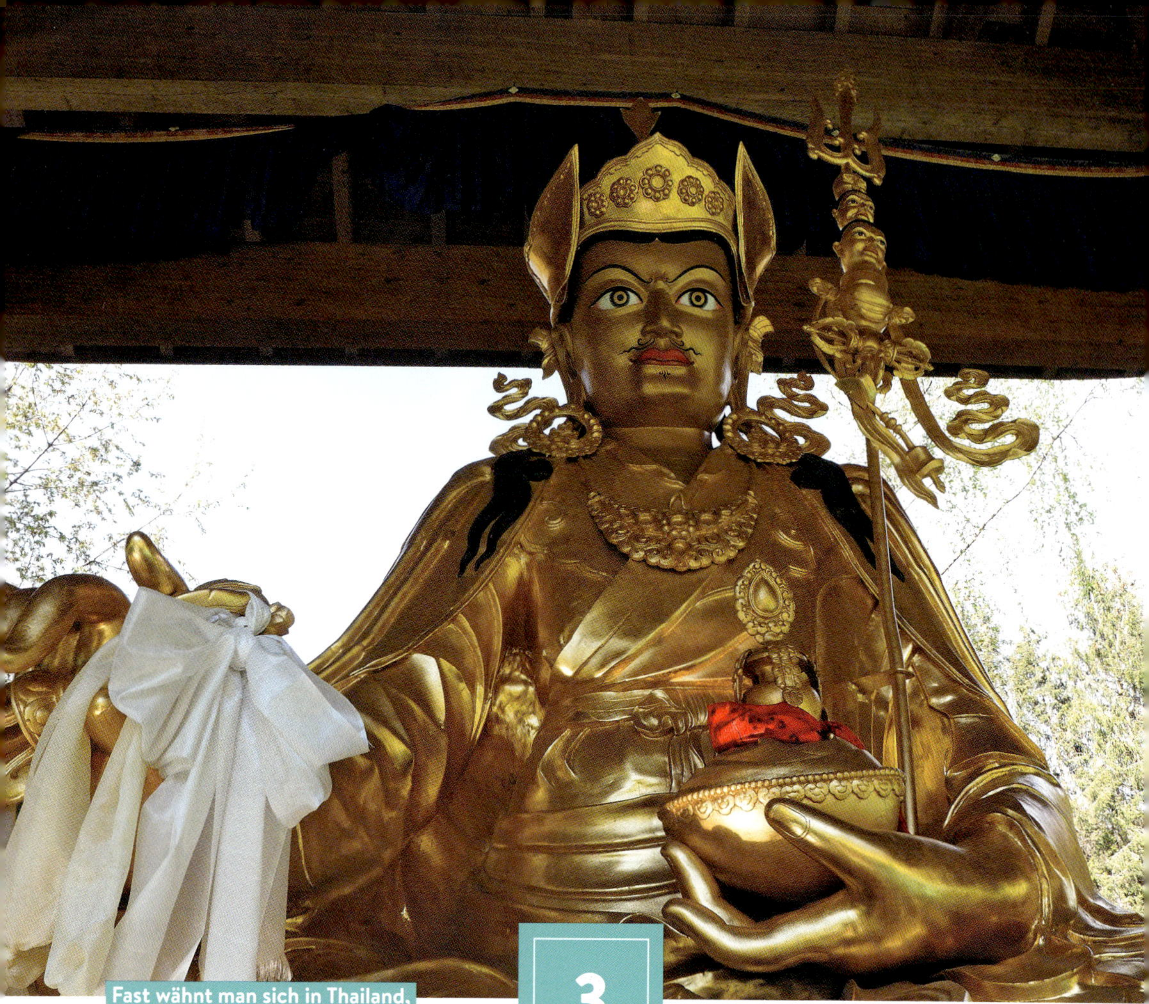

Fast wähnt man sich in Thailand, Buddha-Statue im Zen-Kloster bei Siedelsbrunn

3

Buddha im Odenwald

Vom Eiterbachtal zur Lichtenklinger Kapelle

Eine magische Stille empfängt uns im unberührten Eiterbachtal. In einem Seitental treffen wir auf die Ruine der sagenumwobenen Lichtenklinger Kapelle – an einer Quelle, die vermutlich schon den Kelten heilig war. Auf malerischem altem Grenzweg zwischen Kurmainz und Kurpfalz geht es zu einem buddhistischen Kloster. Mystik par excellence.

DURCH DAS IDYLLISCHE EITERBACHTAL

An der Bushaltestelle in der Ortsmitte von **A Siedelsbrunn** starten wir unsere Tour durch eines der schönsten und ursprünglichsten Odenwälder Täler. Wir laufen die Obergasse hinab und biegen hinter dem ehemaligen Gasthaus Deutsches Haus links ab. Die grüne Si6-Markierung gibt uns zum größten Teil die Richtung vor und leitet uns durch die Brunnenstraße in die Wiesen. Zwischen Hausgärten und Obstbäumen steuern wir den Wald an und folgen dem einladenden Pfad am Waldsaum entlang. An der zweiten Gabelung verlassen wir die Si6-Markierung nach rechts hinunter zum plätschernden **1 Eiterbach**. Wer lieber auf der anderen Talseite (Si6) wandern möchte, folgt der Beschilderung weiter und biegt am Krötenbrunnen rechts ab. Auf einem Holzbrücklein überqueren wir den Bach, halten uns links und wandern weiter talwärts. An der zweiten Gabelung nehmen wir den links bergab führenden, tief ausgefurchten Weg und ziehen in der Linkskurve geradeaus weiter. Bald treffen wir auf die gelbe 2, die uns weiter den Weg durchs Tal weist. Lücken zwischen den Bäumen geben immer wieder stimmungsvolle Ausblicke auf den mäandernden Eiterbach im unberührten Tal frei. Im Frühjahr sind wir umgeben vom zarten Grün des Buchenwalds, während im feuchten Wiesengrund die gelben Sumpfdotterblumen leuchten. Unser Weg mündet auf einen breiten Forstweg, auf dem wir 150 Meter bergab marschieren und in der Kurve nach rechts den Wanderzeichen folgen. Auf einem gefederten Naturpfad aus Kiefernnadeln geht es nun an der Flanke des lichten Klingenbachtals bergauf zur romanischen Kapellenruine »Unserer lieben Frau« am **2 Lichtenklinger Hof**.

DIE KAPELLENRUINE LICHTENKLINGEN

Vermutlich wurde das Kirchlein von Mönchen des Klosters Lorsch über einem keltischen Heiligtum errichtet. Erst 1387 wird die Kapelle urkundlich erwähnt als Stätte von Marienwallfahrten. Karmelitermönche aus Weinheim versahen den Gottesdienst. Nach der Reformation – Lichtenklingen fiel den Reformierten zu – wurden die Wallfahrten

Tipp

KLOSTER BUDDHAS WEG

Das buddhistische Kloster öffnete 2010 seine Pforten. Die Nonnen und Mönche leben nach der vietnamesischen Zen(Thien)-Tradition des Mönches Lin Chi, eine Lehre, die im achtsamen und fürsorglichen Handeln Klarheit für den Geist erlangen möchte. Es werden Seminare auf dem Weg zur Stille und zu sich selbst angeboten, wie auch naturheilkundliche Therapien nach traditioneller chinesischer Medizin sowie Yoga-, Thai-Chi- oder Qigong-Kurse. Am Wochenende kann man sich bei einer Tasse Tee im Teehaus einen kleinen Eindruck verschaffen (Infos: www.buddhasweg.eu).

Auf einem luftigen Holzbrücklein wird das idyllische Eiterbachtal gequert.

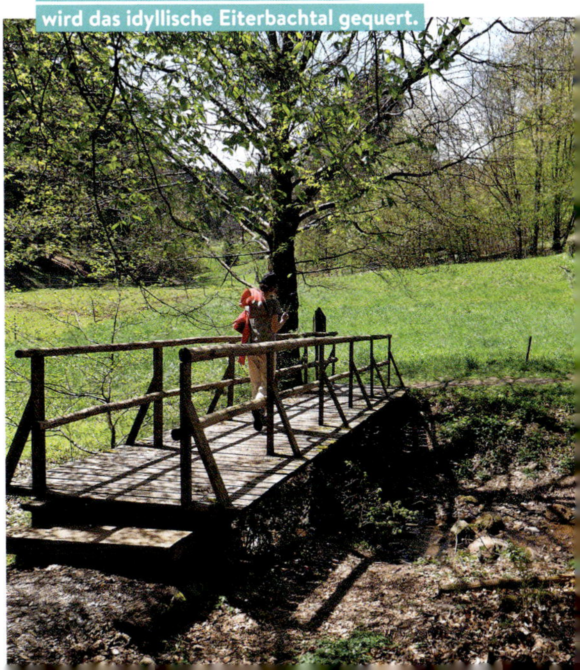

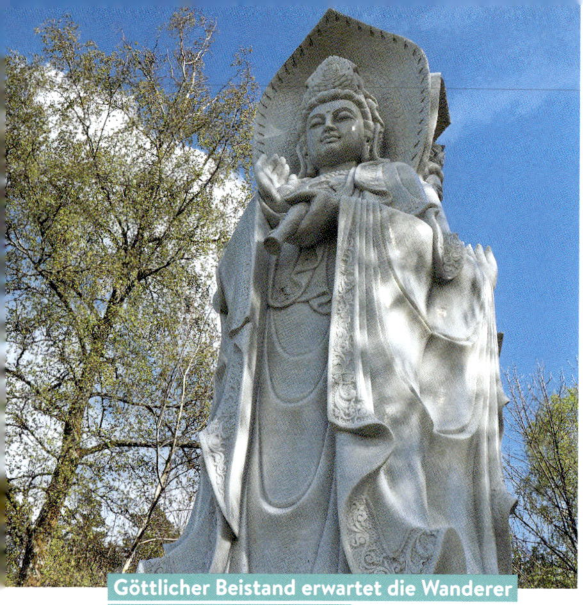

Göttlicher Beistand erwartet die Wanderer im Kloster Buddhas Weg.

untersagt, die Kapelle verfiel und wurde 1563 zum Abriss freigegeben. Der bewirtschaftete Hof daneben wurde bis 1838 weiter betrieben und später als Forsthaus genutzt. Einer der Bauern des Hofes war ein Vorfahre des ehemaligen amerikanischen Präsidenten Dwight D. Eisenhower. Etwas unterhalb der Ruine finden wir einen Sandsteinbrunnen mit heidnischen Quellensymbolen, dessen Wasser aus der heiligen Quelle unter der Ruine stammt. Der Legende nach soll die heilende Wirkung des Wassers unfruchtbaren Frauen zu Kindern verhelfen.

SAGEN UM DEN LICHTENKLINGER HOF UND DIE KAPELLE Mehrere Sagen ranken sich um die märchenhafte Örtlichkeit. So besuchte des Nachts öfter eine gespenstische weiße Frau den am Forsthaus lebenden Holzhauer und wiegte sein Kind in den Schlaf. Eines Nachts erschrak der Förster darüber so sehr, dass er sein Gewehr anlegte und schießen wollte. Doch die Kugel blieb im Lauf stecken und die weiße Frau verschwand. Danach war der Arm des Försters gelähmt und die unheimliche Erscheinung für immer verschwunden. Eine andere Legende erzählt die wundersame Geschichte von der Entführung der Muttergottesfigur mit dem Jesuskind auf dem Arm. Nach Aufgabe der Kapelle wurde die Marienfigur aus dem verwaisten Gotteshaus nach Unter-Abtsteinach verschleppt, kehrte aber auf mysteriöse Weise wieder an ihren Ursprungsort zurück. Dies geschah sogar dreimal. Erst nach dem vierten Mal blieb sie an ihrem neuen Ort.

EIN ZEN-KLOSTER IM ODENWALD Wir biegen nach dem ehemaligen Hofgut rechts ab und wandern einen steilen Pfad empor. Auf dem breiten Forstweg halten wir uns links und treffen auf den »Rentnerweg«, der uns fast eben, so wie es Rentner gernhaben, zur **3 Steinernen Bank** führt. Von der gigantischen Steinbank genießt man im Winter, wenn kein Laub die Sicht bedeckt, beeindruckende Weitblicke ins Eiterbachtal. Geologisch Interessierte sollten einen Blick in den ehemaligen Steinbruch gegenüber werfen. Kurz nach der Bank biegen wir rechts ab. Der Weg geradeaus führt zur originellen Stiefelhütte, wo man gemütlich unter schattenspendenden Eichen verweilen kann. Ein ausgetretener Naturpfad führt uns auf einem Kammweg über die **4 Stiefelhöhe**, auf der Grenzsteine mit kurpfälzischer Raute und Mainzer Rad alte Hoheitsbezirke anzeigen. Heute verläuft hier die Grenze zwischen Baden-Württemberg und Hessen. Am 10-Wege-Platz, einer Lichtung mit Ruhebänken, bietet sich die nächste Picknickmöglichkeit an. Wir biegen hinter der Sitzgruppe rechts ab, verlassen hier die Si6-Markierung (diese führt auch zurück, aber nicht so aussichtsreich) und folgen dem grünen A1-Wanderweg nach links durch dichten Nadelwald. Er führt uns zum Gipfel des Hardbergs, dem dritthöchsten Berg des Odenwalds, auf dem sich eine Sendeanlage des Hessischen Rundfunks befindet. Am Pfalzblick davor, der seinem Namen alle Ehre macht, schweift der Blick über Ober-Abtsteinach bis hinüber zu den Pfälzer Höhen und zum Donnersberg. Direkt hinter der Liegebank führt nach rechts ein uriger Trampelpfad am Fernmeldeturm vorbei und bringt uns an einer Waldwiese bei der Schutzhütte wieder auf den Si6-Wanderweg, auf dem wir nach links fortsetzen. Am Waldaustritt orientieren wir uns noch mal nach links und wähnen uns nach wenigen Metern eher in Thailand als mitten im Odenwald. Unter einem Schutzdach sitzt behäbig ein goldener Buddha, umgeben von bunten Tempelfähnchen. Auch auf der Wiese davor treffen wir auf mehrere stehende und sitzende Buddhas. Wir sind am Kloster **5 Buddhas Weg** (s. S. 31) angelangt. Die Beschilderung leitet uns zurück nach Siedelsbrunn. An der Stelle, wo wir auf den Forsthausweg treffen, können wir dem Asphalt noch für ein paar Meter entkommen, indem wir nach rechts und sofort linkshaltend dem Pfad in den Wald folgen. In ein paar Windungen führt er uns zur Hauptstraße, auf der wir zurück zur **E Ortsmitte** wandern.

INFO

TOURENCHARAKTER

Reizvolle Waldwege durch das Eiterbachtal führen hinauf zur Kirchenruine. Auf dem Kamm der Stiefelhöhe geht es ohne Mühe zurück.

AUSGANGS-/ ENDPUNKT

Bushaltestelle Siedelsbrunn Mitte (500 m)

ANFAHRT

Auto: Auf der A5 bis Weinheim. Von dort über Birkenau und L3408 bis Siedelsbrunn; Bus & Bahn: Von Weinheim mit Bus 680 oder 681 bis Siedelsbrunn

GPS

49.55020, 8.81084

GEHZEITEN

Siedelsbrunn – Lichtenklinger Hof 1.15 Std. – Stiefelhöhe 0.45 Std. – Buddhas Weg 1.15 Std. – Siedelsbrunn 0.30 Std.

EINKEHR

Stiefelhütte, Mi, Sa und So 10–18 Uhr, www.stiefelhütte.de
Teestube Buddhas Weg, Fr, Sa und So 13–18 Uhr, www.buddhasweg.eu

INFORMATION

Tourismusgemeinschaft Vorderer Odenwald, www.vorderer-odenwald.de

leicht	3.45 Std.	11,3 km	370 hm

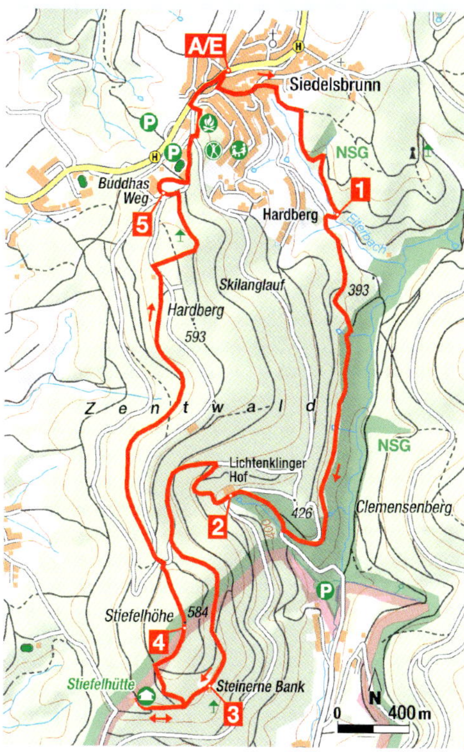

Zum Götzenstein und Teufelstein

Vom Dorf der Sonnenuhren hinauf zum Überwald

Meine absolute Lieblingswanderung um das Kallstädter Tal bietet einige Überraschungen. Allein schon die Namen Götzenstein und Teufelstein lassen erahnen, dass sich um die Kultsteine so manche Geschichten unserer Vorfahren ranken. Und wer nicht weiß, wie Sonnenuhren funktionieren, kann dies am Ende mit einem Gang durch den Ort an mehr als 200 Sonnenuhren studieren. Sonne vorausgesetzt.

Götzenstein. Wo Dietbert von der Bergstraße noch heidnischen Göttern huldigte.

4

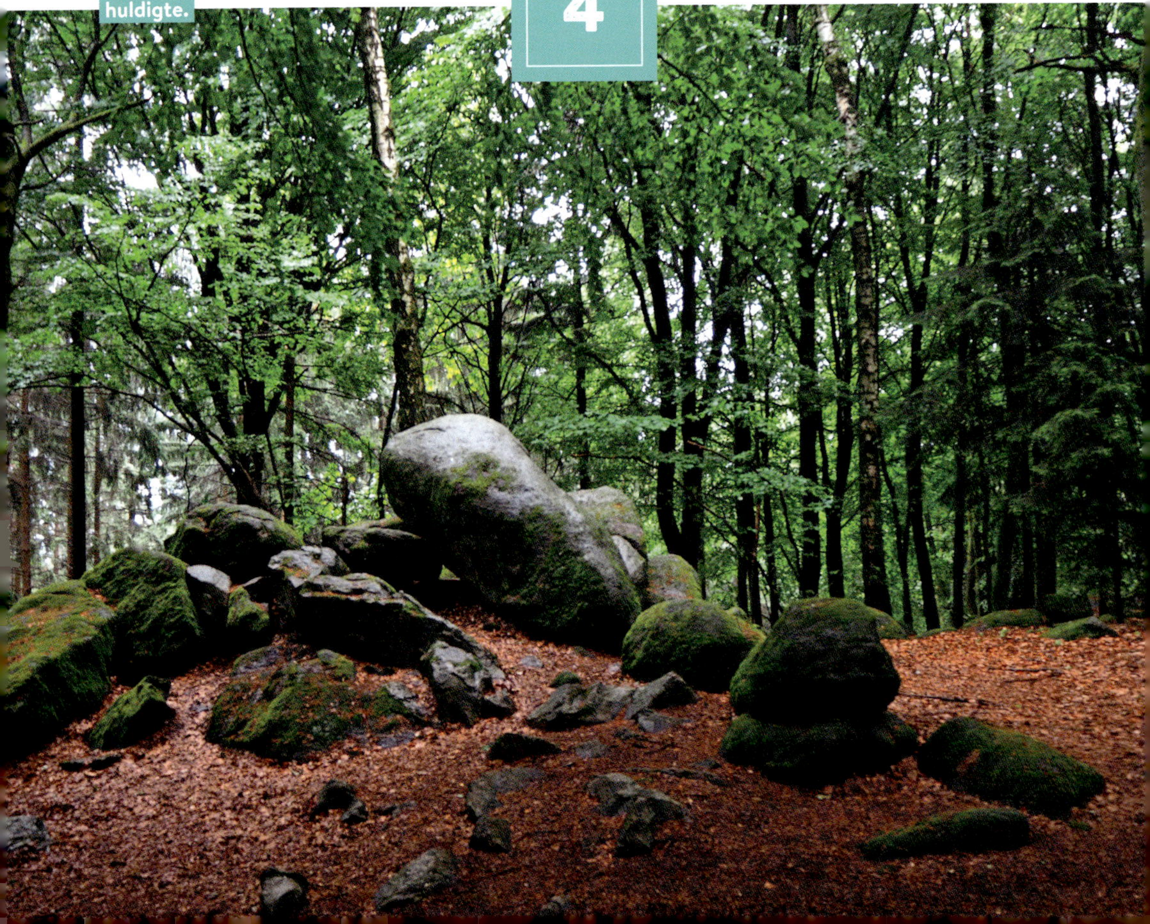

DER GEMEUCHELTE SOLDAT Los geht's unweit vom A **Bahnhof Birkenau**, am Bahnübergang beim Alten Rathaus. Am prächtigen Fachwerkgebäude von 1552 mit einem Erdgeschoss aus Bruchstein baumelt neben Eingangstür und Ortswappen das Halseisen eines mittelalterlichen Prangers. Der öffentlichen Schande preisgegeben, mussten die Delinquenten oft tagelang auf diese Art Schmähungen, Beschimpfungen und Misshandlungen über sich ergehen lassen. Ein leichtes Schaudern stellt sich beim Gedanken daran ein. Aber die Zeiten sind vorbei, und wir suchen stattdessen lieber die grüne Wandermarkierung des B9-Weges, die uns aus dem Ort geleitet. Auf breitem Forstweg bringen wir den Anstieg hinter uns, der zu Beginn einen wunderbaren Ausblick über den Ort freigibt. Nach einer knappen halben Stunde haben wir das Gröbste hinter uns und stoßen an einer Wegkreuzung auf ein altes Sandsteinkreuz. Am 1 **Franzosenkreuz**, so die Überlieferung, soll angeblich im 18. Jahrhundert ein französischer Soldat von heimischen Bauern erschlagen worden sein, als er ein Feld plünderte. Da der Stein älteren Datums ist, handelt es sich wohl eher um ein Sühnekreuz. Diese wurden vielfach im Mittelalter vom Verurteilten zur Sühne einer Straftat errichtet und reduzierten oder erließen damit die restliche Strafe.

ZWISCHEN KURPFALZ UND KURMAINZ

Weiter geht es linkshaltend am Waldsaum entlang moderat bergan. Ab jetzt ist Genusswandern pur angesagt. An der Schutzhütte am Waldrand genießen wir den weiten Ausblick hinüber ins Weschnitztal und zu den Höhenzügen des vorderen Odenwalds. Immer häufiger weisen alte Grenzsteine mit dem Mainzer Rad auf der einen und der Kurpfälzer Raute auf der anderen Seite darauf hin, dass wir uns auf einem historischen Grenzweg befinden. Oben, am höchsten

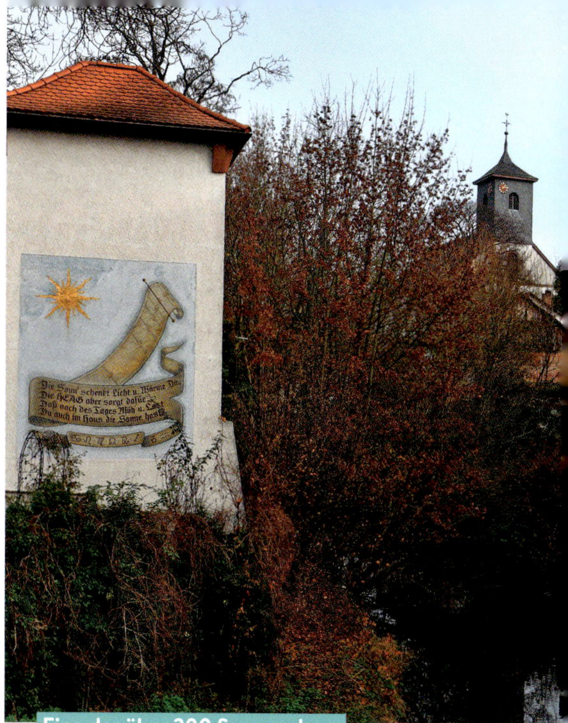

Eine der über 200 Sonnenuhren der Odenwaldgemeinde Birkenau

Punkt der 2 **Hohen Harth**, finden wir eine einladende Sitzgruppe mit zauberhaftem Blick hinunter zum einstigen Kurmainzischen Kallstädter Tal. Eine Hinweistafel erläutert die historischen Zusammenhänge. Nach Auflösung der Reichsabtei Lorsch wechselten viele Odenwaldgemeinden im Lauf der Jahrhunderte mehrfach die Konfession. Kurmainz stand für den katholischen Glauben, während die Kurpfälzer die meiste Zeit den lutherischen, calvinistischen Religionen nahestanden. Genau auf der Grenze der beiden ehemaligen Territorien wandern wir durch die von grünen Bergwiesen flankierte Einsattelung. Kurz vor einem Sportplatz queren wir die Zufahrtsstraße nach Schnorrenbach und ziehen an einem einzeln am Waldrand stehenden Haus vorbei.

KULTSTÄTTE AM GÖTZENSTEIN Der Wald verdüstert sich zusehends, statt Buchen dominieren nun Tannen und Fichten, zwischen denen verstreut abgerundete Felsblöcke liegen. Ein letzter Anstieg und wir stehen vor der markanten Felsgruppe des **3 Götzensteins**, einer mit Felsblöcken umrahmten planierten Bergkuppe, die vermutlich in keltischer Zeit als heidnischer Opferplatz diente oder als Zauberort von Druiden. Geologisch handelt es sich um wollsackverwitterte Felsblöcke aus Hornblendegranit. Brauten hier Druiden ihren Zaubertrank, wurden Kampfstrategien gegen die Römer beratschlagt, neue Häuptlinge gekürt? Leider wissen wir sehr wenig über unsere keltischen Vorfahren. Wir setzen geradeaus unseren Weg fort, biegen am Waldaustritt rechts und nach wenigen Metern, an der Gehölzgruppe, links ab. Über einen Wiesenweg leitet uns die grüne B9 talwärts. In **4 Löhrbach** biegen wir in spitzem Winkel rechts ab, folgen knapp 300 Meter der Dorfstraße und steigen links zur Abtsteinacher Straße hoch.

Tipp

DIETBERT UND DIE GÖTTER

Der Legende nach soll der fränkische Stammesfürst Dietbert von der Bergstraße am Götzenstein noch heidnischen Göttern geopfert haben, obwohl dessen König Chlodwig schon 496 zum Christentum übergetreten war. Nachdem eines Nachts Dietberts Haus in Flammen stand, rettete ein zum Christentum bekehrter Einsiedler ein Kind aus dem brennenden Flammenmeer. Auf die Frage Dietberts, woher er die Kraft und den Mut für diese wagemutige Rettung genommen habe, erwiderte dieser, Gott habe ihm die Kraft verliehen und ihn dabei geschützt. Davon sehr beeindruckt, ließ Dietbert sich und seine Gefolgschaft taufen und kehrte nie wieder zum Götzenstein zurück.

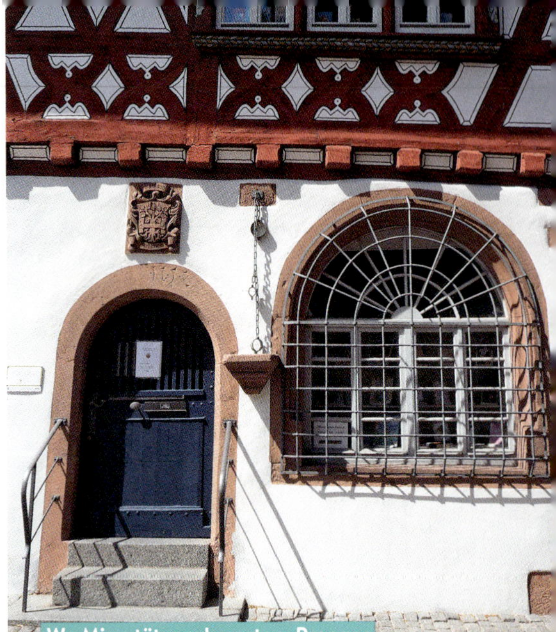

Wo Missetäter schmorten. Pranger an der alten Rathaustreppe von Birkenau

ZU DEN KETTEN DES TEUFELS Wir überqueren an der Haltestelle die Landesstraße und gehen das Asphaltsträßchen bergan, nun dem G9-Wanderweg folgend. Nach Umgehung des Waldskopfes zur Linken stoßen wir direkt auf die Tafel des Naturdenkmals. Wenige Meter abseits des Weges finden wir den auffälligen rundgeschliffenen **5 Teufelstein** aus Hornblendegranit, der mittig von einer Quarzitader durchzogen ist, mit einer Unterbrechung. Genau hier, sagt der Volksmund, habe der Teufel, der an den Stein gekettet war, seine Fesseln gesprengt und konnte entkommen. Einbuchtungen auf der Oberfläche werden als Abdruck seines Klumpfußes gedeutet. Tatsächlich wird angenommen, dass die Vertiefungen als Opferschalen einer vorchristlichen Kultstätte künstlich geschaffen wurden. Diese Theorie würde auch die halbkreisförmige Anordnung der daneben liegenden Felsbrocken erklären. Zurück an der oberen Hinweistafel mit der odenwälderischen Überschrift »Stoanisch sehenswert« halten wir uns links auf dem A1-Wanderweg. Nach Austritt aus dem Wald öffnet sich ein wunderbarer Blick ins

INFO

schwer | 4.45 Std. | 17,7 km | 650 hm

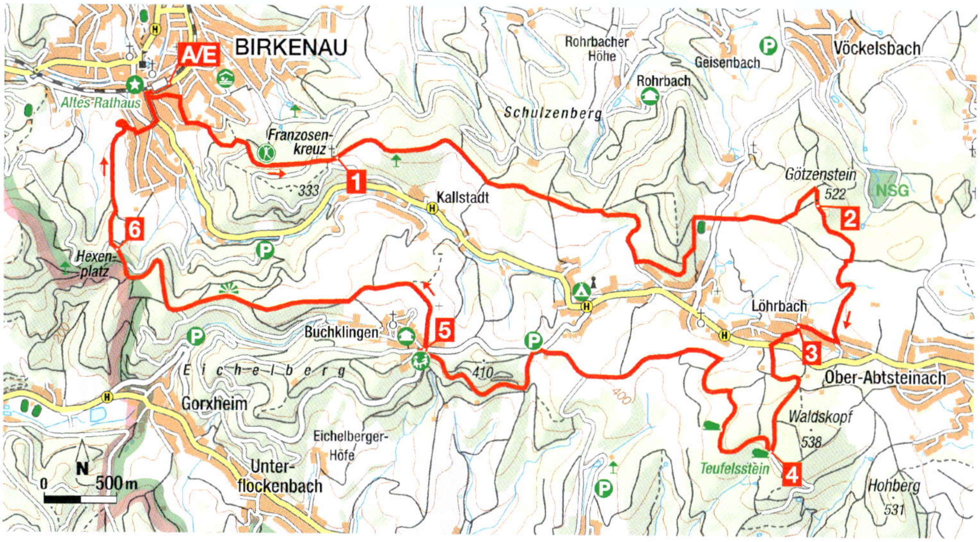

TOURENCHARAKTER
Nach knackigem Anstieg auf breitem Forstweg meist bequeme Höhenwege und -pfade ohne starkes Gefälle

AUSGANGS-/ENDPUNKT
Bahnhof Birkenau, Parkmöglichkeit neben dem Bahnhof

ANFAHRT
A5, Ausfahrt Weinheim. Von Stadtmitte die Birkenauer Talstraße bis Birkenau. Dort rechts zum Bahnhof; Bus & Bahn: Von Weinheim verkehrt die Weschnitztalbahn nach Birkenau.

GPS
49.56091, 8.70820

GEHZEITEN
Birkenau – Götzenstein 1.45 Std. – Teufelstein 0.45 Std. – Birkenau 2.15 Std.

EINKEHR
Grüner Baum in Buchklingen, Sa 12–15, So 10–15 Uhr, www.gruenerbaum-buchklingen.de

KARTE
Geo-Naturpark Bergstraße – Odenwald, Blatt 8, Bergstraße – Weschnitztal, 1:20 000; Meki Landkarten, Odenwald Süd, 1:30 000.

INFORMATION
Tourismus Service Bergstraße, Marktplatz 1, 64653 Lorsch, www.diebergstrasse.de

Rheintal und bei guter Sicht bis zu den Pfälzer Bergen gegenüber. Eine nostalgische Sitzbank lädt zum Genießen ein. Drei Minuten danach, am Wegedreieck, verlassen wir wieder den A1, folgen nach links vorübergehend dem Wegweiser für Fahrradfahrer und treffen an einem Teersträßchen wieder unsere grüne B9, auf der wir nach links fortsetzen. Der aussichtsreiche Höhenweg, der immer wieder Blicke ins Tal freigibt, tangiert die Straße und führt kurz darauf zu einer Wegekreuzung. Der erste rechts abgehende Forstweg (B9) am Steinkopf vorbei bringt uns nach **6 Buchklingen**. Wir gehen an der Straße wenige Meter nach rechts, überqueren sie und folgen dem Wegzeichen in Richtung Friedhof. Der herrliche Kammweg vereinigt sich kurz nach dem Schubertstein wieder mit dem B9, der uns am Hexentanzplatz vorbei zum **E Bahnhof** lotst.

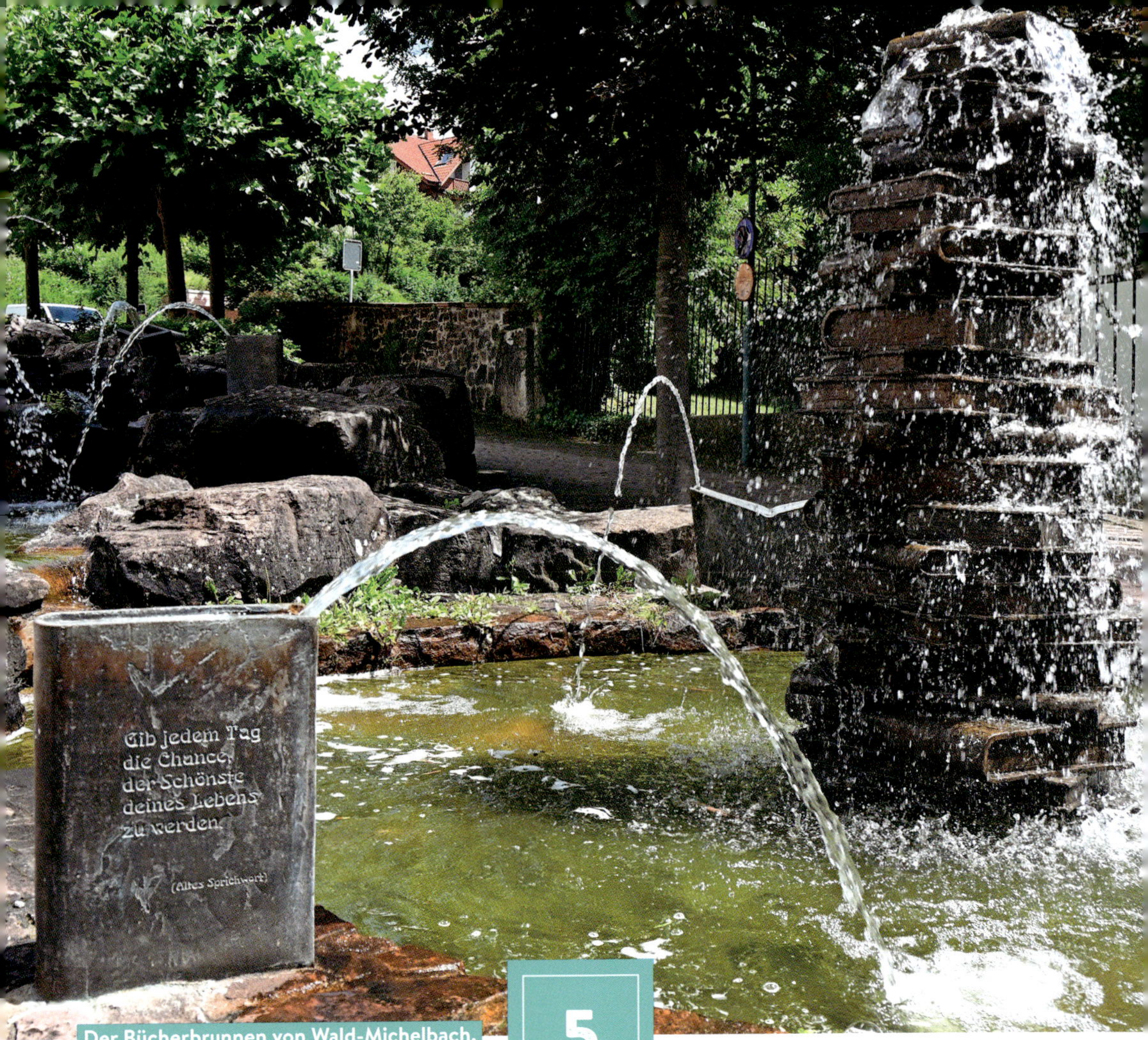

Der Bücherbrunnen von Wald-Michelbach. Auftakt zur Panoramarunde mit viel Kunst

5

Kunstgenuss mit Aussicht

Der Panoramaweg zur Tromm

Im Wechsel von zauberhaften Aussichten und außergewöhnlichen Exponaten zeitgenössischer Künstler präsentiert sich dieser Odenwälder Kunstweg als einer der Schönsten. Gekrönt wird der aussichtsreiche Höhenweg durch wilde Steinformationen auf der Tromm, von denen man sich schaurige Geschichten erzählt.

DER ÜBERWALD Wie ein Riegel schiebt sich der Höhenzug der Tromm zwischen den Hinteren (Buntsandstein) und den Vorderen (kristallinen) Odenwald. Wer jenseits dieser Barriere lebte, wurde als »Überwäldler« bezeichnet, woraus die Region ihren Namen erhielt. Der aussichtsreiche (Kunst-)Weg über die Tromm ist ein Highlight des Vorderen Odenwalds.

DER KAMPF UM DIE MAUS Vom Bücherbrunnen aus in der Ortsmitte von **A Wald-Michelbach** ziehen wir hinunter In die Gass, am alten Fachwerkrathaus vorbei. Am Montmirail-Platz halten wir uns links und wandern in Richtung Draisinenbahnhof (W3), wo wir rechts zur Sommerrodelbahn abbiegen. Nach ein paar Minuten passieren wir fünf mysteriöse mittelalterliche Steinkreuze, deren Herkunft rätselhaft ist. Sie wurden beim Eisenbahnbau 1898 im Ulfenbachtal gefunden und hier wieder aufgestellt. Oben queren wir an der Bushaltestelle die Straße und steigen weiter über den Wiesenweg bergauf, sofern gemäht ist. Am Parkplatz auf der **1 Kreidacher Höhe**, vor dem ehemaligen Gasthaus, wenden wir uns nach rechts und ziehen auf dem geschotterten Panoramaweg weiter (rotes Quadrat). Hier erwarten uns nun Kunstwerke im Fünfminutentakt, garniert mit herrlichen Ausblicken auf die Bergsträßer Höhen im Westen und ins Tal des Michelbachs. Dort, wo der Weg auf Asphalt stößt, kurz nach der Heinrich-Schlerf-Hütte, finden wir mitten in der Wiese bzw. im Acker eine seltsame Stele. Angeblich sollen sich hier zwei Ritter während einer Hungersnot um eine Maus gestritten und sich dabei gegenseitig getötet haben. Ob wahr oder falsch, geblieben ist der Name **2 Ritterstein**.

ZUM IRENETURM An der Gagern-Hütte bietet sich eine aussichtsreiche Picknickmöglichkeit an. Im Westen blicken wir hinunter

Tipp

SOLARDRAISINE ÜBERWALDBAHN

Quer durch den Odenwald, von Mörlenbach über Kreidach nach Wahlen, führte bis 1994 die Überwaldbahn. Auf einem Teilstück davon, von Wald-Michelbach bis Mörlenbach, lädt heute die weltweit erste Solardraisine zur Fahrt auf der denkmalgeschützten Trasse über drei Viadukte und zwei Tunnel ein. Bis zu acht Personen, von denen ein Teil solargestützt treten darf, finden Platz in den Schienenfahrzeugen. Ein luftiges Vergnügen für kleine und große Odenwaldfans (Infos: www.solardraisine-ueberwaldbahn.de).

Das mit Legenden umrankte steinerne Wildeleuthäusel auf der Tromm

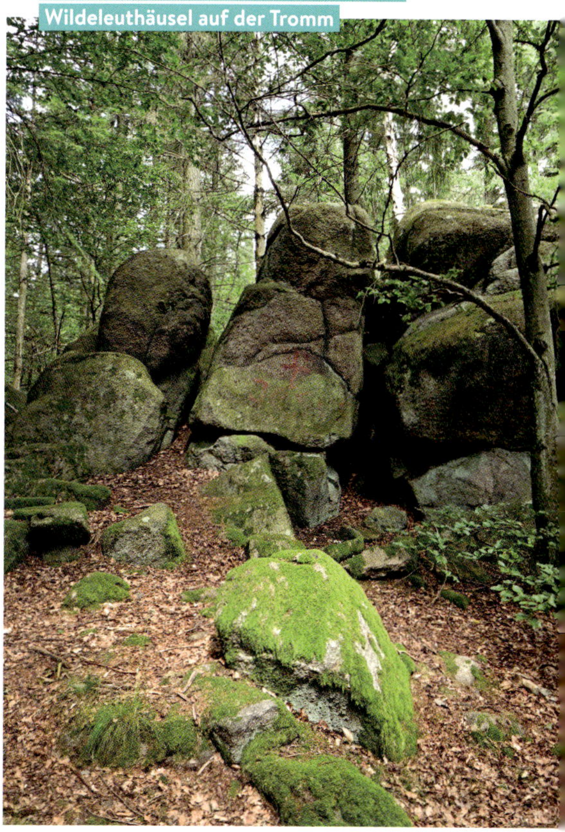

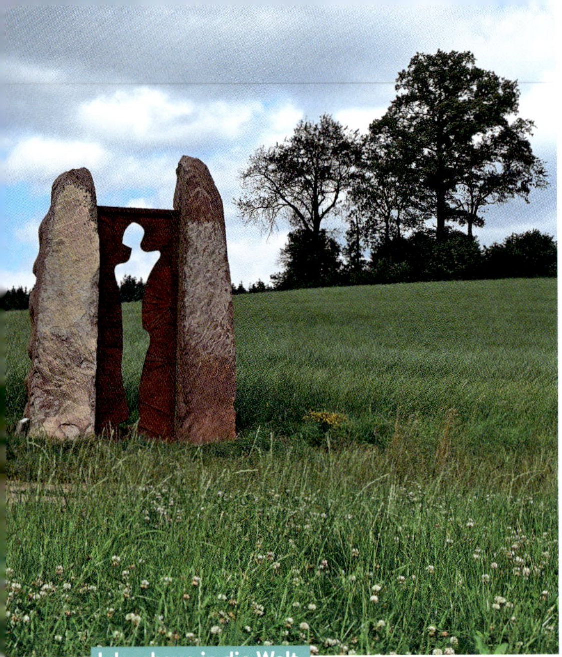

Ich schaue in die Welt.
Kunstwerk von Alfred Wolf aus Siedelsbrunn

ins Weschnitztal, gegenüber ins Tal des Gaderner Baches, der auf der Tromm entspringt. Das Kunstwerk »Ich schaue in die Welt« hilft dabei, den Fokus auf das herrliche Landschaftserlebnis zu lenken. Ein prächtiges Kunstwerk am Wegesrand, zusammengesetzt aus landwirtschaftlichem Schrott, nennt sich »Hommage an den Odenwald«. Knapp 200 Meter dahinter verengt sich der Weg zu einem düsteren Waldpfad, auf dem wir den neu gestalteten, originellen **3 Ireneturm** erreichen. Der Name des Turmes steht für Prinzessin Irene, der Schwester des hessischen Großherzogs. Wir biegen an den Ruhebänken links ab und wandern am alten Turmfundament vorbei in Richtung Rimbach (grüne R5). Ein malerischer Naturpfad führt uns mit herrlichen Ausblicken zwischen den Baumwipfeln weiter. Achtung, kurz nach den markanten Wollsackblöcken verzweigt der Wanderweg nach rechts. Wir bleiben noch ein wenig geradeaus auf dem Pfad, überqueren die nächste Kreuzung und steigen nun einen heftigen Pfad bergab. Wem der Pfad zu steil ist, der geht die paar Meter zurück und folgt dem R5-Wanderweg, der auch zur Tromm führt. Unten nehmen wir den ersten rechts abgehenden Weg (gelbe 2). An der Verzweigung kurz danach gehen wir auf dem linken unmarkierten Ast weiter, der uns bald auf weichem Waldweg durch die sagenhafte, mit Felsblöcken gesprenkelte Märchenlandschaft des Wildeleuthäusel führt.

DER SCHATZ VOM WILDELEUTHÄUSEL Eine Sage erzählt von drei Männern, die einst hier gelebt haben sollen und sich von der Jagd ernährten. Unter den Felsen horteten sie einen stattlichen Schatz. Bewacht von einem großen schwarzen Hund ist es bis heute niemandem gelungen, den Schatz unter dem Felsen zu bergen. Zwei Schatzgräber, die es versucht hatten, mussten der Legende nach ihre Kühnheit mit dem Tod bezahlen.

AVE MARIA UNTERM TANNENBAUM Wir wandern über zwei Kehren bergab und beschreiten nach der zweiten an der Gabelung den rechten, fast ebenen Zweig. Kurz nach der Tafel über den Tromm-Granit neben einer mächtigen Douglasie, finden wir an der Kreuzung wieder den R5-Wanderweg und folgen ihm. Der Pfad führt uns hoch zur wohlverdienten Einkehrmöglichkeit auf der grünen Terrasse des Gasthauses auf der **4 Tromm**. Weiter geht es bis zum ehemaligen Odenwald-Institut, an dem wir links abbiegen in den Birkenweg (G2 und Wa2). Nach Überquerung einer Straße geht es rechts am Haus vorbei – es sieht aus wie privat, ist aber tatsächlich der Wanderweg – über einen Wiesenpfad in Richtung Wald. Wir queren erneut die Straße und peilen den Bauernhof in Sichtweite an, den wir, den Wandersymbolen folgend, linker Hand umkreisen. An der Straße biegen wir links ab, verlassen sie aber sofort wieder auf einem unbefestigten, mit Af4 markierten Weg in

INFO

TOURENCHARAKTER
Beliebte Rundwanderung auf bequemen Wirtschaftswegen zum Höhenzug der Tromm

AUSGANGS-/ENDPUNKT
Bücherbrunnen in Wald-Michelbach (347 m)

ANFAHRT
Auto: Von Weinheim über B38 und Abtsteinacher Straße nach Ober-Abtsteinach. Weiter über Siedelsbrunn nach Wald-Michelbach. Parkplatz in der Gass; Bus & Bahn: Von Weinheim Bhf verkehrt die Buslinie 680 nach Wald-Michelbach.

GPS
49.57254, 8.82340

GEHZEITEN
Wald-Michelbach – Ritterstein 1.30 Std. – Tromm 1.45 Std. – Gaderner Kreuz 1.15 Std. – Wald-Michelbach 0.45 Std.

EINKEHR
Tromm, Gasthaus Zur Schönen Aussicht, Mi–Fr, 12–15, Sa, So, 12–20 Uhr, www.schoene-aussicht-tromm.de

INFORMATION
Tourist-InformationNibelungenLand, Tel. 06251/17 52 60, www.vorderer-odenwald.de

Kunst zum Schmunzeln

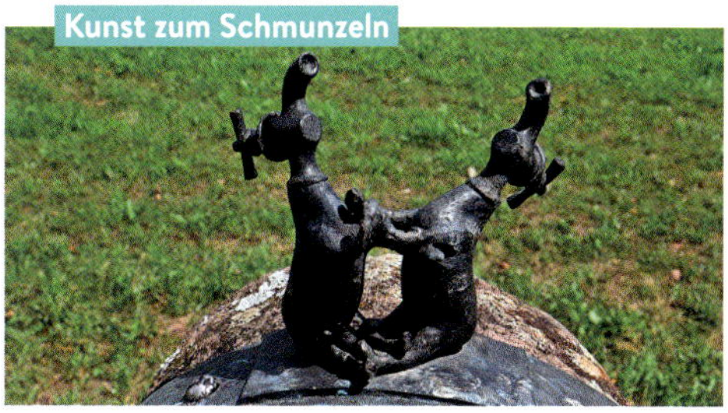

leicht | 5 Std. | 15,1 km | 460 Hm

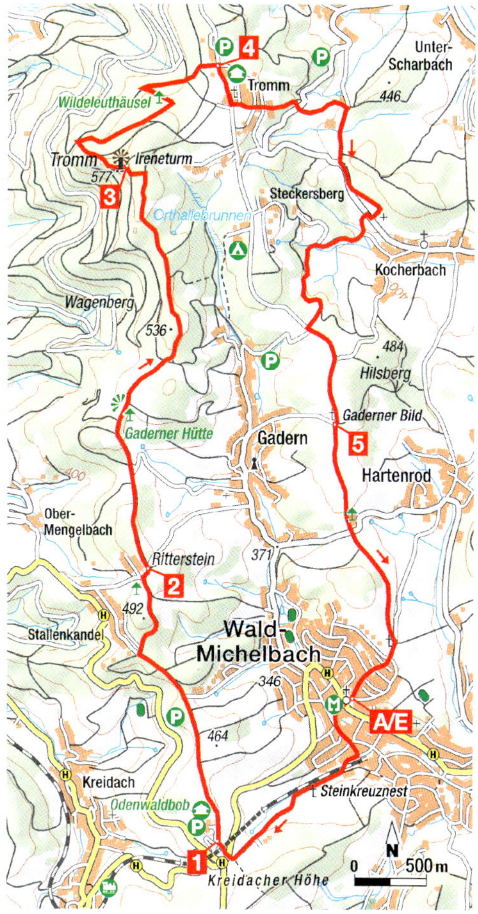

den Wald. Vor dem Friedhof gehen wir nach rechts, queren auf dem Wiesenweg das Tal und steigen auf gegenüberliegender Seite bergauf, wo uns Af6 hoch zum Waldrand führt. Wunderbar schlängelt sich der Weg an Wald und grasigen Kuppen entlang, bis wir schließlich an der T-Kreuzung auf den von der Tromm kommenden Wanderweg stoßen. Die grüne B5 nimmt uns hier wieder auf und lotst uns nach links. Am **5 Gaderner Bild** unter einer Tanne lohnt es sich, noch mal innezuhalten und die weiten Ausblicke zu genießen. Am alten Wegweiserstein mit der stählernen Spitze schwenken wir nach rechts in Richtung Wald-Michelbach, wo uns geradeaus – die Wanderwege leiten außen herum – ein Treppensteig ins **E Ortszentrum** führt.

Zwischen Bergstraße und Odenwald

Vom Tal der Elfen zum Steinernen Gaul

Elfen, Teufel und das »Bombachmordche« trieben ihr Unwesen im Bombachtal und sorgten den zahlreichen Geschichten nach für glückliche Tage oder auch Verdruss. Mystische Orte wie der Kreuzberg und das nicht weit entfernte Steinerne Ross waren auch früher schon Treffpunkte unserer Ahnen.

6

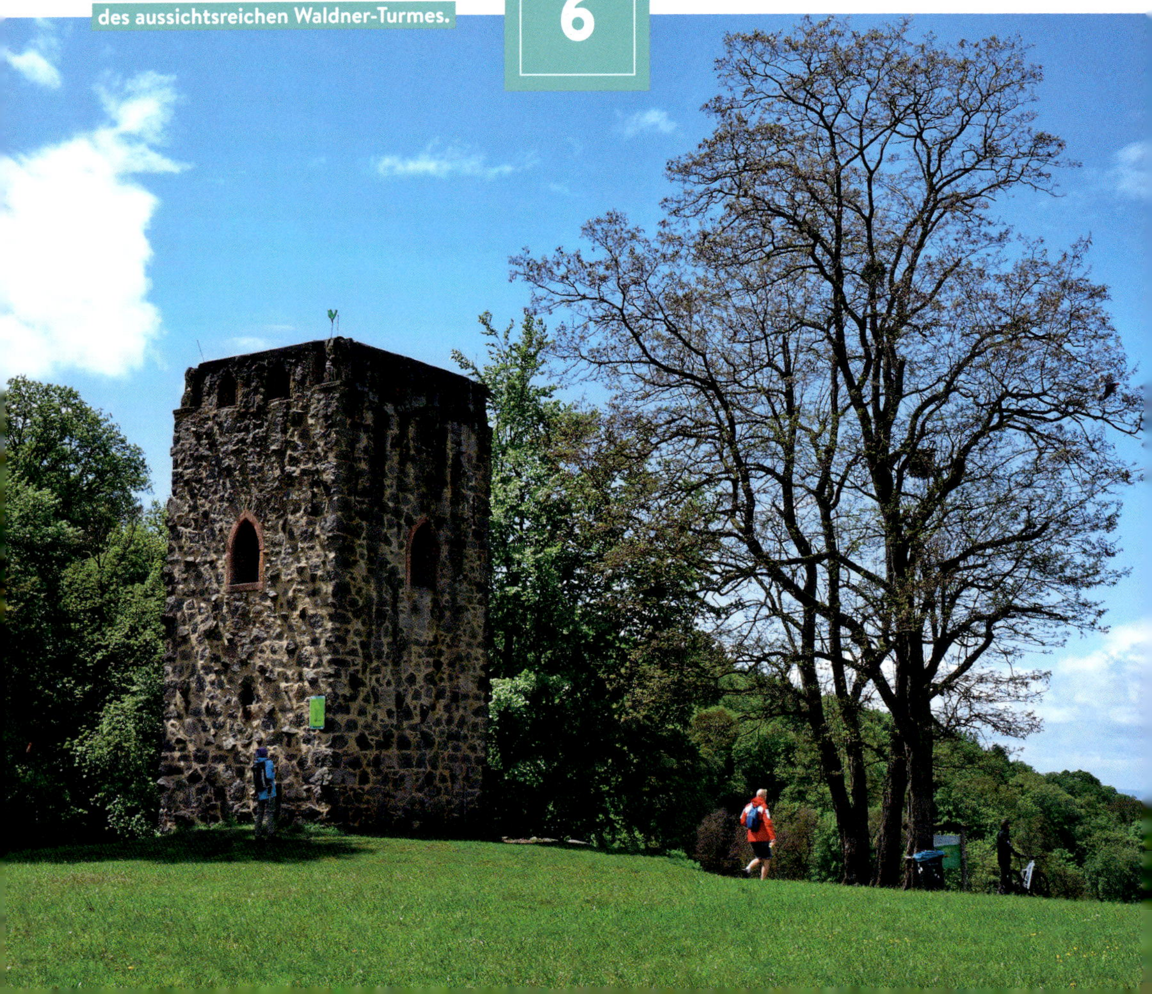

Vier Ritter besetzen die Ecken des aussichtsreichen Waldner-Turmes.

INS BOMBACHTAL Im Grenzort zwischen Baden und Hessen, an der alten **A Dorfkirche von Laudenbach**, beginnen wir unsere Tour. Hier wirkte der reformierte Pfarrer Anton Praetorius, dessen Schrift »Gründlicher Bericht von Zauberey und Zauberern« dazu beitrug, dass der mittelalterliche Hexenwahn ein Ende nahm. Wir biegen direkt hinter der Kirche links ab. An der Ruhebank, wo der Blütensteig nach links knickt, ziehen wir geradeaus hoch und biegen erst hinter den beiden Häusern an der Spirit Ranch links ab. Petra Diehl hat hier mit viel Liebe und Geschick einen Garten geschaffen, in dem sie Kurse zur Selbstfindung anbietet. Allein der Anblick genügt, um Freude aufkommen zu lassen. Wir biegen vor dem Garten links ab, wandern im Rechtsknick des Weges auf dem Wiesenweg zwischen den Reben weiter und erreichen nach einem dschungelartigen Gestrüpp wieder den Blütenweg. Nicht unweit von hier, unten an der Bergstraße, fand 1810 der berüchtigte Überfall der Hölzerlips-Bande auf zwei Schweizer Bürger statt, die vom Frankfurter Messebesuch zurückkehrten (siehe Tour 21). Wir wenden uns am Kunstwerk »FahrRat« nach rechts und ziehen gemächlich auf dem H3-Wanderweg das **1 Bombachtal** hoch.

DAS BOMBARDMORDCHE UND DIE ELFEN Die Sage erzählt von einer Elfe, die in silbrigen Mondnächten durch das Tal schwebe. Wer früh morgens die Elfenspuren sah, hatte einen glücklichen Tag vor sich. Neben lieblichen Elfen trieb allerdings auch das Bombachmordche sein Unwesen, der in den Höhlen von Lößwänden eines Seitentals lebte und mit harmlosen Überfällen sein Leben fristete. Von ihm wird berichtet, dass er zu Schinder Hannes Zeiten hier nach einem Mord an seinem Bruder untergetaucht war. Kurz nach der Kurve verzweigt ein schmaler Pfad nach rechts, der nach wenigen Metern zur »Teufelstrappe« führt. Einst wurden die Winzer in der Bombach ständig geärgert. Traubenstöcke waren des Nachts herausgerissen, oder die reifen Trauben am Boden zertreten. Da die Winzer glaubten, der Teufel sei der Unheilstifter, ließen sie sich von einem Knodener Zauberer (siehe Tour 10) zeigen, wie man ihn sichtbar machte. Als der Bösewicht auftauchte, drängten sie ihn in die Schlucht, wo er mit einem kühnen Sprung entkam. Dort, wo die Winzer den Teufel in die Brombachschlucht trieben, habe er beim Absprung seinen Fußabdruck im Felsgestein hinterlassen. Wer genau hinschaut, findet die Spur.

Tipp

DER KREUZBERG BEI HEMSBACH

Schon in vorchristlicher Zeit befand sich eine heidnische Kultstätte am heutigen Kreuzberg. 1347 errichteten Lorscher Mönche die Kapelle »Zum Heiligen Kreuz«, die mehrfach zerstört und wiederaufgebaut, im 19. Jahrhundert endgültig abgerissen wurde. Die farbigen gusseisernen Kreuzwegstationen wurden erst 1874 aufgestellt. Eine Legende berichtet von einem Jäger, der hier einen prächtigen Hirsch erblickt haben soll. Er schoss auf ihn und erblindete im selben Augenblick. Der Hirsch scharrte auf dem Boden, wo eine Quelle zum Vorschein kam. Als der Jäger seine Augen mit dem Wasser berührte, konnte er wieder sehen. Die Quelle »Waldbruders Brünnele« soll später einem Eremiten gedient haben. Zwischen den alten Mauern der ehemaligen Kapelle findet an Pfingsten ein Waldgottesdienst statt.

EIN KRAFTORT MIT GESCHICHTE Entlang der Bruchsteinmauer ziehen wir weiter das Tal hoch und ignorieren den ersten Abzweig. Ein Gewölbekeller rechts im Talgrund diente vermutlich als Schutzraum bei Sprengungen des gegenüberliegenden Steinbruchs. Wir bleiben auf dem H3-Wanderweg, der sich kurvenreich durch den Mischwald den Hang hochzieht. Unser Wanderweg verzweigt kurz nach der nächsten Kreuzung nach rechts. Wir bleiben noch 200 Meter auf ihm und verlassen nun H3, indem wir auf dem rechten Zweig am Waldrand mit herrlicher Aussicht weitermarschieren. Eine Sitzgruppe mit der Aufschrift »sitze, gugga, alles seh'n« lädt ein. Im Linksbogen zieht der Weg weiter und gibt Ausblicke über das Weideland um Ober-Laudenbach frei. Am Kurt-Braun-Rastplatz, halten wir uns rechts und wandern auf dem Waldweg (nicht den asphaltierten Weg nehmen) weiter. Nach zwei Kurven stoßen wir an einer kleinen Lichtung auf einen grasüberwachsenen, zum Teil hohlwegartig ausgespülten Weg, der uns rechtshaltend am Waldsaum bergab nach **2 Ober-Laudenbach** bringt. Im Dorf biegen wir links ab und zweigen am ehemaligen Ecksteinschen Wirtshaus rechts ab. Während der Revolution von 1848 fand hier eine Volksversammlung mit mehr als tausend Teilnehmern statt. Unser Weg führt hoch zum Wald. An dessen Ende in der Rechtskurve der Lichtung steuern wir geradeaus den verwachsenen Pfad an. Er stößt auf einen Forstweg, auf dem der Burgensteig nach links weist. Bildstöcke, Kreuze und Maria unterm Baldachin zeigen uns an, dass der magische **3 Kreuzberg** (siehe unten) nicht mehr weit ist.

DURCH DIE KRUMME LACHE An der Kirchenruine folgen wir weiter dem Burgensteig und halten uns kurz nach der nächsten Schutzhütte rechts. Ein weiteres Kuriosum erwartet uns hier. Der sogenannte **4 Steinerne Gaul** diente schon zu Zeiten Karls des Großen um 805 als Grenzmarkierung und ist im Lorscher Codex als »Stennen Ross« dokumentiert. Auch hier könnte es sich zusammen mit umliegenden Steinblöcken um eine heidnische Kultfläche handeln. Bewiesen ist es nicht. In der Tat wirkt der kolossale Felsblock wie der Rücken eines Pferdes. Kurz vor dem Waldaustritt versperrt uns ein mächtiger Felsblock den Weg, der umgangen werden muss. Am Wanderparkplatz verlassen wir den Burgensteig, es sei denn, wir machen noch einen Abstecher zum Waldner Turm gegenüber. Ein angenehmer Waldwanderweg (gelbe 1) leitet uns kurvenreich talwärts zum nächsten Parkplatz, nach dessen Überquerung wir rechts abbiegen. Am Weinberg mit herrlichem Ausblick gehen wir geradeaus hoch und nehmen an der Ruhebank den linken Zweig. Knapp 10 Minuten später, 100 Meter nach der Kuppe, verzweigt nach links ein geschotterter, mit Gras überwachse-

↓ Kreuzberg bei Hemsbach. Vom keltischen Kultplatz zur christlichen Wallfahrtsstätte

↘ Der Steinerne Gaul wurde schon im hohen Mittelalter erwähnt.

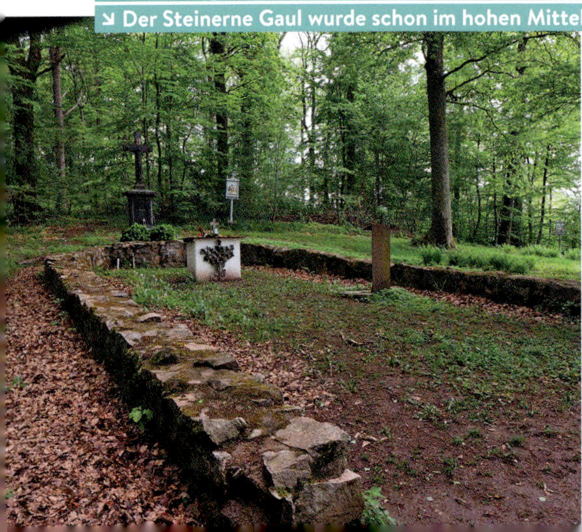

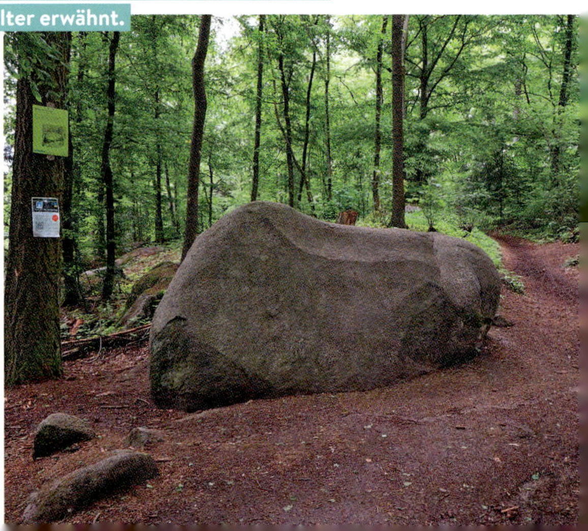

ner Weg, dem wir nun folgen. An der Verzweigung nach einem Holzlagerplatz beschreiten wir den rechten Ast, der uns schließlich zu einer Schonung führt. Hier geht es in spitzem Winkel nach links, und wir betreten zwischen zwei Felsblöcken den urwüchsigen, teils überwucherten Pfad durch die Klinge der **5 Krummen Lache**. An der Kreuzung von zwei Pfaden ziehen wir nach rechts talwärts und stoßen auf den Blütenweg, der uns rechts haltend zurück nach **E Laudenbach** bringt.

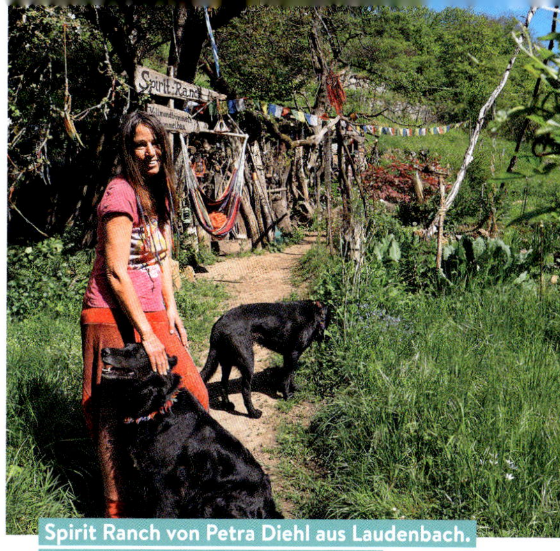

Spirit Ranch von Petra Diehl aus Laudenbach. Mystische Oase in prächtiger Natur

INFO

TOURENCHARAKTER

Muntere Runde auf Forstwegen und naturnahen Waldpfaden. Der urwüchsige Pfad durch die Krumme Lache könnte bei Nässe glitschig sein.

AUSGANGS-/ENDPUNKT

Parkplatz an der Kreuzung Kirchstraße und B3 im Zentrum von Laudenbach (110 m)

ANFAHRT

Auto: Auf B3 bis ins Zentrum von Laudenbach fahren; Bus & Bahn: Mit S6 von Bensheim oder Weinheim bis Laudenbach (Bergstraße)

GPS

49.61113, 8.65474

GEHZEITEN

Laudenbach – Bombachtal 0.45 Std. – Kreuzberg 2 Std. – Krumme Lache 1.45 Std. – Laudenbach 0.30 Std.

EINKEHR

Ober-Laudenbach, Zum Kaiserwirt, Mi–Sa ab 17 Uhr, So und Feiertag ab 11.30 Uhr, www.kaiserwirt.de

INFORMATION

www.diebergstrasse.de

mittel | 5.00 Std. | 14 km | 560 hm

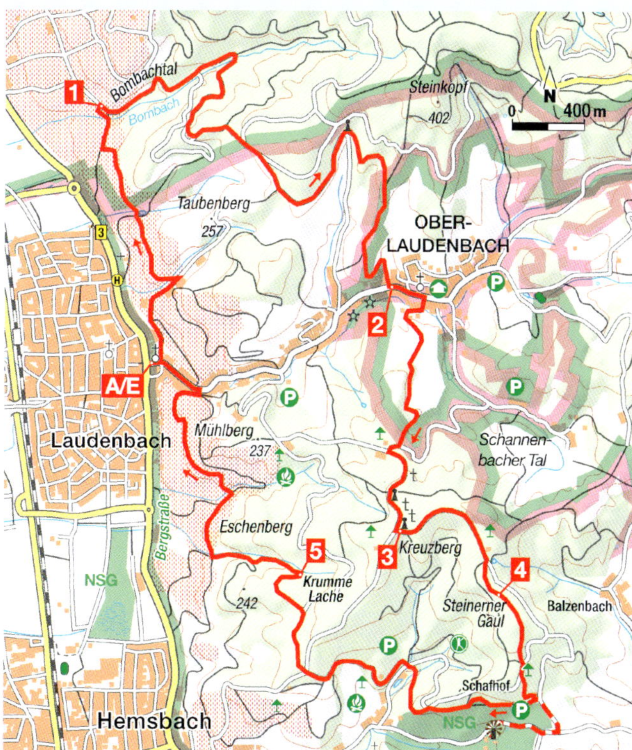

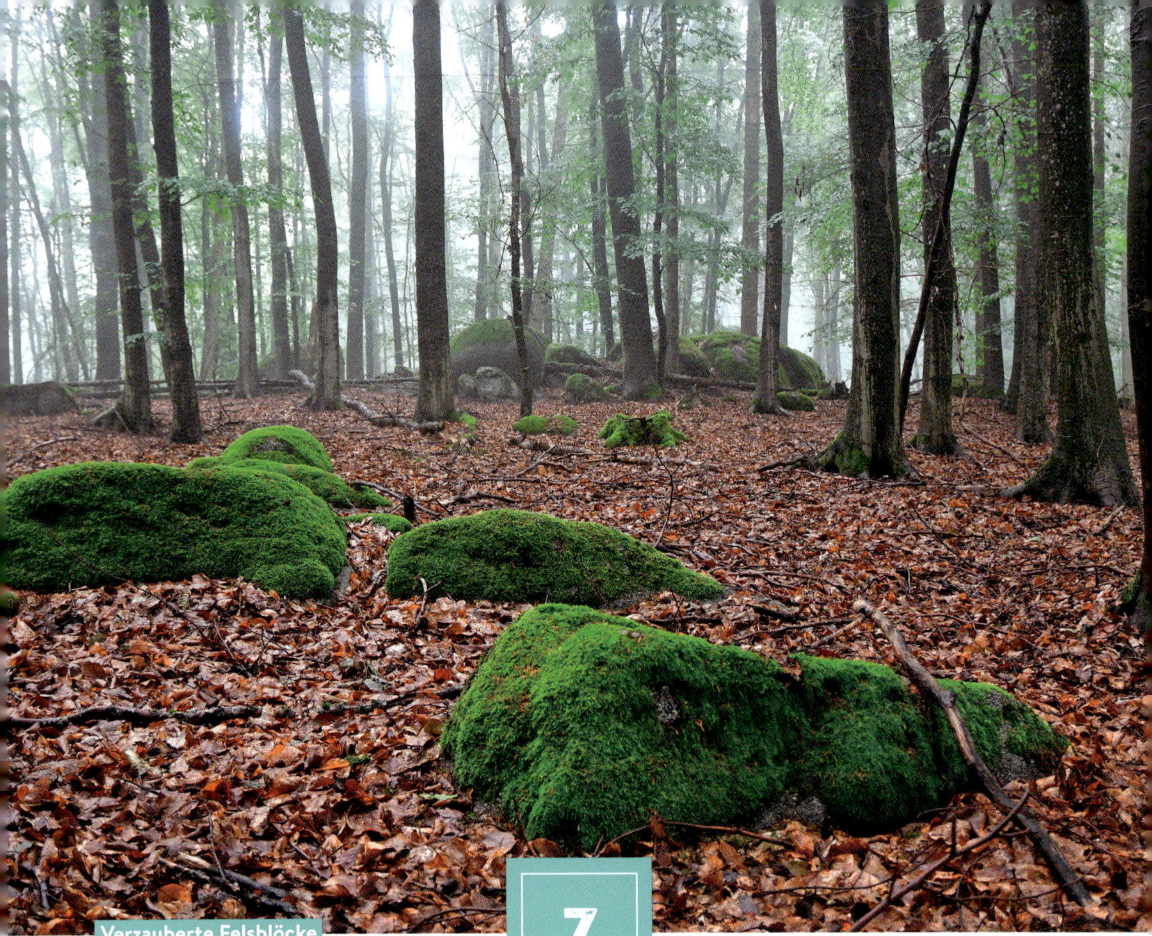

Verzauberte Felsblöcke im morgendlichen Nebel Nähe Salzkopf

7

Wo Räuber Hölzerlips gern verweilte

Von Mörlenbach zur Juhöhe

Was macht ein Bügeleisen mitten im Wald? Eine seltsame Gesteinsformation aus wollsackverwitterten Granitblöcken regt die Fantasie des Betrachters an und erinnert an ein solch altertümliches Haushaltsgerät. Wie tief alte Sagen und Geschichten in der Odenwälder Volksseele verwurzelt sind, zeigen auch Bezeichnungen wie Opfersteine und Hundsköpfe, denen wir begegnen.

ZUM IDYLLISCHEN KREISWALDSEE Wer möchte, vergnügt sich zuerst an unserem Ausgangspunkt, der alla-hopp!-Anlage in **A Mörlenbach** (siehe rechts). Aber vielleicht gibt es dafür auch am Ende unserer Tour noch Bedarf. Wir gehen rechter Hand der Anlage entlang, finden die Markierung des M4-Wanderwegs, dem wir uns fürs erste Drittel der Tour anvertrauen. Am Ecksteinkreuz, ein Kraftort des NaturKraftWegs (NKW), wenden wir uns nach rechts und wandern sanft bergan durch die liebliche Weidelandschaft. Prächtige Ausblicke auf die Höhenzüge der Tromm sorgen für wahres Wandervergnügen. Vor dem Wald knickt der Weg nach links und wir finden den lauschigen **1 Waldsee**, der es lohnt, einmal umrundet zu werden. Ein paar Stufen führen rechts hoch in den Wald, nach dessen Durchquerung wir auf Bonsweiher blicken. Wir biegen rechts ab und flanieren gemütlich, nun mit Aussicht auf die Bergsträßer Höhen, am Waldsaum entlang. Von Ferne grüßt die Wachenburg aus Weinheim. Oben an der T-Kreuzung bleiben wir noch linkshaltend für 100 Meter auf dem M4-Wanderweg und verlassen ihn an der Ruhebank nach rechts. Wenn wir eine gelbe 4 finden, sind wir auf dem richtigen Weg. Er leitet uns zu einer Waldkreuzung, an der wir rechtshaltend auf den nächsten Angelteich zusteuern. Eingebettet zwischen Wald und Obstwiesen, lädt die Picknickgruppe des **2 Kreiswaldsees** zur Rast ein. Auf einem Obstlehrpfad geht es über saftige Wiesen hoch zum Gestüt Kreiswald.

EINE HISTORISCHE ODENWÄLDER PASSHÖHE Wir biegen vor der Gaststätte rechts ab, wenden uns nach dem Wohnhaus nach links und folgen der gelben 10. Am Abbruchhaus geht es noch mal linkshaltend weiter zwischen Pferdeweiden und Waldsaum. Kurz nach Waldeintritt gelangen wir an ein Wegedreieck, von dem halb rechts ein unmarkierter Pfad abwärts führt. Er leitet zu einem Forstweg, auf dem wir uns nach links wenden. Wir sind wieder auf unserem M4-Wanderweg, der uns nach wenigen Metern zum »Bügeleisen« führt. Eine skurrile Steinformation, mit zum Teil quer überbrückenden Felsklötzen, erinnert an die Form eines altertümlichen, auf dem Kopf liegenden Bügeleisens. Es könne nur in die Hand eines Riesen gepasst haben, die angeblich hier eine Werkstatt hatten, erzählte man sich früher im Dorf. Der Weg zieht sich in einigen Windungen um den Höhnberg, zweigt nach links ab und trifft an die Wegkreuzung bei der Kopfhütte. Auf angenehmem Waldpfad geht es weiter unter Tannen und Buchen zur nächsten Ansammlung von Granitblöcken, den »Opfersteinen«. Die durch Verwitterung entstandenen schüsselförmigen Ausbuchtungen, wie auch die Anordnung der Felsblöcke, geben Anlass zu Vermutungen, dass es sich um einen keltischen Kultort handele, an dem Opfer dargebracht wurden. Wir ver-

Tipp

ALLA-HOPP!-ANLAGE MÖRLENBACH

Seit September 2017 besitzt auch Mörlenbach eine der 19 Bewegungs-, Spiel- und Fitnessanlagen. Das Konzept von alla hopp!, eine Förderaktion der Stiftung von Dietmar Hopp, soll in den Gemeinden der Rhein-Neckar-Metropolregion jung und alt Freude an der Bewegung bringen. Neben Spielplätzen für Kinder findet man meist verschiedene Fitnessgeräte und gemütliche Ecken zum Verweilen. Die Besonderheit der Mörlenbacher Anlage liegt darin, dass sich Kinder und eine Künstlerin schon am Planungsprozess beteiligten. Die Anlage kann von 9 Uhr bis Anbruch der Dunkelheit genutzt werden.

lassen den Wald und an der Kreuzung auch den M4-Wanderweg und ziehen nach rechts zur Juhöhe. Wer immer noch Bedarf nach mysteriösen Steinen hat, geht am Wanderparkplatz 150 Meter nach rechts und stößt etwas im Gestrüpp versteckt auf die »Hundsköpfe«. Ein Jäger verwünschte der Sage nach seine ungehorsamen Hunde zu Stein, weil sie ihm den Hirsch gerissen hatten. Eine andere Geschichte erzählt von den versteinerten Hunden des Rodensteiners (siehe Tour 13). Gegenüber dem Parkplatz lädt die Waldschenke Fuhr zur Rast auf der **3 Juhöhe** ein, in deren unmittelbarer Nähe jungsteinzeitliche Hügelgräber auf eine frühe Besiedlung schließen lassen. Eine Geschichte aus historischer Zeit erzählt die Tafel am Juchhe-Häuschen, 10 Meter rechts von der Kreuzung der Höhenstraße. Hier, in einer sogenannten »Kochemer Bayes«, einer Unterkunft der Räuberbanden, ging Anfang des 19. Jahrhunderts die berüchtigte Hölzerlipsbande ein und aus und entkam einmal nur knapp ihren Verfolgern. Auch kurz vor ihrem Überfall auf zwei Schweizer Kaufleute an der Bergstraße im Mai 1811 (siehe Tour 21) machte sie hier Station.

DER NATURKRAFTWEG Das grüne X leitet uns über die Straße nach einem letzten kurzen Anstieg aus dem Ort hinaus. An der Gabelung halten wir uns links und wandern an den Flanken von Großem Köpfchen und Kohlplatte entlang stetig talwärts. Nach Austritt aus dem Wald erwarten uns wieder wunderbare Fernblicke zu den Höhen des Vorderen Odenwalds. Nach einem kurzen Wiederanstieg, links die Häuser von Bonsweiher, entdecken wir das erste Schild des **4 NaturKraftWegs** mit den farbigen Kreisen. Der Themenweg kommt von Mörlenbach und hat hier seinen Wendepunkt. Vor mehr als zehn Jahren wurde die Idee von Gesundheitsberaterin, Kräuterfrau und

Das steinerne Bügeleisen aus der Werkstatt der Riesen

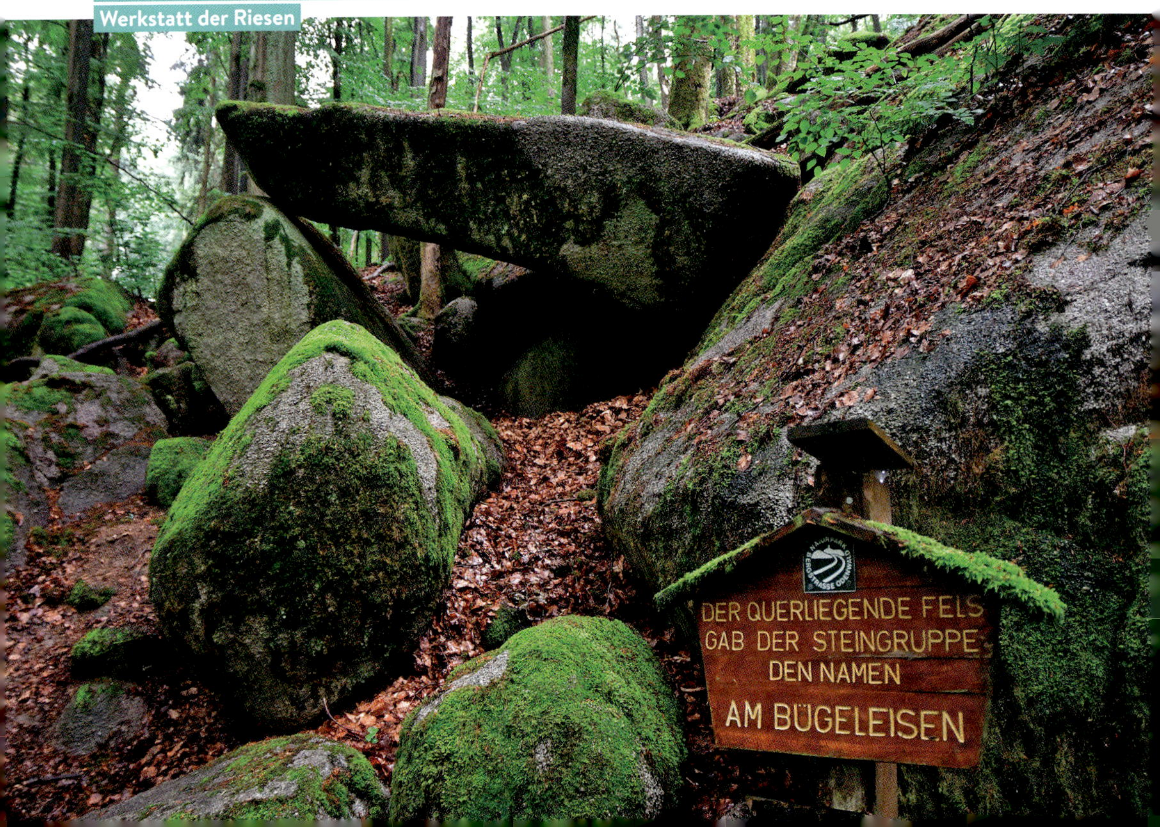

INFO

TOURENCHARAKTER
Bequeme Rundtour auf breiten Wald- und Forstwegen, dazwischen urige Waldpfade. Viel Schatten

AUSGANGS-/ENDPUNKT
alla-hopp!-Anlage Mörlenbach (160 m)

ANFAHRT
Auto: Auf B38 nach Mörlenbach. Dort über die Schmittgasse zur alla-hopp!-Anlage; Bus & Bahn: Von Weinheim mit der Weschnitztalbahn nach Mörlenbach

GPS
49.60165, 8.73617

GEHZEITEN
Mörlenbach – Waldsee 0.45 Std. – Juhöhe 0.30 Std. – Naturkraftweg 1.30 Std. – Mörlenbach 1.15 Std.

EINKEHR
Juhöhe, Waldschenke Fuhr, Mi–So und feiertags 11.30–20 Uhr, www.waldschenke-fuhr.de

INFORMATION
www.vorderer-odenwald.de

mittel | 4.00 Std. | 13,2 km | 340 hm

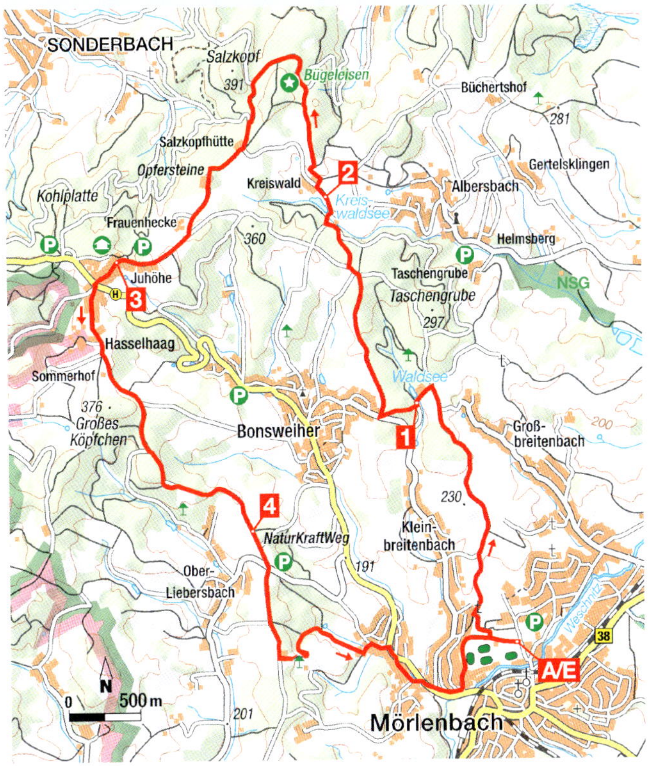

Künstlerin Dorisa Winkenbach und anderen ins Leben gerufen. Insgesamt 17 Stationen laden ein, zur Ruhe zu kommen, in sich zu kehren und die Natur zu spüren. Da wir nur einen Teil des ausgewiesenen Weges gehen, werden wir nicht alle Kraftorte aufsuchen können. Wir verzichten auf den Schlenker nach links und folgen stattdessen geradeaus dem einladenden und wenige Meter vom Hauptweg versetzten Waldpfad. Nach Austritt aus dem Wald queren wir die Verbindungsstraße nach Ober-Liebersbach und wandern aussichtsreich am Waldsaum entlang. An Punkt 8, an der Leonhard-Schenk-Hütte, finden wir links abgehend einen überwachsenen Pfad durchs Gebüsch, der uns mit tollen Ausblicken auf Mörlenbach talwärts leitet. An der Verzweigung halten wir uns rechts und ziehen nach den ersten Häusern über die Karlsbader Straße in Richtung Ortsmitte. Nach dem Egerland-Brunnen mit der Kraftquelle Wasser, der an verlorene Heimat erinnern soll, überqueren wir die Straße und biegen vor der Brücke über die Weschnitz links ab. Ein Fußgängerweg bringt uns an den Sportanlagen vorbei, wo sich der Kreis unserer aussichtsreichen Tour an der **E alla-hopp!-Anlage** wieder schließt.

Der Hammelbacher Klangweg

Auf Grenzpfaden zwischen »Kurpfalz« und »Kurmainz«

Die außerordentlich abwechslungsreiche Tour bietet neben historischen Kulturdenkmälern zahlreiche akustische Installationen, die geschickt in die wunderschöne Landschaft des Überwalds integriert sind. Das Ganze wird garniert mit herrlichen Ausblicken und einer stimmungsvollen Odenwälder Landgaststätte auf halbem Weg.

Gotische Kapellenruine in Hammelbach. Seit der Reformation dem Verfall preisgegeben

8

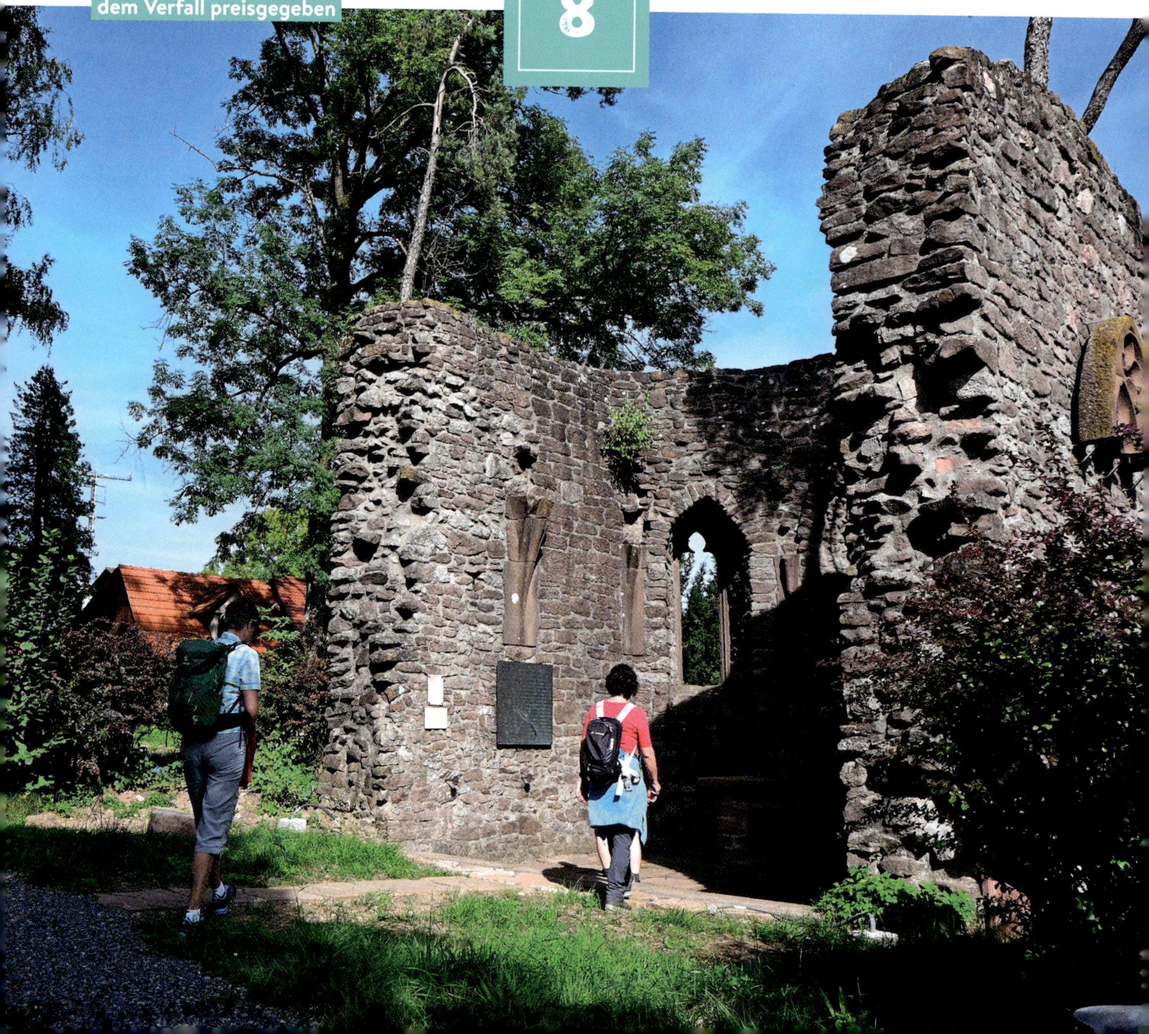

AM KALTEN BRUNNEN Von der Bushaltestelle im Zentrum **A Hammelbachs** führt ein Weg hinunter zum Parkplatz des Schwimmbads. Dort finden wir am Ende die grüne H10-Markierung, die uns über weite Strecken den Weg vorgibt. Am Schwimmbad vorbei führt der Weg in den Wald. Nach 300 Metern finden wir ein Schild am Baum, das nach links zum Kalten Brunnen weist. Wer Lust hat, macht den Abstecher durch die Wiese auf die andere Straßenseite, wo eine Fontäne nach dem hydraulischen Prinzip von einer oberhalb liegenden Quelle gespeist wird. Weiter geht es auf dem talbegleitenden Weg, der im Spätsommer über und über mit lila blühendem Springkraut geschmückt ist. Am Ende an der T-Kreuzung biegen wir entgegen der Beschilderung rechts ab und halten uns hinter dem originellen Sandsteinbrunnen, auf der historischen Gemarkungsgrenze zwischen »Chur Mainz« und »Chur Pfalz« rechts. Zwischen den Gebäuden des stilvollen Hilsighofs wandern wir das Seitental hoch und zweigen nach 100 Metern links ab auf den Grasweg. Oben am Wäldchen ziehen wir nach links in Richtung Litzelbach. Dort folgen wir wieder H10 an alten Hofreiten vorbei durch den bezaubernden Ort. Mitten im Dorf, an der Bushaltestelle, ein herrlicher **1 Bildstock** mit dem Walldürner Blutbild. Unser Wanderweg schwenkt nach rechts an einem Grundstück mit allerlei Kitsch vorbei und führt am natürlich mäandernden Bächlein entlang talaufwärts.

KURPFALZ UND KURMAINZ Wir überqueren das Gewässer nach links und entdecken mitten auf der Weide ein wunderbar erhaltenes Exemplar eines alten Grenzsteins. Die Kurpfälzer Raute auf der einen und das Kurmainzische Rad auf der anderen Seite deuten die historische Grenze der beiden über Jahrhunderte hinweg nicht immer wohlgesonnenen Territorialmächte an. Als das Kloster Lorsch im Jahr 1232 seine Reichsunmittelbarkeit verlor, stritten sie sich über 500 Jahre lang um jedes Dorf und jeden Acker im Odenwald. Vor allem im oberen Weschnitztal kam es immer wieder zu Kampfhandlungen der Kontrahenten. Und so mancher Streit wurde mit harten Bandagen ausgefochten.

Tipp

ZWEI AUSSERGEWÖHNLICHE MUSEEN

Neben einem herrlichen Wanderweg hat der kleine Ort im Überwald noch zwei Mini-Attraktionen zu bieten, die, sofern geöffnet, einen kurzen Besuch lohnen. Zum einen das Museum für alte Läden und Reklame, www.alte-laeden-reklame-museum.de und das DDR-Museum. In beiden werden urige Sammlerstücke aus der »guten alten Zeit«, also vorwiegend der 50er-Jahre des letzten Jahrhunderts, ausgestellt, wie man sie noch von Oma kennt.

DER SCHNEIDER UNTER DER EGGE Auf ehemals kurpfälzischem Territorium (dort, wo die Raute hinzeigt) wandern wir weiter durch die wunderbare Auenlandschaft. Am Talschluss biegen wir rechts ab und stoßen auf einen befestigten Wirtschaftsweg, der in Richtung Schardhof führt. Am Abzweig finden wir insgesamt drei Wegweiser. Zum einen den für uns bedeutsamen, des H10-Wanderwegs, dann einen hölzernen Richtungswegweiser zu Metropolen in der ganzen Welt, mit Kilometerangabe (Tokio 9360 km). Am interessantesten jedoch ist der alte steinerne Wegweiser, der vermutlich aus der Mitte des 18. Jahrhunderts stammt und auf allen vier Seiten Entfernungsangaben für

Ochsengespanne angibt (NACH FÜRTH ¾ STUND). Wir gehen nach rechts und schlagen – ohne Ochsen – den Weg »NACH DER TROM ½ STD« ein. Nach 10 Minuten sind wir am nächsten steinernen Zeugen der Geschichte angelangt, dem **2 Brandschneiderskreuz**. Neben dem originalen Sockel des ehemaligen Steinkreuzes inmitten des Weges, zwei nachträglich aufgestellte Kreuze neueren Datums, das eine in Stein, das andere aus Gusseisen. Die Sage erzählt von einem neugierigen Schneider, der den verbotenen Hexentanz an der Wegkreuzung beobachten wollte. Nach altem Volksglauben legte er sich dabei unter eine Egge, die Schutz gegen böse Geister bieten sollte. Die Hexen aber erblickten den Schneider und ritten ihn mit ihren Besen zu Tode. Vermutlich stand im Mittelalter hier ein Sühnestein oder ein Gedenkstein für ein Unfallopfer. Wir biegen rechts ab und wandern über den Kamm des Tromm-Höhenzugs an alten Grenzsteinen und einem nachgebauten Steinwall entlang, der wiederum die einstige »Demarkationslinie« der oben beschriebenen Territorien anzeigen soll.

KLANGSPIELE IN HERRLICHER NATUR

Über die Wiese geht es zum nächsten Wäldchen. Kurz dahinter an der Kreuzung biegen wir scharf links ab und schwenken nun auf den Hammelbacher Klangweg ein. Und schon nach wenigen Metern, über einem Bildstock zu Ehren des heiligen Wendelin, vor dem sich ein dösender Engel aus Gips ausgebreitet hat, erklingen leise aus der Windleier des Baumes sanfte Töne. Originell an diesem Standort ist darüber hinaus der

↓ Lila blühendes Springkraut, auch Bauernorchidee genannt, liebt feuchte Talauen.
→ Musik am Waldxylophon ↘ Picknicktisch auf umfunktioniertem Anhänger zur Freude des Autors

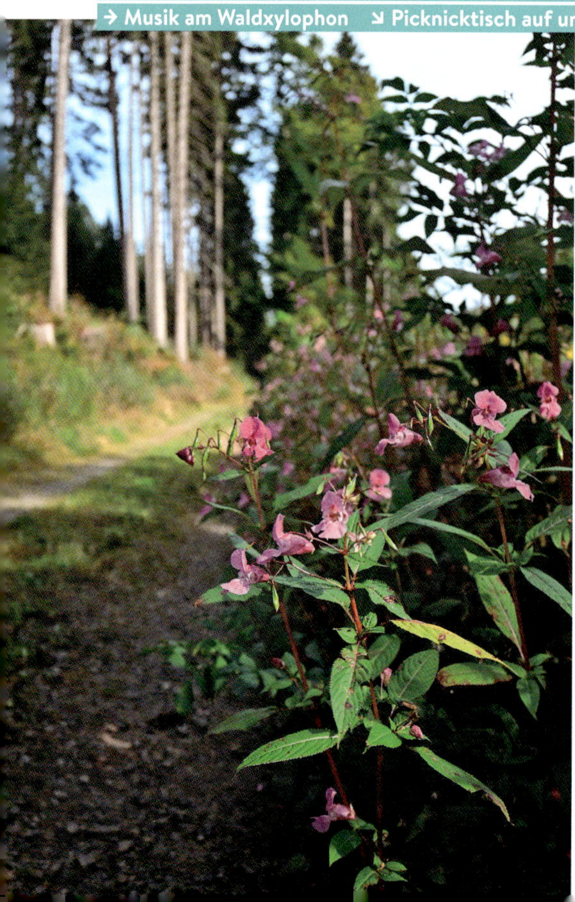

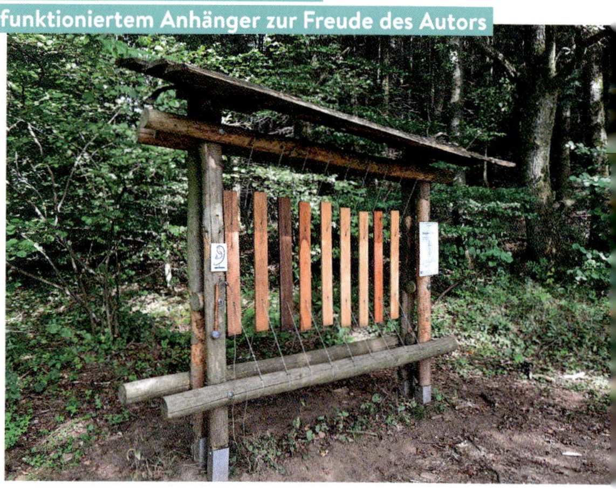

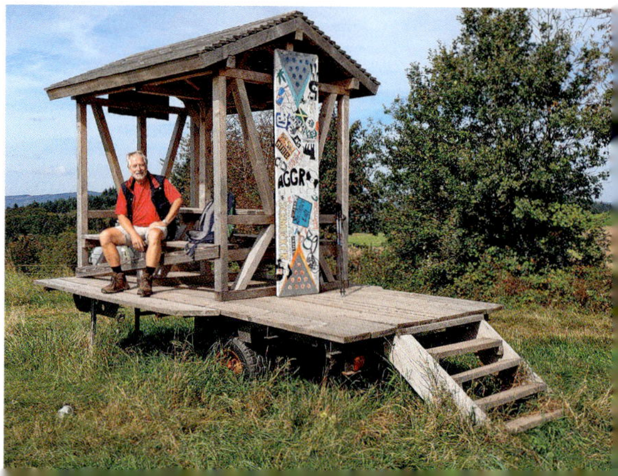

INFO

TOURENCHARAKTER

Unterhaltsame Rundwanderung auf reizvollen Naturwegen mit geringen Steigungen

AUSGANGS-/ENDPUNKT

Hammelbach, Parkplatz am Schwimmbad (385 m)

ANFAHRT

Von Weinheim das Weschnitztal hoch über B38. Hinter Fürth auf B460 nach Weschnitz, dann links nach Hammelbach; Bus & Bahn: Von Weinheim Bhf. verkehrt die Buslinie 681 nach Grasellenbach. Von dort mit Bus 667 nach Hammelbach

GPS

49.63455, 8.83314

GEHZEITEN

Hammelbach – Litzelbach 0.30 Std. – Brandschneiderskreuz 1 Std. – Alt-Lechtern 1.30 Std. – Hammelbach 1 Std.

EINKEHR

Alt-Lechtern, Waldgaststätte, Sa, So, 11.30–19 Uhr, www.alt-lechtern.de. Gastronomie in Hammelbach

INFORMATION

Tourist-Information Nibelungen-Land, Tel. 06251/17 52 60
www.vorderer-odenwald.de

leicht | 4 Std. | 12,3 km | 330 hm

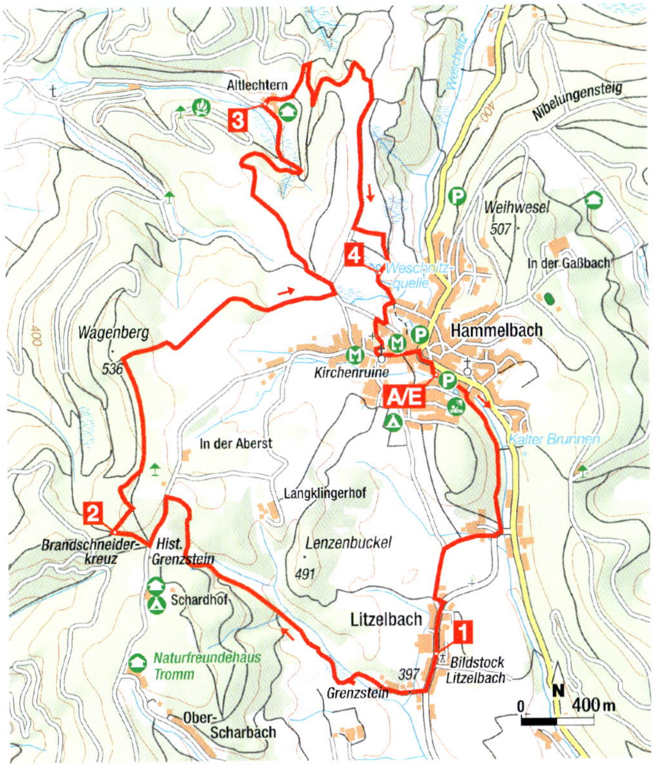

überdachte und kunstvoll gestaltete Picknicktisch gegenüber auf einem alten landwirtschaftlichen Anhänger, von dem aus man einen weiten Blick in die Landschaft genießt. An nächster Station, vor dem Rechtsknick des Weges, dürfen wir unseren Kopf in den »Summstein« stecken, um zu erfahren, was Resonanz ist. Nach einer Linkskehre landen wir in der beliebten Waldgaststätte **3 Alt-Lechtern**. Auf der Rückseite des Anwesens zieht der Weg stramm bergauf und knickt am Waldrand nach rechts. Wir Verlassen damit H10 und bleiben für eine kurze Weile auf dem F3-Wanderweg, der oben an der nächsten Hütte wieder auf den Klangweg trifft und uns nach rechts über die Hochebene leitet. Sofern der Wind weht, vernehmen wir die sanften Klänge der Windharfe. An der **4 Weschnitzquelle** vorbei, betreten wir wieder den **E Ort** und verweilen noch an der mystisch anmutenden Hammelbacher Kapellenruine, auf deren Mauerresten über den gotischen Fenstern sich Kiefern breit gemacht haben. Das Schicksal des Gotteshauses wurde durch die Reformation besiegelt, die 1556 in der Kurpfalz eingeführt wurde.

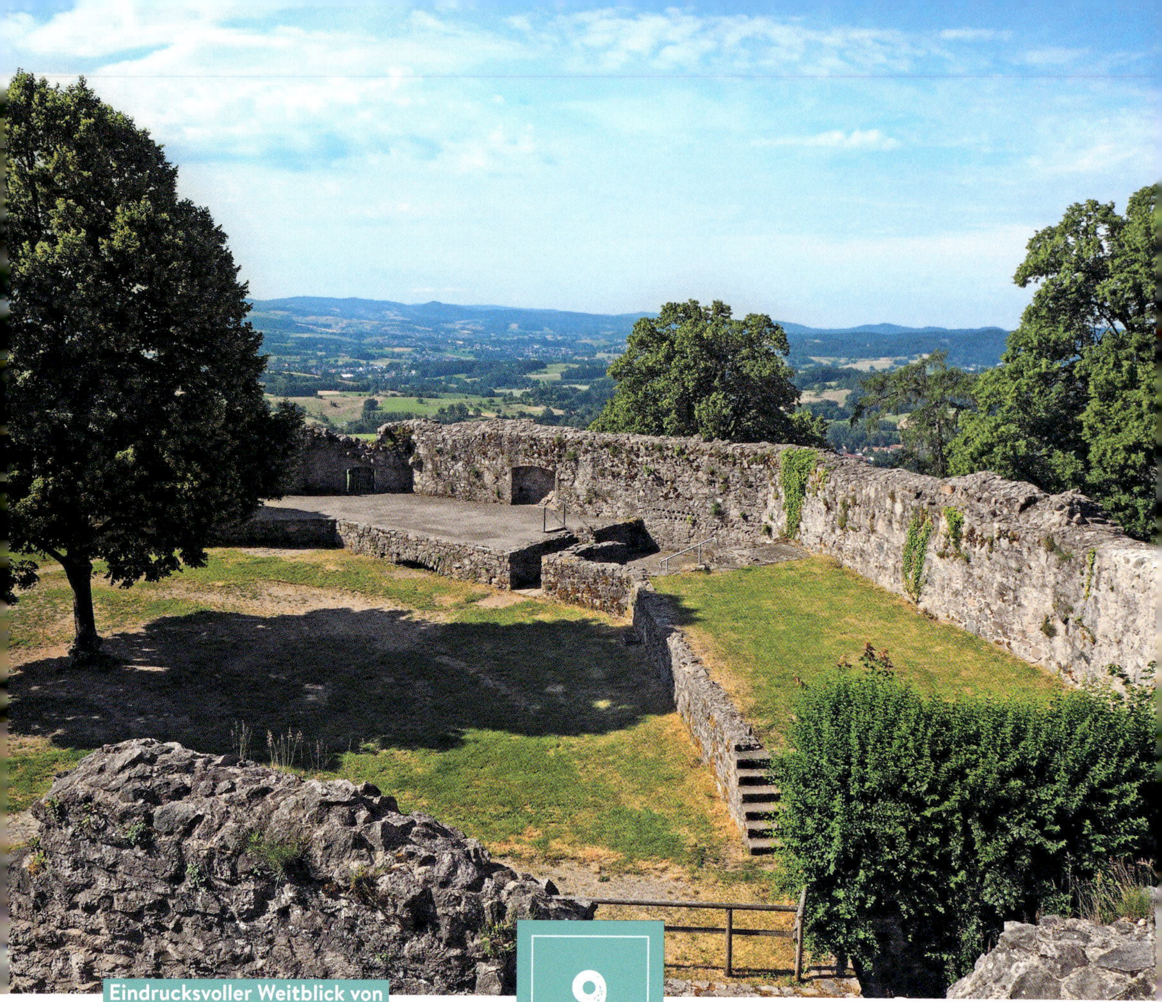

Eindrucksvoller Weitblick von den Zinnen der Burg Lindenfels

9

Zur Drachenstadt Lindenfels

Auf dem Schlierbacher Gerichtspädche

Kaum ein Ort im Odenwald kann sich solch einer günstigen Lage rühmen wie Lindenfels, die »Perle des Odenwalds«. Über dem pittoresken Städtchen thront die Burg und an allen Ecken und Enden finden sich die meist lustig dreinschauenden Drachen. Ein Spaß für Kinder, aber auch Hobbygeologen und -historiker kommen auf ihre Kosten.

DIE DRACHEN VON LINDENFELS Wie einige andere Orte im Odenwald beansprucht auch Lindenfels der Ort zu sein, an dem Siegfried der Drachentöter gemeuchelt wurde. Ein Wettbewerb des Landes Hessen zur Belebung der Innenstadt im Jahr 2009 war die Initialzündung für die Idee der Lindenberger Drachen. Inzwischen beleben die bunten Fabelwesen das gesamte Stadtbild, und der Drachenkult wurde mit der Eröffnung des Deutschen Drachenmuseums gekrönt. Im ehemaligen gutbürgerlichen Wohnsitz der Familie Baur de Betaz, dem »Baureneck«, wird die Welt der bunten Drachen in allen Farben, Formen und Größen dargestellt.

ZUR BURG LINDENFELS Ausgehend vom Rathaus in A **Lindenfels** machen wir zuvor einen Abstecher zur 1 **Burg Lindenfels**, von deren Wehrgängen sich ein herrlicher Ausblick ins Weschnitztal, zu den umgebenden Höhenzügen der Tromm bis zur Wachenburg bei Weinheim bietet. Gegründet vom Kloster Lorsch um 1100, war sie kurze Zeit in der Hand von Konrad von Hohenstaufen, dem Bruder Barbarossas. Nach kurzem badischem Intermezzo hatten jedoch bis zur Auflösung im Jahr 1803 die Kurpfälzer das Sagen auf der Burg und machten sie zum Mittelpunkt ihrer Odenwälder Territorialpolitik. Zurück am Rathaus, gehen wir rechts bergab, am farbenprächtigen Drachen Cosimo vorbei, zum Inneren Fürther Tor. Davor schmachtet im Verlies der Betzenkammer ein Lindenfelser Bürger, der jedoch nicht aus Fleisch und Blut ist. Wer seinen Frondienst verweigerte, nicht in die Kirche ging, oder andere »Taten« beging, also betzig (odenwälderisch = böse) war, kam für ein paar Tage in die dunkle Kammer. Wir versäumen nicht, uns hinter dem Tor umzudrehen, um die beiden Neid- und Spottköpfe unter dem Pecherker zu betrachten. Sie sollten die vor dem Tor stehenden Feinde verunglimpfen. Durch das Äußere Fürther Tor verlassen wir den alten Stadtbezirk und folgen dem grünen N des Nibelungensteig-Zubringers. An der Kapp-Hütte warten die »Betrachter« auf uns, eine Plastik des Fürther Kunstwegs, der hier weiterführt.

Tipp

DAS QUIEKENDE SCHWEIN VON LINDENFELS

Folgendes soll sich im Dreißigjährigen Krieg zugetragen haben: Lindenfels war von schwedischen Truppen belagert, die versuchten, die Lindenfelser auszuhungern und zur Aufgabe zu zwingen. Mit einer List schafften die schlauen Bürger von Lindenfels es aber, dies längere Zeit hinauszuzögern. Jeden Abend trieben sie ein quiekendes Schwein an die Stadtmauer, sodass die Feinde glaubten, sie hätten genug Nahrung, um sich zu versorgen. Ob die List erfolgreich war, ist nicht überliefert.

Nach alter Tradition. Stickelsgräber in Schlierbach

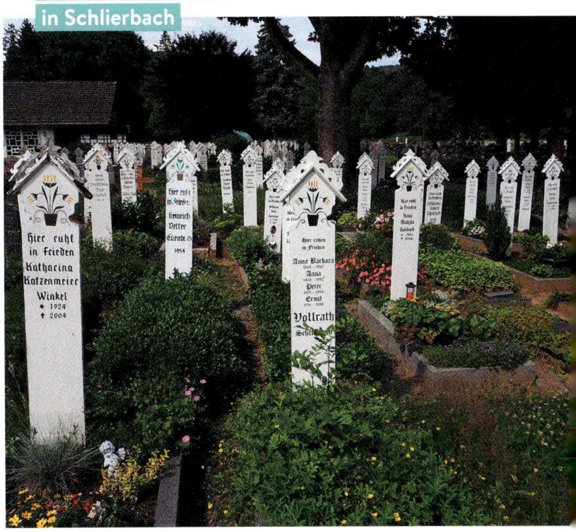

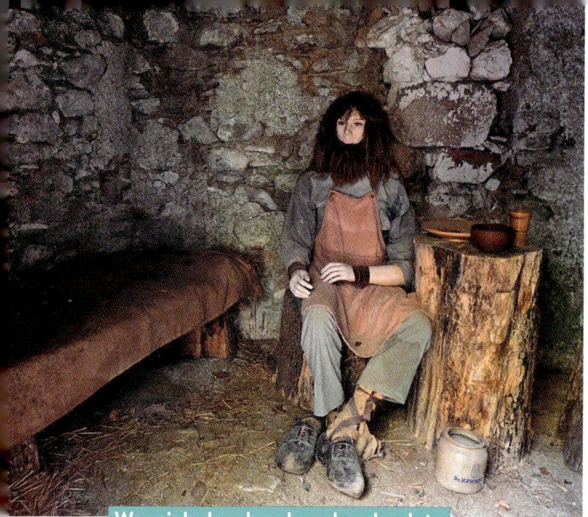

Wer sich daneben benahm, landete in der Betzenkammer ohne Vollpension

DAS GERICHTSPÄDCHE Wir biegen rechts ab zum **2 Galgenberg**, wo laut Infotafel kein Urteil vollstreckt wurde. Nach Überquerung des Faustenbaches halten wir uns links, nehmen das Li4-Wanderzeichen bis zur Landesstraße und biegen rechts ab. An erster Möglichkeit geht es nach links auf das mit Holzbalken bewehrte »Gerichtspädche«. Auf dem romantischen Wanderpfad längs des mäandernden Schlierbaches mussten die Delinquenten früher zum Zentgericht nach Fürth marschieren. Wir bleiben damit weiter dem Thema der Rechtsprechung treu, durchqueren den Lindenfelser Stadtteil Eulsbach und stoßen erneut auf einen idyllischen Abschnitt des mit Holzbohlen versehenen Weges.

DAS »DOLLE DORF« So bezeichnete die Hessenschau 2013 das schmucke **3 Schlierbach**, das schon Jahre zuvor als eines der schönsten Dörfer Deutschlands prämiert wurde. In der gemütlichen Scheune des Gasthauses Zur Krone direkt am Bach oder im traditionsreichen Römischen Kaiser gegenüber lässt es sich gut verweilen.

DIE STICKELSGRÄBER VON SCHLIERBACH Vorbei an herrlichen Fachwerkhäusern, ziehen wir weiter zur Kirche, auf deren Friedhof sich eine seltene Sehenswürdigkeit bietet. Alle Gräber sehen fast gleich aus mit ihren weißen Holzstelen, auf denen eine aufgehende, eine blühende und eine verwelkte Blume aufgedruckt ist, was als Symbol des Lebenslaufs gilt. Das Brauchtum der Stickelsgräber stammt von calvinistischen Einwanderern, die nach dem Dreißigjährigen Krieg von den Pfalzgrafen angeworben wurden und sich hier niederließen. Der Li6-Wanderweg bringt uns – immer noch auf dem Gerichtspädche – aus dem Ort. Nach einer kurzen Waldetappe biegen wir in Höhe des Hotels Wiesengrund rechts ab, wandern 100 Meter an der Straße entlang und biegen rechts ab nach **4 Winkel**.

GRANIT, DAS GOLD DES ODENWALDS
Die schweißtreibende Kaffenbergstraße bildet den Auftakt zum Anstieg auf die Höhe »Das Buch«, an deren Flanke es nun entlanggeht. Herrliche Ausblicke lohnen allerdings die Mühen des Aufstiegs. An den Pferdekoppeln wandern wir den begrünten Pfad hoch, wo sich uns kurz darauf in Nähe des Absprungplatzes der Gleitschirmflieger ein überwältigender Ausblick bietet. Weiter geht es durch den Wald bis zur Bundesstraße 47, die wir nach links überqueren und wieder rechtshaltend verlassen. An der Linkskehre, beim bemalten Fachwerkhäuschen, lohnt sich ein kurzer Abstecher in den aufgelassenen **5 Steinbruch**. Ein überwachsener Pfad führt durch die Abraumhalden zum alten Steinbruch, auf dessen Gelände eine Picknickhütte untergebracht ist. Ein Bildhauer nutzt die herumliegenden Steinblöcke für seine Werke. Zurück am Haus geht es auf beschaulichem Pfad zwischen hochstämmigen Buchen weiter bergauf. Wir stoßen auf einen breiten Forstweg, auf dem wir sofort wieder nach rechts abbiegen und zwischen den Bäumen immer wieder herrliche Blicke ins Tal erhaschen. Weiter Li6 folgend, erreichen wir

INFO

TOURENCHARAKTER

Bequeme und aussichtsreiche Rundwanderung auf gut begehbaren Wirtschafts- und Forstwegen

AUSGANGS-/ENDPUNKT

Rathaus von Lindenfels (366 m)

ANFAHRT

Auto: Von Weinheim auf B38 durch das Weschnitztal zum Gumpener Kreuz. Links nach Lindenfels. Parken in Ortsmitte in der Straße Graben; Bus & Bahn: Von Bensheim mit Buslinie 665

GPS

49.68361, 8.78006

GEHZEITEN

Lindenfels – Schlierbach 1 Std. – Bismarckturm 1.45 Std. – Lindenfels 1.15 Std.

EINKEHR

Schlierbach, Zum Römischen Kaiser, Mi–Fr ab 17, Sa ab 14, So und feiertags ab 12 Uhr. Restaurant Wiesengrund in Winkel, Mi–Fr ab 17, Sa, So und feiertags 11–14 und ab 17 Uhr, www.hotel-wiesengrund.de

INFORMATION

Kur- und Touristikservice, 64678 Lindenfels, Burgstr. 37, www.lindenfels.de

mittel | 4.00 Std. | 11,4 km | 450 hm

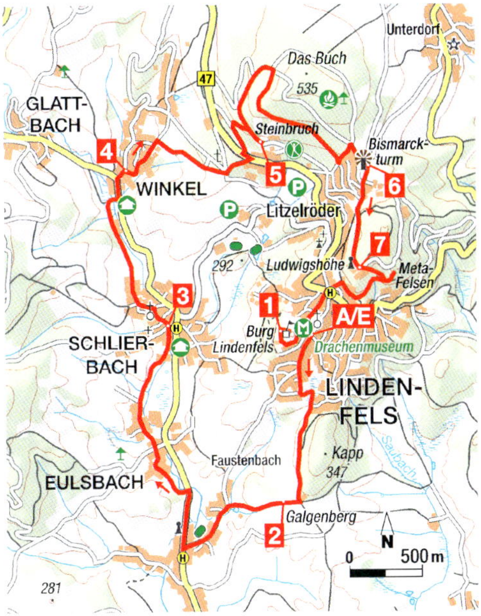

nach einigen Richtungswechseln die **6 Bismarckwarte**, deren Ausguck uns mit tollem Rundumblick belohnt.

ZUM LINDENFELSER HAUSBERG Der Wanderweg Li1 führt uns neben weiteren Hauptwanderwegen an der Westflanke des Schenkenbergs zur **7 Ludwigshöhe**, von der wir auf den mittelalterlichen Stadtkern hinunterblicken. Eine imposante Felsformation erwartet uns an der nächsten Kehre. Wenige Meter links von der Kurve türmen sich die gerundeten Blöcke des Metafelsens auf. Er erinnert an den Lindenfelser Theologen Wilhelm Baur und dessen Ehefrau Meta de Betaz. Die Nibelungenstraße querend, erreichen wir wieder unseren **E Ausgangspunkt**.

Drache Cosimo bewacht das malerische Haus Betaz mit dem Drachenmuseum.

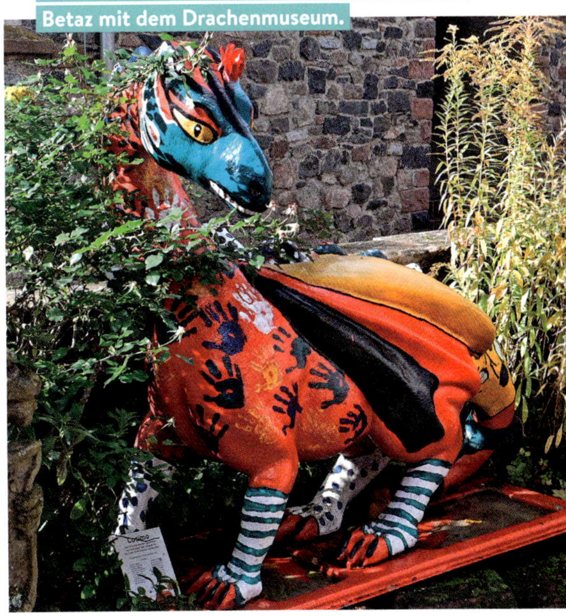

Zum Höhendorf der Zauberer

Wo Gräfin zu Erbach-Schönberg gern innehielt

Eine der schönsten Passagen des Nibelungensteigs finden wir am Knodener Kopf. Vom sagenumwobenen Hohenstein mit dem nahegelegenen Hofgut, in dem sich früher die gräfliche Familie zu Erbach-Schönberg gern im Sommer zurückzog, führt ein herrlicher Wanderweg zum Höhenort Knoden. Dazwischen lädt der einstige Ruheort der Gräfin auf der Ferdinandshöhe zum Träumen ein.

10

Am bizarren Quarzitfels war die Heimat des Riesen vom Hohenstein.

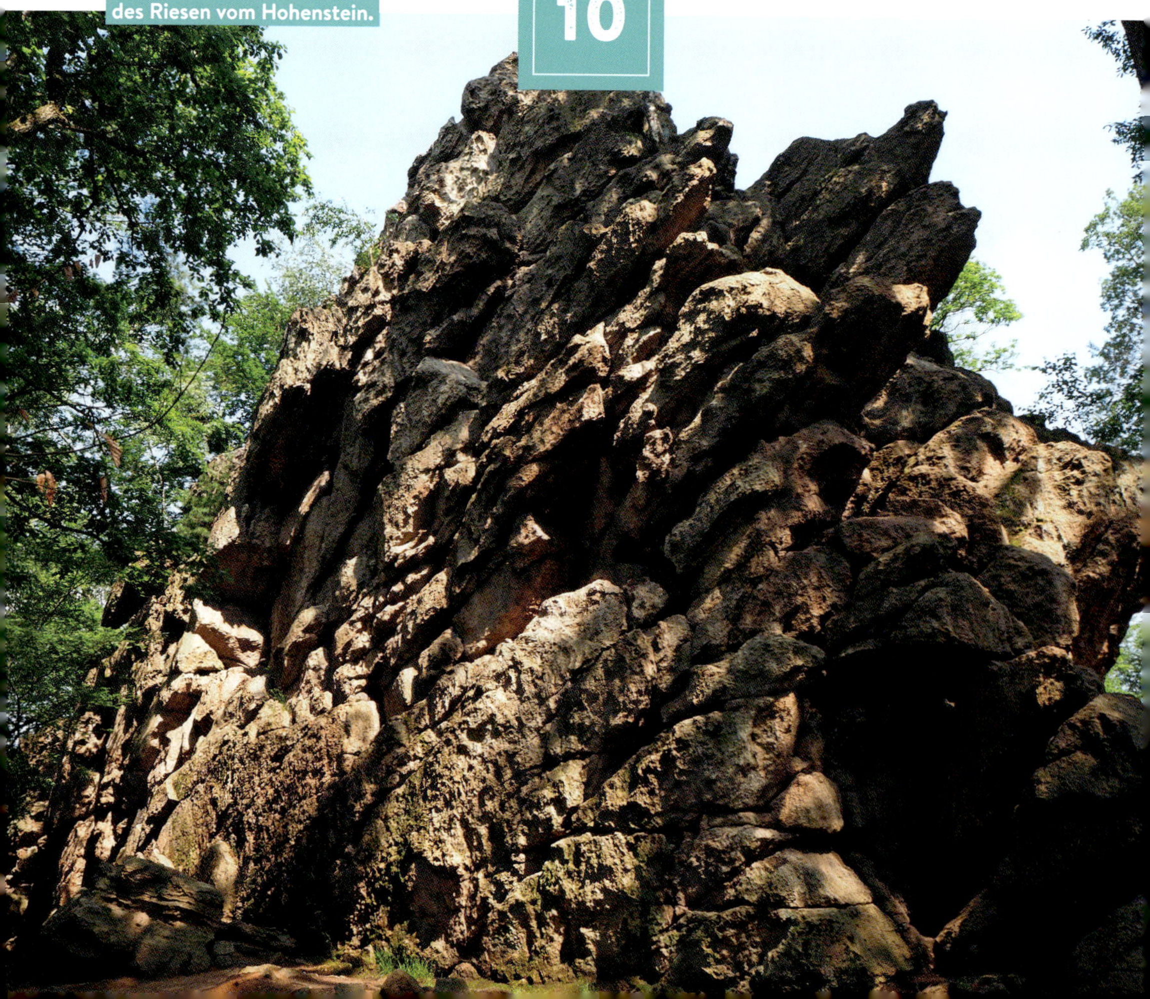

ODENWÄLDER STEINE Nachdem schon die Römer hier Steine bearbeitet hatten (siehe Tour 11), geriet die Kunst der Steinverarbeitung über Jahrhunderte in Vergessenheit. Böhmische Steinmetze brachten die Fertigkeit Ende des 19. Jahrhunderts wieder zurück nach Reichenbach, woraus sich eine blühende Steinindustrie entwickelte, was auch heute noch im Ortsbild ersichtlich ist.

WO DER HOHENSTEINER RIESE WOHNTE

Am Parkplatz des Friedhofs von A **Reichenbach** starten wir unsere Tour bergauf, treffen in der Knodener Straße auf die Wanderzeichen des Nibelungensteigs und passieren einen großen Steinmetzbetrieb. Nach zwei Kehren verlassen wir die Teerstraße und ziehen auf geschottertem Weg stramm bergan. Am Waldrand genießen wir noch mal die traumhafte Aussicht auf das Lautertal, tauchen in den Wald ein und erstaunen sogleich über den schroffen Quarzitsolitär des 1 **Hohenstein**, der in Jahrmillionen aus umliegendem Gestein herausmodelliert wurde. Natürlich regt der seltsame Fels zu allerlei fantasievollen Geschichten an. Die bekannteste erzählt von zwei Riesen, die hier lebten. Der eine lebte am Hohenstein, der andere gegenüber auf dem Felsberg. Eines Tages gerieten sie in Streit und bewarfen sich mit Steinen. Da der Hohensteiner Riese mehr Steine zur Verfügung hatte, begrub er damit den Felsberg-Riesen, dessen Stöhnen man in manchen Nächten noch hören könne. Das, berichtet die Sage, sei der Grund, weshalb am Hohenstein keine gerundeten Granitblöcke zu finden seien und am Felsberg so viele. Wir wandern am Felsen vorbei zur Höhe, halten uns an der landwirtschaftlichen Gerätehalle rechts und passieren im Sattel das Hofgut Hohenstein. Das schon 1339 erwähnte Dorf Hohenstein zwang seine Bewohner im 19. Jahrhundert wegen wirtschaftlicher Nöte zur Aussiedlung. Vom Haus Erbach-Schönberg wurden die frei gelassenen Grundstücke zusammengelegt und zu einem Hofgut ausgebaut. Heute ist es in Privatbesitz und kann für Feierlichkeiten gemietet werden. An mächtigen alten Eichen vorbei, geht es nun bergwärts. Nach der lang gezogenen Rechtskurve finden wir einen leicht verwachsenen Waldweg in spitzem Winkel nach links. Wir folgen ihm und ziehen nach 10 Minuten, kurz bevor der Weg nach links abknickt, steil rechts hoch, auf grasüberwachsenem Pfad.

EIN MYSTISCHER KRAFTORT Auf dem Querweg geht es halb rechts weiter und wir gelangen zu einem Forstweg. Hier wenden wir uns nach rechts und wandern an der Hütte (Schild Ferdinandshöhe) vorbei auf im-

Tipp

DIE ZAUBERER VON KNODEN

»Kimmscht de uff Knore bischt de verrore«, so ein altes Sprichwort. Ausgehend von einem Knodener, der wegen Hexerei die Schweiz verlassen musste, entwickelte sich nach dem Dreißigjährigen Krieg eine weit verbreitete Furcht vor den Knodenern, die angeblich die Kunst des Bannens beherrschten. Die mit der »Knodener Kunst« vertrauten Zauberer konnten ihre Widersacher am Boden festbannen und unschädlich machen. Auch das Brauchen zählte dazu, ein gutmütiger Zauber, der Krankheiten heilen oder Armut mildern konnte. Ein vom französischen Heer desertierter Knodener namens Bitsche-Nickel soll seine Verfolger so verzaubert haben, dass sie vom Hohenstein aus nur noch in eine Richtung gehen konnten, nicht mehr fähig sich umzudrehen. Das ging so weit, dass im französischen Heer die Offiziere ihre Soldaten davor warnten, Knoden zu betreten.

mer enger werdendem Wandersteig zum lauschigen Aussichtspunkt auf der **2 Ferdinandshöhe**. Zu Ehren seiner Gemahlin Ferdinande Henriette ließ der Graf zu Erbach-Schönberg (1699–1750) den Rastplatz, damals noch mit Aussicht, hier anlegen. Ein wahrlicher Kraft- und Ruheort zwischen Buchen und Kiefern, der zum Verweilen einlädt. Zurück am Forstweg, wenden wir uns nach rechts, finden an der Kreuzung wieder das rote N des Nibelungensteigs und folgen ihm nach links. Bald setzt sich der breite Weg auf malerischem Pfad zwischen knorrigen Kiefern und moosüberwucherten Felsen fort. Mit traumhaftem Ausblick umrunden wir den Knodener Kopf, blicken links zum Melibokus, dem höchsten Berg im nördlichen Odenwald, und ziehen rechtshaltend ins einst verwunschene Dorf **3 Knoden** (siehe S. 59).

VON SCHANNENBACH INS MEERBACHTAL An der Durchgangsstraße geht es nach links bergauf an einem stattlichen alten Fachwerkhof vorbei. Geradeaus in Richtung Schannenbach verlassen wir den Höhenort wieder auf einem Teersträßchen, das durch saftiges Weideland führt. Achtung, in der Linkskurve des Weges zweigt geradeaus ein Pfad über den Höhenzug ab, der direkt nach Schannenbach führt, wo am Wochenende ein zünftiger Odenwälder Landgasthof aufwartet. Wir biegen an der einladenden Sitzgruppe rechts ab, verlassen hier den Nibelungensteig und orientieren uns vorerst an der S1-Markierung. Nach der Teichkläranlage verlassen wir die Straße nach rechts und durchqueren das üppig begrünte Tal. Am breiten Forstweg weist der S1 nach rechts, wir folgen stattdessen geradeaus dem gelben V, das uns auf märchenhaftem Abstiegsweg im Tal des Schliefenbaches durch das Schannenbacher Felsenmeer leitet. Der Pfad stößt auf einen Waldweg, auf dem wir nach rechts fortsetzen und bald wieder rechts haltend den plätschernden Bach überqueren. Sofort dahinter wandern wir links auf dem unmarkierten Weg längs des Gewässers weiter. Nach ein paar Kurven öffnet sich uns das grüne **4 Meerbachtal**, dessen Magerrasen Heimat zahlreicher Orchideen und anderer seltener Pflanzen ist.

VOM MEERBACHTAL ÜBER DEN HAUROD-PASS Wir biegen auf dem Teersträßchen links und sofort wieder rechts ab. Die gelbe 1 leitet uns zu einem altertümlichen

↓ Wie steinerne Inseln ragen die Granitblöcke aus dem Schannenbacher Felsenmeer.

↘ Früher ein alltägliches Bild, Fütterung der Ziege in Schannenbach

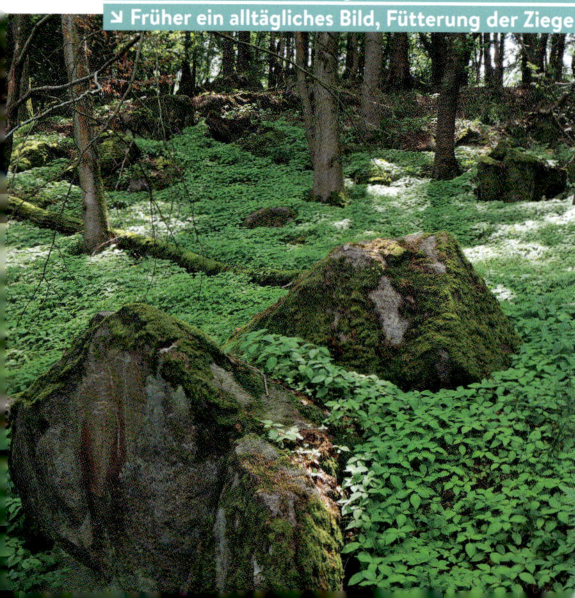

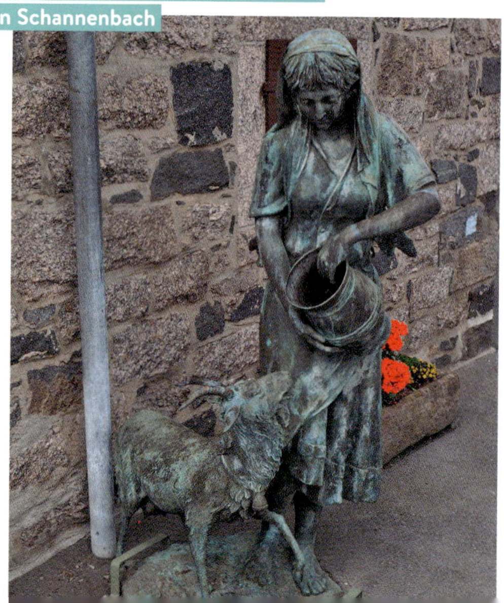

Sandsteinwegweiser. Hier weist uns das grüne Kreuz des E1-Fernwanderwegs nach rechts und wir folgen ihm auf letztem schweißtreibendem Anstieg hoch zum Haurod-Pass, an dem eine Picknickgruppe zum Verschnaufen einlädt. Auch hier zeigt uns ein antiker Sandstein-Obelisk den Weg hinunter nach Reichenbach (grünes Kreuz), der zu Beginn aussichtsreich auf dem Kamm, später durch einen Hohlweg verläuft. An dessen Ende, von links stößt die Straße vom Schützenhaus dazu, geht halb rechts ein Pfad durch die Wiese. Wir verlängern bei den ersten Häusern nach links, stoßen auf die E **Friedhofstraße** und beenden dort unsere Wanderung.

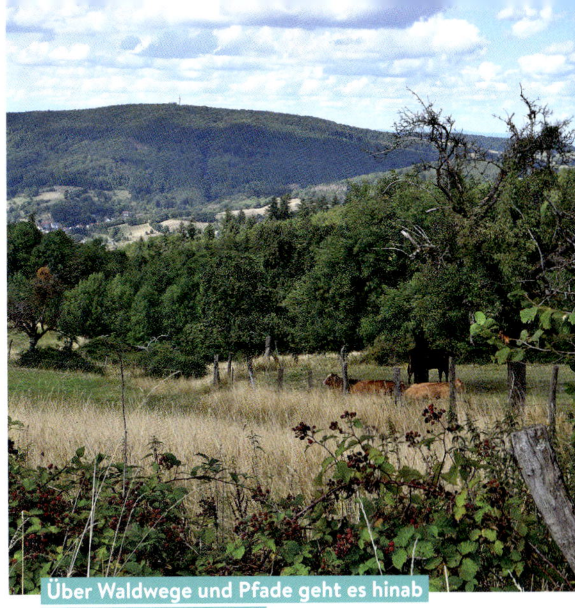

Über Waldwege und Pfade geht es hinab ins grüne Meerbachtal.

INFO

TOURENCHARAKTER

Ruhige Aussichtstour auf reizvollen Waldwegen und -pfaden. Kräftiger Anstieg zum Knodener Kopf

AUSGANGS-/ENDPUNKT

Friedhof in Reichenbach (210 m)

ANFAHRT

Auto: Von Bensheim auf B47 (Nibelungenstraße) bis Reichenbach. Rechts in Friedhofstraße. Parkmöglichkeit am Friedhof; Bus & Bahn: Von Bensheim mit Buslinie 664/665 nach Reichenbach

GPS

49.71067, 8.69552

GEHZEITEN

Reichenbach – Knoden 2 Std. – Meerbachtal 1.45 Std. – Reichenbach 1 Std.

EINKEHR

Gasthof zum Odenwald in Schannenbach, Sa, So 12–19 Uhr, www.zum-odenwald.de

INFORMATION

Gemeinde, 64686 Lautertal, Nibelungenstraße 280, www.lautertal.de

mittel | 4.45 Std. | 12,5 km | 560 hm

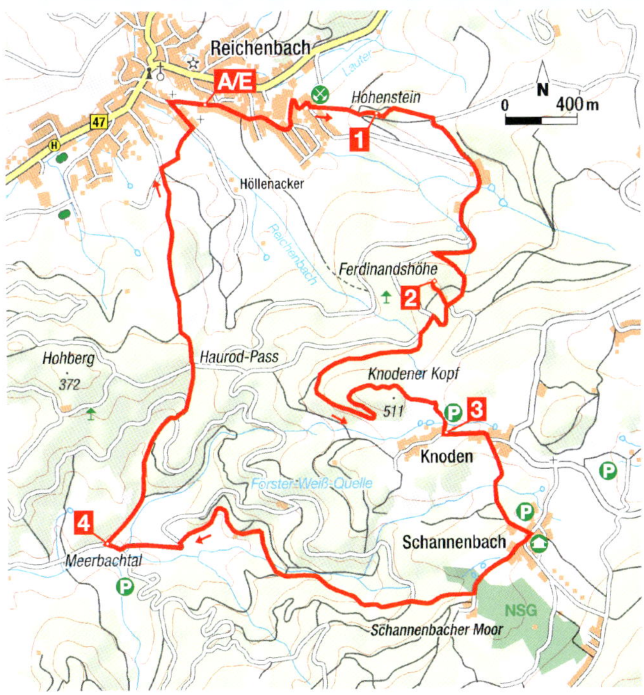

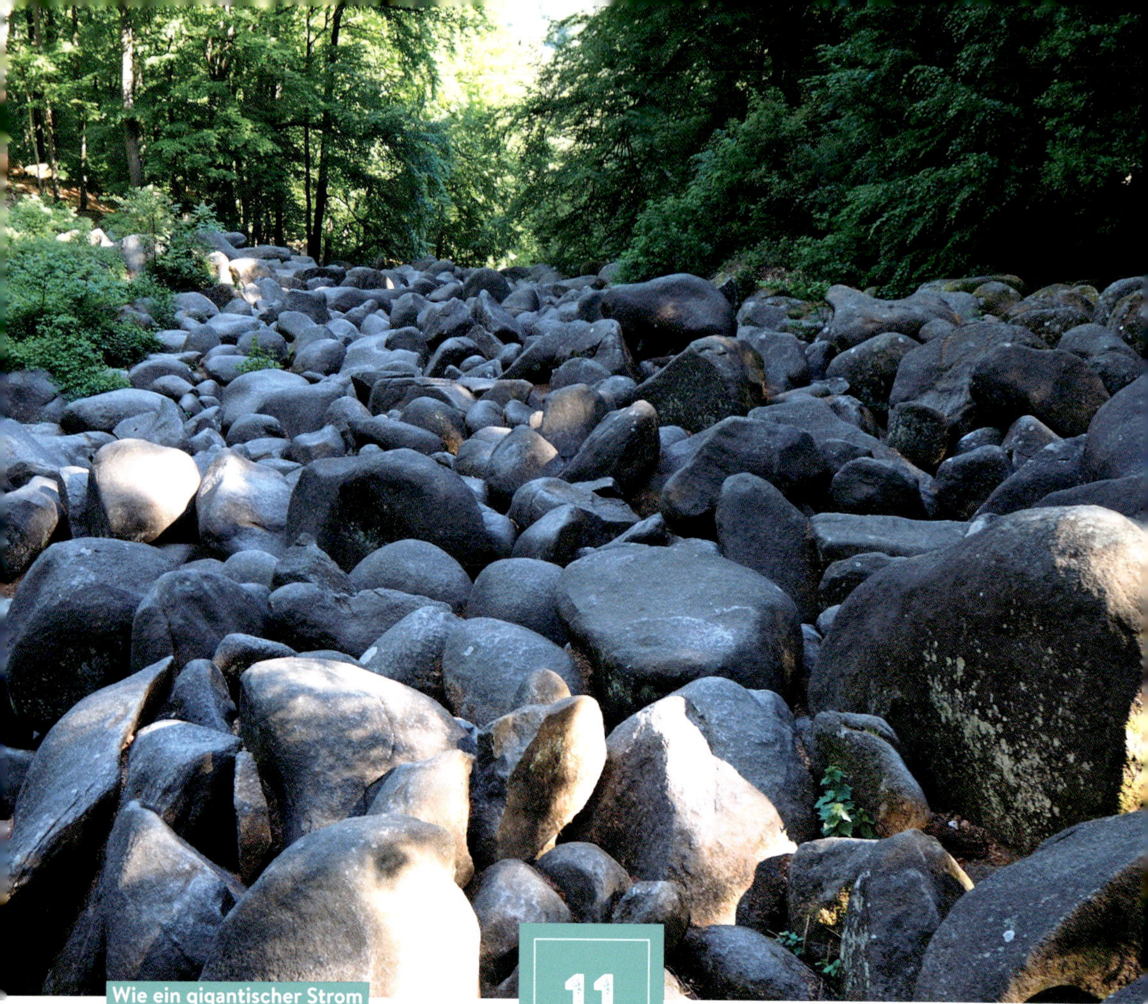

Wie ein gigantischer Strom aus Felsblöcken, das Felsenmeer bei Reichenbach

11

Im Steinbruch der Römer

Vom Felsenmeer zum Jerusalem-Friedensmal

Jedes Kind in Nordbaden und Südhessen kennt das Felsenmeer im Lautertal und die Sage von den zwei Riesen, die sich gegenseitig mit Steinen bewarfen. Dort, wo einst die Römer Steine meißelten, hüpfen heute ganze Familien von Stein zu Stein. Abseits davon, am Friedensmal, findet man wieder Ruhe und hat die Gelegenheit, in sich zu kehren.

ZUM BRÜCKENPFEILER DER RIESEN Das Felsenmeer ist das beliebteste und gleichermaßen imposanteste Naturdenkmal des Odenwalds. Seine Entstehung begann vor ca. 350 Millionen Jahren, als bei der Auffaltung des variskischen Gebirges infolge der Verschiebung zweier Kontinente im Erdinneren das granitähnliche Quarzdiorit erstarrte. Durch Abtragung der darüber liegenden Schichten gelangte es im Lauf von Jahrmillionen an die Oberfläche und zerfiel im subtropischen Klima des Tertiärs in einzelne Blöcke, die durch Wasser- und Winderosion abgerundete Formen – die Geologen sprechen von Wollsackverwitterung – annahmen. Durch Prozesse von Gefrieren und Wiederauftauen der eiszeitlichen Permafrostböden wurde die Erde abgespült, sodass die freigelegten Blöcke den Hang hinunterrollten und sich stapelten.

EIN VOGELLEHRPFAD ZWISCHEN FELSENMEEREN Am **A Infozentrum Felsenmeer** vorbei wandern wir hoch zum gigantischen Blockstrom und biegen oberhalb der Siegfriedquelle links ab. Wie an anderen Orten im Odenwald (siehe Tour 9 und 26) beanspruchten auch die Reichenbacher, die Quelle des Meuchelmords hier gefunden zu haben. Nach kurzem Anstieg (gelbe 3) passieren wir auf wunderschönem Panoramaweg den Eulenturm, der von der Vogelschutzgruppe Lautertal als Refugium für Fledermäuse ausgebaut wurde. Kurz darauf, am Wanderparkplatz, folgen wir unserem Wanderzeichen nach rechts und lassen auf einigen Tafeln die Vögel des Waldes vorbeiziehen. An nächster Verzweigung orientieren wir uns an der grünen L1, die uns nach links weist, immer noch auf dem Vogellehrpfad. Auch hier purzelten die Steine wild den Hang des Kleinen Felsenmeers hinunter. Da wir aber zuvor schon das gigantische Große Felsenmeer in Teilen zu Gesicht be-

Tipp

DIE BRÜCKE DER RIESEN

Eine weitere Sage der zwei Riesen vom Felsenmeer (siehe auch Tour 10) berichtet Folgendes: Als die beiden Riesen sich eines Tages langweilten, bauten sie eine Brücke über das Lautertal zum Kegeln, wobei der Hohenstein und der Borstein die beiden Brückenpfeiler waren. Aus Felsblöcken formten sie große Kugeln, die sie über die Brücke rollen wollten. Mit Schwung warf der erste Riese den steinernen Felsblock auf die Brücke, die mit großem Getöse einstürzte. Eine der Kugeln liege bis heute auf dem Reichenbacher Marktplatz, wo sie als Unterlage des Prangers genutzt wird.

Mit einer geschickt ausgetüftelten Steinsäge rückten die Römer den Felsen zu Leibe.

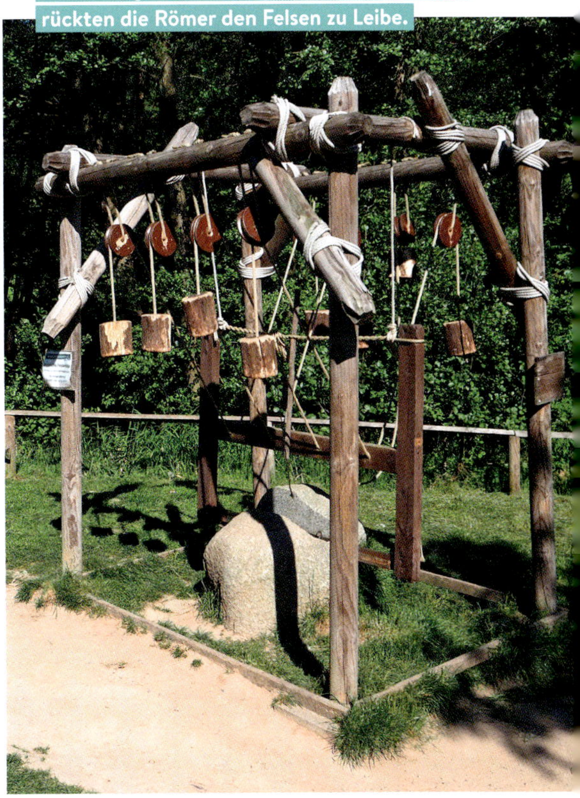

kamen, löst dieses nur noch ein gleichgültiges Zucken aus. Kurz nach dem Wasserwerk verbirgt sich in der Linkskurve oberhalb des Weges ein gut bewohnter Amphibienteich, in dem Kröten und Molche das Licht der Welt erblicken. Weiter führt der Weg durch das Gelände eines ehemaligen Steinbruchs, was an vielen bearbeiteten Steinen zu erkennen ist. Am Ende des Vogellehrpfads wenden wir uns nach links und betreten das Tor des Waldgasthauses Borstein, das mit herrlichem Ausblick zur Einkehr einlädt. Am Ausgang des Areals finden wir, ähnlich wie auf der gegenüberliegenden Talseite, einen horizontal aufgerichteten Quarzit-Felskamm, den **1 Borstein**, der als Härtling aus dem umliegenden Gelände herausmodelliert wurde.

DAS JERUSALEM FRIEDENSMAL Wir wenden uns hinter dem Felsen mit der markanten Schrägschichtung nach rechts und gehen zurück zur Kreuzung (gelbes Quadrat). Nach gemächlichem Anstieg lassen wir uns linkshaltend vom Alemannenweg weiterleiten. Kurz danach weisen die Wanderwege nach rechts ins Unterholz zum einladenden Picknickplatz am Teufelstein mit dem Ehrenmal

INFO

TOURENCHARAKTER

Abwechslungsreiche Runde auf Forstwegen und Waldpfaden. Der steile Abstieg im Felsenmeer kann auf die Knie gehen und ist bei Nässe rutschig.

AUSGANGS-/ENDPUNKT

Parkplatz am Felsenmeer Informationszentrum

ANFAHRT

Auto: A5, Ausfahrt Bensheim, dann B47 (Nibelungenstraße) in Richtung Lautertal. Ortsmitte von Reichenbach der Beschilderung folgen; Bus: Von Bensheim Hbf. mit Bus 664 bis zum Felsenmeer

GPS

49.72084, 8.69423

GEHZEITEN

Felsenmeer – Borstein 1 Std. – Jerusalem Friedensmal 0.30 Std. – Felsberg 1.30 Std. – Felsenmeer 1 Std.

EINKEHR

Waldgasthaus Am Borstein, Mi, Fr, Sa, So ab 10 Uhr, www.waldgasthaus-am-borstein.de. Ada's Buka auf dem Felsberg, März–Nov., Sa, So und feiertags ab 11 Uhr, www.adas-buka.de

mittel | 4 Std. | 9,7 km | 480 hm

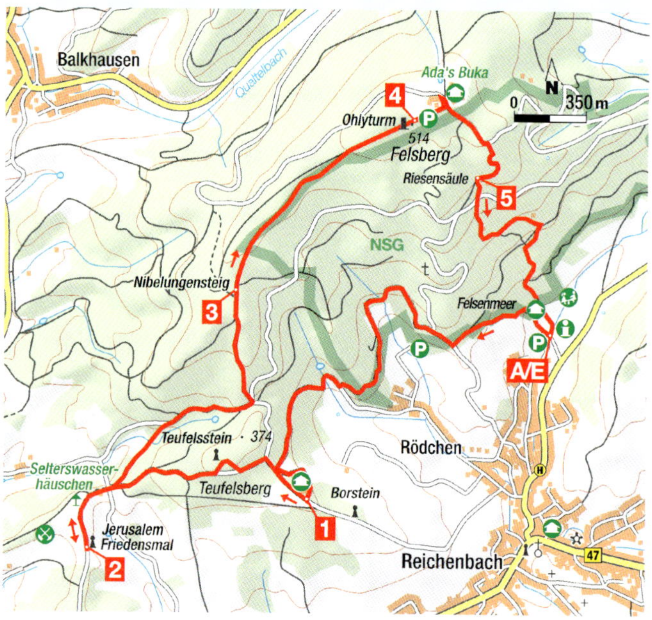

INFORMATION

Infozentrum Felsenmeer, 64686 Lautertal, www.felsenmeer-zentrum.de

des Odenwaldklubs. Auch diese Felsnadeln sind wie der oben beschriebene Borstein aus härterem Quarzit und widersetzten sich standhaft der Erosion durch Wind, Regen und Eis. Wer hier sein Butterbrot noch nicht ausgepackt hat, kann dies 10 Minuten später am Selterswasserhäuschen tun und dabei den schönen Ausblick ins Lautertal genießen. Auf jeden Fall sollte man von dort auf dem Alemannenweg geradeaus weiter einen Abstecher zum **2 Jerusalem Friedensmal** machen. Die Installation von Steinen zum Garten der Freiheit soll als Friedensort zum Innehalten einladen. Auf der Infotafel ist dieser schöne Satz zu lesen »Das Friedensmal ist am Wanderweg in der Natur gebaut, denn auch das Leben lässt sich als eine Wanderung betrachten und um den Frieden zu finden, macht man sich auf den Weg.«

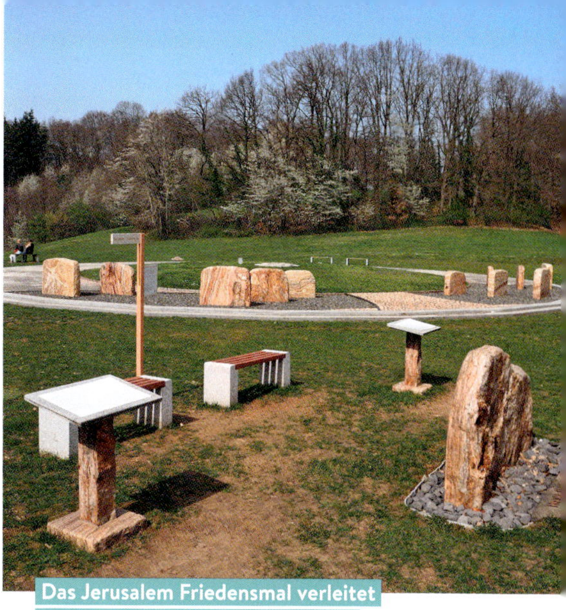

Das Jerusalem Friedensmal verleitet zum Meditieren und Nachdenken.

ZUR RÖMISCHEN BAUSTELLE Zurück am Ziegelhäuschen, schlagen wir den links abgehenden Pfad oberhalb der Lichtung ein. Mit herrlichem Blick auf den Melibokus führt er uns zum Quellbereich der Emmerlingsbornquelle, an der ein nett gestaltetes Holzschild auf die hier wohnenden Wassergeister hinweist. Dahinter geht es auf breitem Forstweg (gelbe 4) bergauf. An der Kreuzung mehrerer Wanderwege ignorieren wir nun die Richtungszeichen und benutzen den links abgehenden unmarkierten Holzabfuhrweg, der anfangs als Hohlweg bergan führt. Er verjüngt sich allmählich zum Pfad, der sich kurvenreich durch hochstämmigen Buchenwald emporwindet. An der Waldkreuzung in einer Einsattelung stoßen wir wieder auf Wegweiser und folgen dem **3 Nibelungensteig**, der geradeaus weiter in Richtung Felsberg (1,3 km) weist. Ein herrlicher Weg über den Kamm des Felsberg-Massivs belohnt uns für den kräftezehrenden Anstieg. Der Pfad endet am leider gesperrten Ohlyturm auf dem **4 Felsberg**. Ein paar Schritte weiter finden wir das traditionelle Ada's Buka und können (am Wochenende) die verbrauchten Kalorien mit Antilopenbratwurst ersetzen. Wem das nicht geheuer ist, der kann sich auf der Rückseite mit einer traditionellen Bratwurst am Kiosk stärken und dabei die herrliche Fernsicht bis zu den Frankfurter Hochhäusern genießen. Wir wenden hier und folgen unserem roten N des Nibelungensteigs weiter abwärts. Schon bald tauchen die ersten Felsbrocken am Wegesrand auf, die sich nach der Schutzhütte Grieshammer Ruhe in allen Richtungen ausbreiten. Der Nibelungensteig gibt uns etwas Orientierung, aber schöner ist es, sich einfach treiben zu lassen. Wer Lust und Laune hat, springt oder krabbelt wie viele andere auch von Fels zu Fels. An manchen Stellen vernehmen wir leises Plätschern unterhalb der Steine, ohne jedoch ein Gewässer zu sehen. Mehr als 300 Felsblöcke wurden von römischen Steinmetzen bearbeitet. Der bekannteste ist die **5 Riesensäule**, die um 250 n. Chr. hergestellt wurde. Ihre Fertigstellung wurde jedoch durch die alemannischen Einfälle verhindert. Am **E Infozentrum Felsenmeer** endet die Kraxelei.

Auf dem Hirschpfad zur Neunkircher Höhe

Eine Quellenwanderung im hessischen Odenwald

Unsere Quellentour führt aussichtsreich auf dem besinnlichen Meditationsweg Hirschpfad von einer Quelle zur nächsten, die oft namensgebend waren für die bekanntesten Odenwälder Täler.

Der Kaiserturm beherbergt die höchste Gaststätte Hessens.

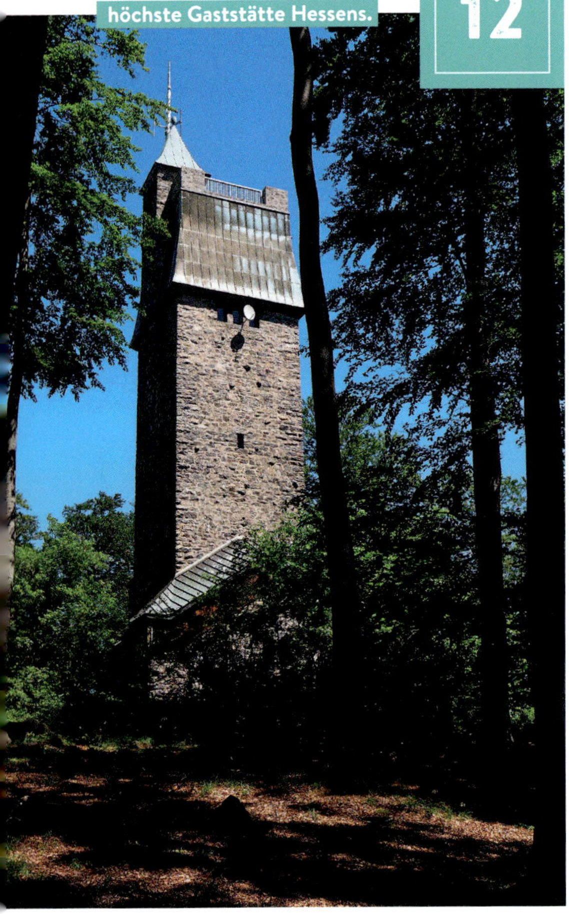

12

MODAUQUELLE Hinter der Gaststätte Grüner Baum in A **Neunkirchen** weist uns das Schild des Hirschpfads den Weg. Am Ortsende geht es im Zickzack zur Feldflur. Die 1 **Fischbachquelle** ist nur ein feuchter Fleck in der Wiese. Nach Querung der Straße drehen wir eine Schleife durchs Tal und erfreuen uns an vielen Sprüchen wie diesem: »Wähle einen schönen Platz in der Stille, setze dich hin und sei ruhig. Wenn du willst, dann weine.« Am 2 **Wunschbaum**, einer eingefriedeten Buche mit Bank, folgen wir dem scharf rechts ansteigenden Weg. Hölzerne Rahmen sollen »Einblicke« in die Schönheit der Natur vermitteln. Spätestens an der 3 **Modauquelle** sollten wir innehalten und an der Picknickbank dem leisen Plätschern des Gewässers lauschen.

LAUTERQUELLE Auf wurzeligem Pfad führt unser Weg empor, verlässt den Wald und stößt auf ein Sträßchen mit herrlichem Fernblick. Erst rechts-, dann linkshaltend, verlassen wir die Straße in Richtung 4 **Lauterquelle**. Nur ein Rinnsal ist hier zu sehen, das dem großen Odenwälder Quertal seinen

Namen verlieh. Der Forstweg verjüngt sich zum Pfad, der uns schließlich zur 5 **Neunkircher Höhe** hochgeleitet. An Wochenenden lädt die Kaiserstube, höchstgelegene Gaststätte des Odenwalds, zur Einkehr. Auch der Aussichtsturm ist dann geöffnet und bietet einen grandiosen Rundumblick.

GERSPRENZQUELLE Wir wandern links am Turm und den Felsblöcken vorbei und passieren den Seibertstein (gelbe 4). Dem Alemannenweg folgend, treffen wir nach wenigen Minuten den Ursprung von drei bedeutenden Odenwälder Flüssen: die 6 **Gersprenzquelle**, rechts, deren Wasser in nördlicher Richtung in den Main mündet. Grenzsteine erinnern an frühere gräfliche Verwaltungsbezirke. Die Grafen von Erbach waren ein rheinfränkisches Adelsgeschlecht, das erstmals im 12. Jahrhundert im Lorscher Codex erwähnt wurde. Sie residierten in Erbach bis zur Mediatisierung 1806. Vor dem Radarturm folgen wir dem roten A nach und biegen nach 150 Metern links auf einen leidlich ausgeprägten Waldpfad ein.

ABSCHLUSS MIT WEITBLICK Kurz vor der Straße biegen wir links ab. Am Waldaustritt öffnet sich das Panorama zur Frankfurter Ebene. Nach der Wiese wird uns das untergegangene Handwerk der Köhlerei erläutert. Am Ende des Waldes geht es rechts zurück nach E **Neunkirchen**.

INFO

TOURENCHARAKTER
Unterhaltsame Rundwanderung auf gut begehbaren und schattigen Waldwegen

AUSGANGS-/ENDPUNKT
Parkplatz am Ortsrand von Neunkirchen (520 m)

ANFAHRT
Auto: Von Bensheim auf B47 (Nibelungenstraße) ins Lautertal bis Gadernheim. Dort links ab nach Neunkirchen; Bus & Bahn: Von Bensheim mit Bus 664 bis Brandau. Von dort mit Bus MO2 bis Neunkirchen

GPS
49.73238, 8.77413

GEHZEITEN
Neunkirchen – Modauquelle 1.30 Std. – Neunkircher Höhe 0.45 Std. – Neunkirchen 1 Std.

EINKEHR
Gaststätte Im Kaiserturm auf der Neunkircher Höhe, Sa, So und feiertags ab 12 Uhr. Neunkirchen, Bauernstubb Zur Linde, So ab 12 Uhr. Gaststätte Zum Grünen Baum, Fr ab 17, Sa, So ab 12 Uhr

INFORMATION
Gemeindeverwaltung Modautal, www.modautal.de

leicht | 3.15 Std. | 9,4 km | 330 hm

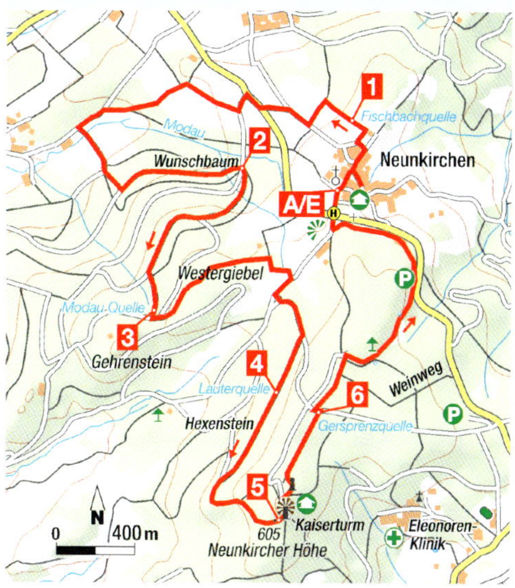

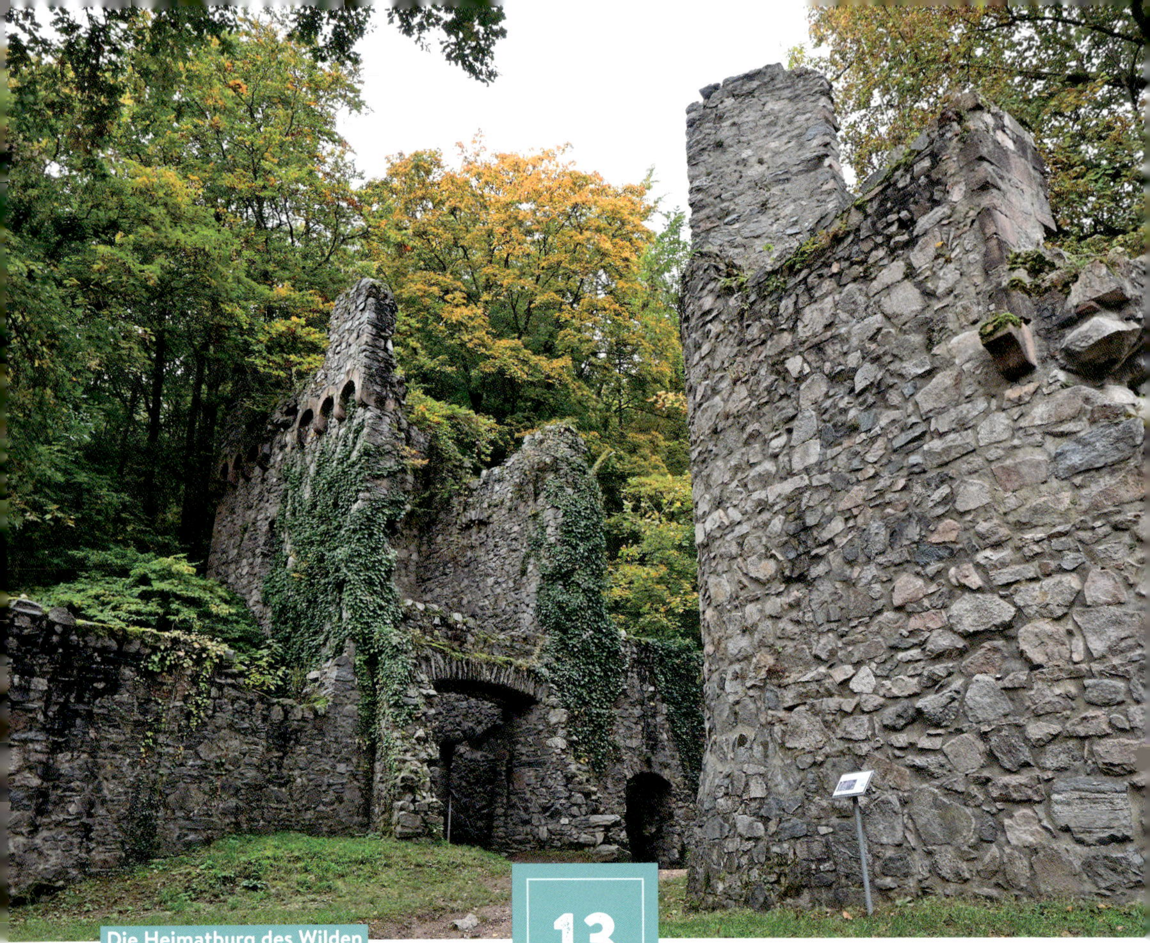

Die Heimatburg des Wilden Rodensteiners. Wo die Sage ihren Ursprung nahm.

13

Von Sonntagskindern und Wilden Weibchen

Zum »Pfad der Sagen« auf Burg Rodenstein

Vom Dach des hessischen Odenwalds tauchen wir ab in die Sagenwelt des Rodensteiners, erfahren auf dem »Pfad der Sagen« die Geheimnisse der wilden Weibchen und erforschen kaum bekannte Steinsetzungen. Über den Rimdidim und das kleine Felsenmeer führt die abwechslungsreiche Waldrunde zurück zur Neunkircher Höhe.

ZUM SAGENHAFTEN WILDWEIBCHENSTEIN Vom Parkplatz vor dem Höhenort **A Neunkirchen** ziehen wir Richtung Ortsmitte und folgen am Brunnen mit der Ohly-Statue rechtshaltend dem N1-Wanderweg. Schon nach wenigen Metern sprudelt aus einer Metallschale die Heilige Quelle, die den Ort im Mittelalter zur Pilgerstätte machte (siehe Kasten zu Tour 12). An einem Holzlagerplatz in der Linkskurve des Weges gehen wir gegenüber von den aufgeschichteten Felsblöcken nach rechts, biegen aber sofort wieder links ab. Kurz nach der Rechtskehre, unter bemoosten Felsen versteckt, plätschert schon das nächste Rinnsal zwischen den Steinen hervor. Auf der Höhe finden wir das rote A des Alemannenwegs und folgen ihm. Am höchsten Punkt, auf der **1 Germannshöhe,** überschreiten wir die Waldwiese und halten uns am Ende rechts. Achtung: Nach der nächsten Kurve verlassen wir den Weitwanderweg wieder und orientieren uns ab der Kreuzung an der gelben 5, die uns zum sagenumwobenen **2 Wildweibchenstein** geleitet.

DIE WEISEN FRAUEN Von den wild aufgetürmten Steinen erzählt man sich diese Sage: In einer heute zugeschütteten Höhle am Fuß des Felsens lebten zwei weise Frauen, die kräuterkundig waren und den Menschen der Umgebung gegen allerlei Gebrechen halfen. Auch für ihre Wahrsagungen wurden sie aufgesucht. So konnten sie etwa schlimme Winter oder Hungerjahre vorhersagen. Von Zeit zu Zeit zogen sie auch in die umliegenden Dörfer und baten um Brot. Dort, wo sie welches bekamen, fanden die Bauersleute am nächsten Morgen silberne Löffel in den Schubladen ihrer Küchenschränke.

EIN ORT FÜR ASYLSUCHENDE Am Wanderparkplatz Freiheit, wo in einer einladenden Holzvitrine Apfelsaft und Essig to go angeboten werden, nehmen wir den halb links abgehenden Weg (gelbes Quadrat) in Richtung Reichelsheim. Die drei Hoheitsbezirke der Herren von Rodenstein, der Grafen von Erbach und der Grafen von Katzenelnbogen, trafen in Freiheit (daher der Name) aufeinander. Im dazwischenliegenden Niemandsland galt früher für zwei Tage Immunität für Asylsuchende oder Verfolgte. Nach Überschreitung der Kuppe nehmen wir den links abgehenden Feldweg und biegen nach Waldeintritt rechts ab zum geheimnisvollen Platz im Tal. Links des Weges sieht man zwei fast kreisrunde Steinansammlungen, dahinter ein steinerner Wall und drei Menhire dazwischen. Im Inneren wurden bei Messungen erhöhte Erdstrahlungen festgestellt. Geht man vor dem Bach rechts hoch, stößt man auf eine mit Steinen gefasste Grube mit einem gewaltigen Obelisken davor. Auch jenseits des Baches sind Steinanhäufungen zu erkennen. Wissenschaftliche Erkenntnisse zu der Anlage gibt es noch nicht. Man geht jedoch davon aus, dass sie aus vorchristlicher Zeit stammt. Zurück am Weg, umrunden wir den Hügel, biegen etwa nach 200 Metern rechts ab, steigen steil bergab und halten uns links. An der Kreuzung ge-

Am Wildweibchenstein wohnten der Sage nach zwei weise Wahrsagerinnen.

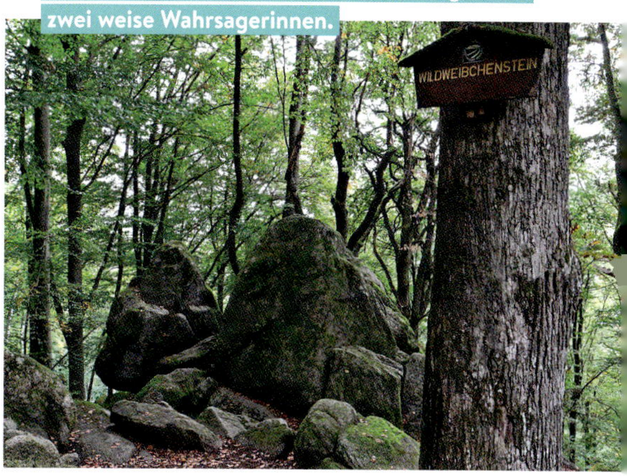

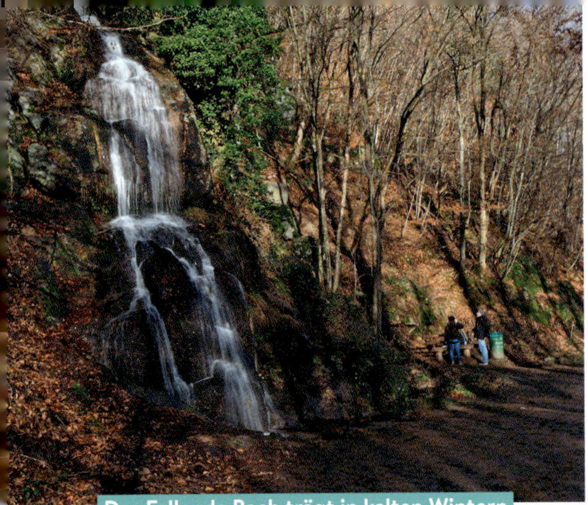

Der Fallende Bach trägt in kalten Wintern oft ein bizarres Eiskleid.

hen wir geradeaus weiter (gelbe 1) und stoßen, die Richtung beibehaltend, wieder auf die Hauptwanderwege am Pfad der Sagen.

ZUM WILDEN RODENSTEINER Neben Tafel 7 sticht ein gewaltiger, etwa 10 Meter hoher Felsblock ins Auge. Es ist der Fallende Bach, von dem besonders im Frühjahr nach der Schneeschmelze das Wasser herunterschießt. Kaum 10 Minuten später tauchen unvermittelt mitten im Wald die imposanten Mauern der Burgruine **3 Rodenstein** auf. Sie wurde 1250 von den Herren von Crumbach und Rodenstein als Trutzburg gegenüber der benachbarten Erbachischen Burg Reichenberg erbaut. Bis zum Dreißigjährigen Krieg war sie von den Rodensteinern bewohnt, um die sich zahlreiche Legenden ranken (siehe Tour 14). Wir verlassen die Burganlage durch das Osttor und folgen unserem roten A linker Hand am Parkplatz vorbei bis zum Eichbrünnchen.

DIE SEHERISCHEN GABEN DER SONNTAGSKINDER Dem mythischen Quellaustritt wird seit jeher heilende Kraft zugesprochen, und auch hier wurden Sagen gesponnen. Ein junges Mädchen, das einst vom Hof unterhalb der Burg verschwunden war, fand man am Eichbrünnchen wieder, wo sie von einer prächtigen goldenen Kutsche erzählte, die vorbeifuhr. Niemand vermochte die Erscheinung zu bestätigen. Nur Kinder, die am Sonntag geboren wurden, die Sonntagskinder, konnten Erscheinungen wahrnehmen, die anderen vorenthalten blieben.

RIMDIDIM UND GAGERNSTEIN An der verwunschenen Quelle machen wir kehrt, gehen in Richtung Burg zurück und folgen an der Sitzbank dem Pfad nach rechts in den Wald. Entlang den Burgmauern, am Verlies vorbei, geht es zurück zum Westtor, wo wir gegenüber einen schmalen zerfurchten Pfad (rotes A) hochziehen. Wir überqueren einen Forstweg, verlassen damit wieder die Markierung und wandern erst geradeaus und dann linkshaltend weiter bergauf (gelbes V). An der T-Kreuzung biegen wir rechts ab und biegen nach der kleinen Lichtung links ab auf einen Wanderpfad (J1) durch dichten Jungwald zur Anhöhe mit dem lustigen Namen **4 Rimdidim**. Kolportiert wird die Geschichte vom ehemaligen Darmstädter Oberbürgermeister Ohly. Bei der Besichtigung von Orkanschäden im Jahr 1898 traf er auf einer Wanderung den Revierförster, der ihm in breitem Odenwälderisch zeigte, von wo man den schönsten Blick hätte »Vun do hott mer de schönste Blick rimdidim (rundherum) im Ourewald.« Zwischen Steinen und Felsen aller Größen geht es in munterem Zickzack bergab. Von einem Felsüberhang, der Klinger-Hannam-Höhle, wird berichtet, dass sie in früheren Zeiten Räubern als Unterschlupf gedient habe. Rechts des Pfades treffen wir auf das wild zerklüftete Felslabyrinth des Gagernsteins, wo eine Inschrift zu Ehren des Natur- und Abenteuerschriftstellers Friedrich von Gagern (1882–1947) eingraviert ist. Unterhalb der Felsen wenden wir uns nach links und wandern weiter durch den Wald der Steine. Der Pfad mündet auf

INFO

TOURENCHARAKTER
Abwechslungsreiche schattige Waldrunde. Die Kraxelei durch das Felsenmeer kann auch umgangen werden.

AUSGANGS-/ENDPUNKT
Parkplatz von Neunkirchen (520 m)

ANFAHRT
Auto: Von Bensheim auf B47 ins Lautertal bis Gadernheim. Links nach Neunkirchen; Bus & Bahn: Von Bensheim mit Bus 664 bis Brandau, dann Bus MO2 bis Neunkirchen

GPS
49.73238, 8.77413

GEHZEITEN
Neunkirchen – Germannshöhe 0.45 Std. – Rodenstein 1.30 Std. – Gagernstein 1.00 Std. – Neunkirchen 1.15 Std.

mittel | 4.30 Std. | 12,8 km | 490 hm

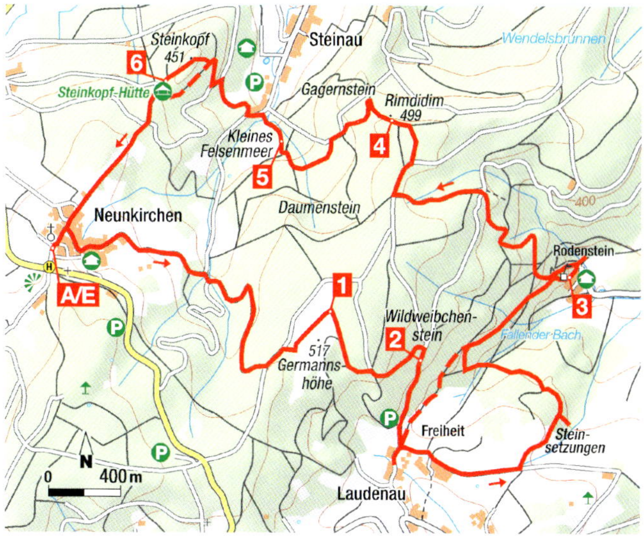

EINKEHR
Hofgut Rodenstein, Do ab 17 Uhr, Fr–So ab 11 Uhr. Neunkirchen, Zur Linde, Sa 14–17.30, So 12–17.30 Uhr. Zum Grünen Baum, Fr 17–21 Uhr, Sa und So 12–21 Uhr

INFORMATION
Gemeinde Modautal, www.mo dautal.de oder Gemeinde Fränkisch-Crumbach, www.fraenkisch-crumbach.de

einen Forstweg, wo wir nach links und sofort wieder rechts der gelben 3 folgen.

ZUM FELSENMEER Wir verlassen den Forstweg wieder nach links und erreichen nach einer lang gezogenen Kurve die Oberkante des **5 Kleinen Felsenmeers** (zur Entstehung siehe Tour 11). Rechts der Steinmassen finden wir einen ausgetrampelten Pfad, auf dem wir knieschonend hinabgelangen. Nach dem Parkplatz gehen wir links ein paar Schritte durch den Erlebnispfad und biegen bei der Ruhebank rechts ab. Vor den Häusern ziehen wir links den Forstweg hoch, den wir sofort wieder nach rechts verlassen. An der nächsten Kreuzung geht es im Links-und Rechtsschwenk weiter (gelbe 8). Nach gut 100 Metern verlassen wir den Forstweg wieder nach links und wandern an einem mächtigen Felsblock vorbei, der aussieht, als ob er jeden Moment runterkullern würde. 20 Meter dahinter führt rechts ein unmarkierter, nur schwach erkennbarer, extrem steiler Pfad hoch zur zerklüfteten und malerischen Felsgruppe am Steinkopf, auch Zindenauer Schlösschen genannt. Von dort führt ein wunderbarer Kammweg in südwestlicher Richtung bis zur Schutzhütte. Wem die Kraxelei zu heftig ist, geht geradeaus weiter. An der **6 Steinkopf-Hütte**, wo die Wege zusammentreffen, folgen wir der N1-Markierung zurück nach **E Neunkirchen**.

Das wilde Heer des Rodensteiners

Im Böllsteiner Land

Eine prächtige Aussichtstour rund um das Obere Kainsbachtal, an der zwei verlassene Burgruinen und eine alte Richtstätte gruselige Geschichten erzählen. An stürmischen Tagen sollten wir diese Tour nicht unternehmen, der Rodensteiner könnte uns mit seinem wilden Heer begegnen, dessen Weg vom Schnellerts über die Untere Haal wir hier kreuzen.

Ein grüner Pfad schlängelt sich am Morsberg durch eine märchenhafte Heidelandschaft.

14

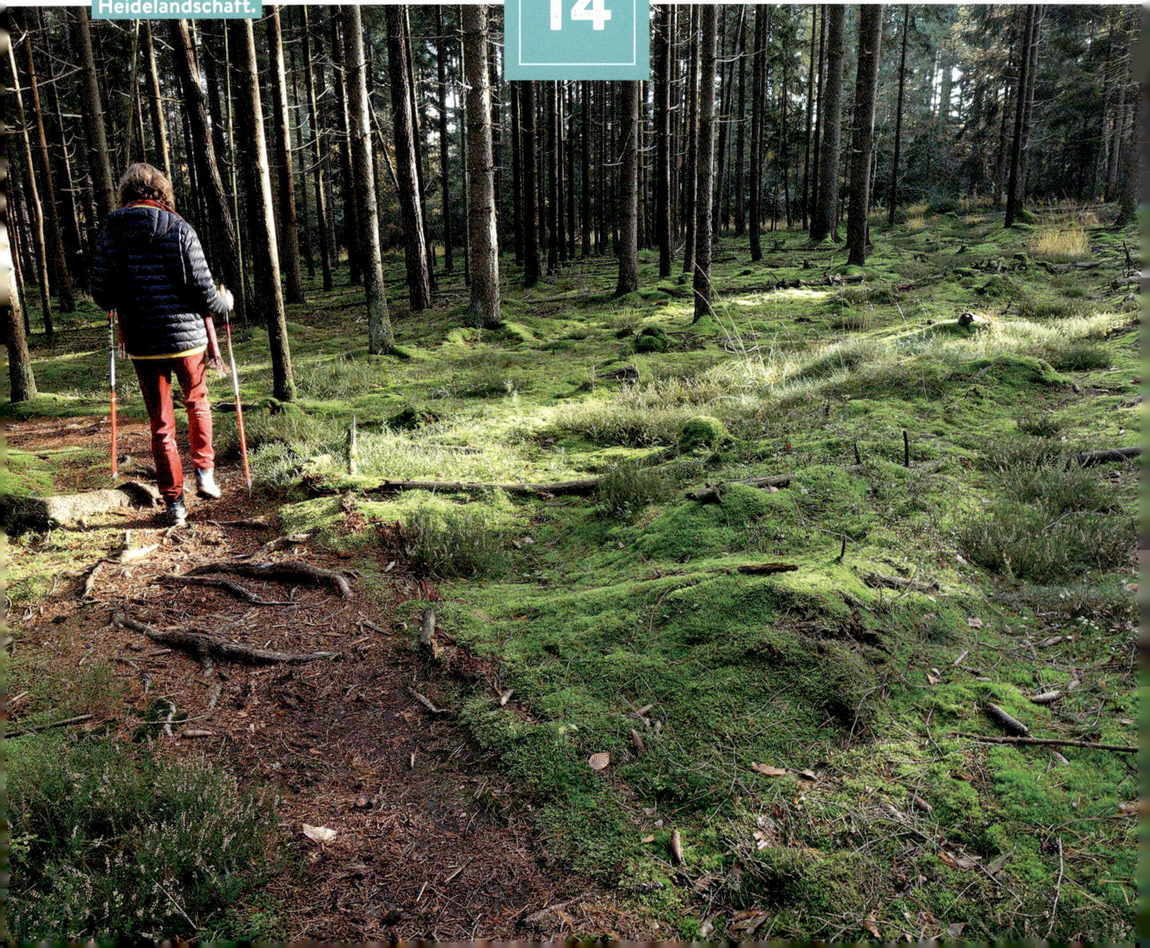

WO DER RODENSTEINER DURCH DIE LÜFTE SAUSTE Gegenüber dem Schusterbrunnen unter der Dorflinde in **A Ober-Kainsbach** wandern wir die Talstraße hoch und gehen an erster Möglichkeit nach links. Auf dem größten Teil unserer Rundwanderung orientieren wir uns am gelben L des Geopark-Pfades. Nach dem Steilstück, vor der ersten Infotafel, biegen wir links ab und spazieren genüsslich am Waldsaum entlang. Prächtige Aussichten ins Kainbachtal, aber auch nach Norden bis ins Dieburger Hügelland begleiten uns auf dem kurvenreichen Weg, der uns mit sanftem Anstieg zur sagenumwobenen Burgruine **1 Schnellerts** hinaufführt. Die spätstaufische Burganlage aus dem 13. Jahrhundert wurde schon 100 Jahre später wieder zerstört. Es wird vermutet, dass die Herren von Crumbach die Burg errichteten, um die nahen Erbacher Grafen in Schach zu halten. Bekannt wurde die Burgruine vor allem durch die Sage über den Rodensteiner (siehe rechts).

ZUR UNTEREN HAAL Gegenüber den Resten des Bergfrieds gehen wir durch das ehemalige Tor und ziehen bergab. Am Waldrand, bei der Schutzhütte, verlassen wir kurz unser gelbes L und folgen nach links dem aussichtsreicheren Fc1-Wanderweg über die Wiese. Nach dem Rechtsknick finden wir an der Wochenendhaussiedlung wieder unseren Geopfad und wandern linkshaltend hinunter ins Kainsbachtal. Von der Unteren Haal erzählt die Legende, dass der Haalbauer seine Scheunentore öffnete, damit der Rodensteiner mit seinem lärmenden Geisterzug ungehindert hindurchreiten konnte. Ohne Getöse schreiten wir daran vorbei, umkreisen den Steinberg und ziehen an seiner Westflanke mit herrlichem Blick auf Fränkisch-Crumbach im Gersprenztal weiter.

EINE KAPELLE AUF DER HÖHE An der Ruhebank unter den Walnussbäumen ziehen wir links hoch in Richtung Mobilfunkmast und erreichen bald eine Liegebank mit prächtigem Ausblick zum Reichenberger Schloss und den Höhen des Bergsträßer Odenwalds. Wir ziehen hoch in den Wald und lassen uns die Geschichte eines verlassenen Forsthauses erzählen. An einer Wegekreuzung, der Geologische Lehrpfad weist nach rechts, gehen wir halb links weiter und folgen dem blauen Quadrat. Nach Austritt aus dem Wald gelangen wir linkshaltend zur **2 Totenkirche**. Die Kapelle wurde 1787 errichtet, nachdem zuvor eine im Dreißigjährigen Krieg begonnene Kapelle nicht fertiggestellt werden konnte. Der herrliche Rundumblick unter der betagten Linde

Tipp

DER WILDE RODENSTEINER

Zu Kriegsbeginn saust das wilde Geisterheer des Rodensteiners nachts mit Hundegebell, Hufgetrappel und Getöse durch die Lüfte vom Schnellerts zur Burg Rodenstein, um bei Friedensbeginn wieder zurückzukehren. Um seiner Kriegslust zu frönen, stieß einst der Ritter Hans von Rodenstein seine Frau vor der Geburt ihres Sohnes zur Seite, wobei beide zu Tode kamen. Durch diesen Frevel ist er zu seinem ruhelosen Dasein bis in alle Ewigkeit verdammt. Die Legende darüber hielt sich jahrhundertelang in den Köpfen der Odenwälder Landbevölkerung. Der Spuk ging so weit, dass der Fürst zu Erbach im 18. Jahrhundert Zeugenaussagen darüber protokollieren ließ. Der verwunschene Ritter starb im wirklichen Leben mit 82 Jahren eines friedlichen Todes auf einer Pilgerreise nach Rom.

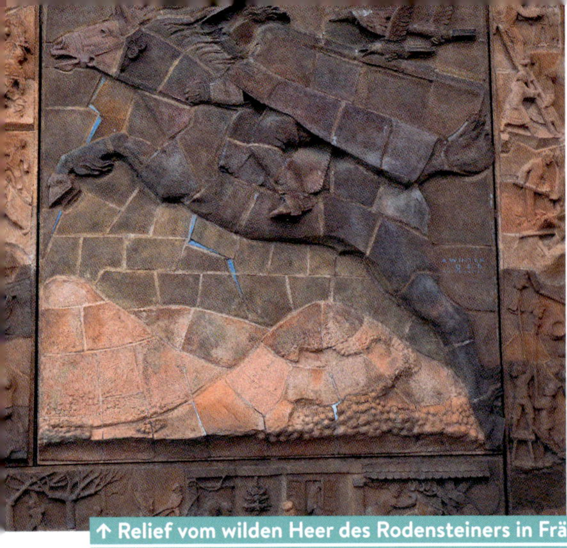

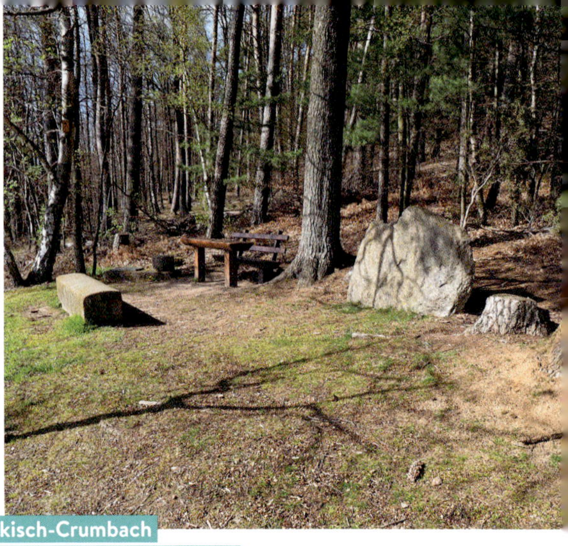

↑ Relief vom wilden Heer des Rodensteiners in Fränkisch-Crumbach

↗ Leicht gruseliger Picknickplatz am ehemaligen Galgen von Ober-Kainsbach

davor zählt zu den Höhepunkten der Tour. Sehenswert sind auch ein paar alte Grabsteine aus Sandstein direkt neben dem Gotteshaus.

NOCH EIN VERGANGENES SCHLÖSSCHEN Zurück auf dem Zufahrtsweg zur Kirche, geht es an der Kreuzung geradeaus weiter. Wir ziehen über die Felder und gelangen nach einem Links- und Rechtsschwenk zum Wanderparkplatz **3 Vierstöck**. Nach Überquerung der Straße verlassen wir hier vorübergehend das gelbe L, biegen hinter dem Gebäude rechts ab und folgen dem Alemannenweg in den Wald. Mit sanftem Gefälle führt uns der Hangweg zu einer Schutzhütte, wo wir gegenüber Hinweisschilder vorfinden. Über einen Hohlweg bringt uns die gelbe 5 hinauf zu den spärlichen Resten des **4 Beerfurther Schlösschens** auf einer Anhöhe. Vermutlich stammt es aus derselben Epoche wie der Schnellerts. Mitte des 18. Jahrhunderts waren noch ansehnliche Teile der Burg vorhanden. Nachdem die Burganlage als Steinbruch freigegeben wurde und auch zum Bau des Beerfurther Schulhauses diente, blieb nur noch eine Mauer erhalten. Die einzigen schriftlichen Überlieferungen stammen aus erbachischen Amtsberichten aus dieser Zeit. Von einer verschlossenen steinernen Tür, hinter der ein Schatz verborgen wäre, war dort die Rede. Sagen erzählten von Gewölben, in denen uralter Wein lagern soll, deren Zugang aber durch schwere Steinplatten versperrt sein soll. Zurück auf dem Waldweg – der ehemalige Halsgraben der Burg ist deutlich zu erkennen – lassen wir uns wieder von der gelben 5 den Weg zeigen.

ZU DEN WEISSEN SANDSTEINEN Nach einem Rechtsknick treffen wir auf einen Forstweg und orientieren uns nun vorübergehend linkshaltend am gelben Quadrat. Nach einem Rechts- und Linksschwenk streben wir nun deutlich strammer bergan und biegen nach schnurgeradem Weg auf der Passhöhe rechts ab. Die gelbe 3 bringt uns zu einer T-Kreuzung, wo wir nach links schwenken und nach wenigen Metern in der Rechtskurve den markierten Weg verlassen und geradeaus auf dem schmalen Waldpfad ohne Markierung fortsetzen. Traumhaft schlängelt sich der deutlich erkennbare grüne Pfad durch ein Meer von Heidekraut. Kurz vor der Schneise einer Stromtrasse gehen wir auf dem Weg weiter, verlassen ihn aber 50 Meter dahinter erneut nach links. Wieder mäandert der Pfad durch den Forst, stößt auf einen Waldweg, auf dem wir kurz die Richtung fortsetzen, aber sofort wieder in Höhe eines auffallenden alten Schürftrichters nach rechts verlassen. Wir stoßen auf den Alemannenweg und folgen ihm nach links am Steinbruch mit den weißen Sandsteinen vorbei.

DER GALGEN VON OBER-KAINSBACH

Das gelbe L des Geopark-Wanderpfads leitet uns nach Austritt aus dem Wald über die Bundesstraße 47. Am Waldrand knickt unser Wanderweg nach links und bringt uns zum **5** **Galgenberg** von Ober-Kainsbach mit prächtiger Aussicht. Eine makabre Geschichte über den Galgen wurde aktenkundig. Im Jahr 1623 war das Gebälk zusammengebrochen, wurde neu aufgebaut und darunter ein Richtfest abgehalten, bei dem 99 Gulden für Essen und Trinken anfielen. Etwa 100 Meter nach dem Steinbruch bei Tafel 19 folgen wir der gelben 1 nach links auf Grasweg bergab und halten uns rechts. Nach einer Waldetappe biegen wir am Ende zweimal links ab und orientieren uns am Wegweiser nach **E** **Ober-Kainsbach**.

INFO

TOURENCHARAKTER

Aussichtsreiche Panoramarunde rund um das Kainsbachtal auf gut begehbaren Waldwegen

AUSGANGS-/ENDPUNKT

Ortsmitte am Schusterbrunnen von Ober-Kainsbach (280 m)

ANFAHRT

Auto: Von Bensheim auf B47/B38 bis Ober-Kainsbach; Bus & Bahn: Von Bensheim mit Buslinie 665 bis Ober-Kainsbach Ortsmitte

GPS

49.72486, 8.90065

GEHZEITEN

Ober-Kainsbach – Schnellerts 1.00 Std. – Totenkirche 1.45 Std. – Beerfurther Schlösschen 1.15 Std. – Galgenberg 1.30 Std. – Ober-Kainsbach 1.00 Std.

EINKEHR

Ober-Kainsbach, Gasthaus Zum Hohenstein, So, 11.30–15.30 Uhr, www.zum-hohenstein.de

INFORMATION

Gemeindeverwaltung Modautal, www.modautal.de oder Homepage der Gemeinde Fränkisch-Crumbach, www.fraenkisch-crumbach.de.

mittel | 6.30 Std. | 17,7 km | 630 hm

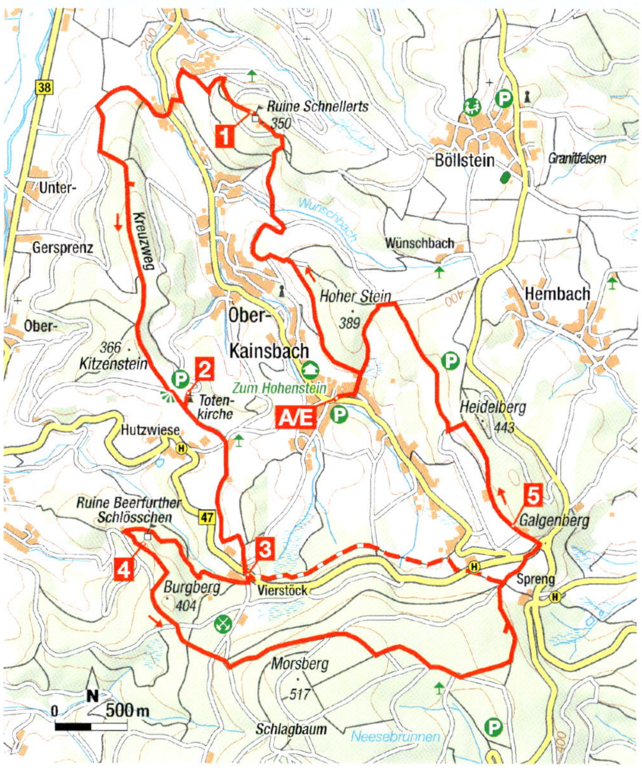

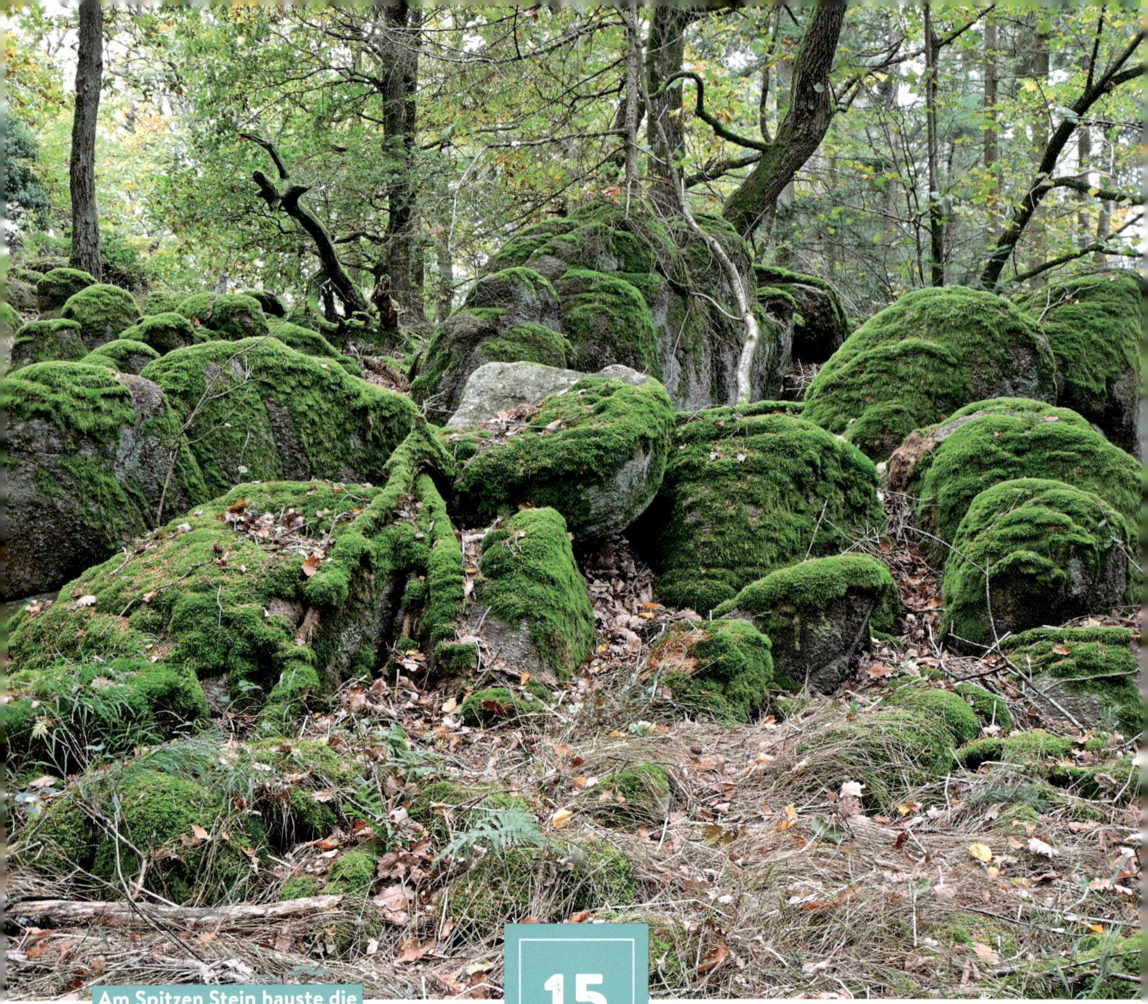

Am Spitzen Stein hauste die Räuberbande des Jacob Erbeldinger.

15

Auf dem Pfad der Geschichte

Über die Heuneburg zum Spitzen Stein

Die traumhaft schöne Wanderung, zum Teil auf dem »Pfad der Geschichte(n)« des Geo-Naturparks, bringt uns auf idyllischen Waldwegen Kultur und Natur des Fischbachtals nahe. Vom prächtigen Renaissanceschloss Lichtenberg wandern wir zu den Resten eines alemannischen Ringwalls und zum Steinlabyrinth der Spitzen Steine, wo vor 200 Jahren noch die Räuber hausten.

EIN PRÄCHTIGES RENAISSANCE-SCHLOSS An der Kirche von **A Niedernhausen** vorbei, lotsen uns die Wandermarkierungen durch den Burgwald hinauf zum imposanten, weithin sichtbaren **1 Schloss Lichtenberg**. Das von den Hessischen Landgrafen im 16. Jahrhundert als Sommerresidenz und Witwensitz erbaute Schloss steht auf den Grundmauern einer frühmittelalterlichen Ritterburg der Grafen von Katzenelnbogen, die damals in weiten Teilen des Odenwalds Besitzungen hatten. Vom Schloss ziehen wir hinüber zum Bollwerk, im Volksmund auch »Krautbütt« genannt, einem 1503 errichteten mächtigen Geschützturm auf der Granitkuppe des Gieglitz, dessen Mauerstärke am Boden fast 6 Meter beträgt. Eine gotisch verzierte Pechnase sichert den Eingang der Befestigung, die nie eingenommen wurde.

ZU EINEM ALEMANNISCHEN KÖNIGSSITZ Weiter geht es durch den früher befestigten alten Ortskern von Lichtenberg. Am alten Schulhaus gehen wir rechts die Stufen hinunter und steuern auf dem Trampelpfad am Siedlungsrand den weithin sichtbaren Eselsbrunnen an. Bis zur vorletzten Jahrhundertwende transportierten die Langohren das Wasser in Fässern hoch zur Burgsiedlung. Im Wald dahinter leiten uns die Wanderwege nach links. Wir biegen jedoch rechts ab und machen einen kurzen Schlenker am aufgelassenen Steinbruch vorbei. Oben überqueren wir den Parkplatz und halten uns dahinter rechts, wo ein aussichtsreicher Wiesenweg zum Wald führt. Nach einer einladenden Picknickgruppe finden wir die nächste Infotafel. Der Pfad der Geschichte mit allerlei informativen geologischen Tafeln lotst uns wieder in den Wald und führt uns auf kurvenreichem Waldweg zur **2 Heuneburg**. Außer den deutlich sichtbaren Erdwällen mit Durchgang (nach Tafel 6 ein paar Schritte nach links) ist nicht mehr viel von der Anlage zu sehen. Frühere Ausgrabungen deuteten die Überreste als keltische Fliehburg. Neuere Forschungen sprechen vom Sitz eines alemannischen Herrschers aus dem 4. bis 5. Jahrhundert.

EIN DORF ERZÄHLT Am Funkmast vorbei führt unsere Tour unter den mächtigen Kronen der Buchen zur Hütte Kernbach. Die einst hier lebenden Köhler mussten das Schloss mit Holzkohle beliefern. Nach dem zweiten Haus folgen wir an der Verzweigung linkshaltend bergab dem J1-Pilgerweg. An der Kreuzung machen wir einen Abstecher nach links zum Lichtenberger Brunnen. Auch er diente zur Versorgung der fürstlichen Anlagen. Eine hölzerne Wasserleitung führte von hier zu einem Auffangbecken im Hof des Schlosses. Wir gehen zurück zur Kreuzung und wandern bis zum Austritt aus dem Wald, wo rechter Hand die Dieter-Held-Hütte mit prächtigem Ausblick zur Rast einlädt. Auf dem mit einem V markierten Verbindungsweg geht es nun zum Talgrund des

Verträumter Erker von Schloss Lichtenberg mit Blick über das Fischbachtal

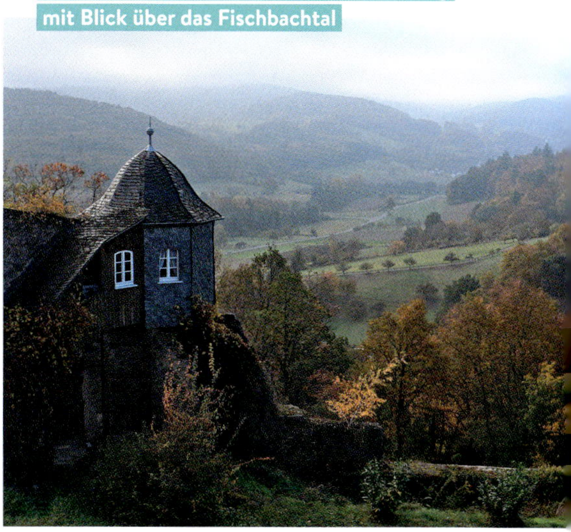

Fischbachtals. Die Landstraße überquerend, geht es auf der Montanastraße ins Ortszentrum von **3 Billings**.

ODENWÄLDER HAUSNAMEN Nehmen sie sich nun eine Stunde Zeit, um die vielen interessanten Schilder vor den Häusern zu studieren. Fast jedes Haus hatte seinen eigenen Namen, der meist vom Besitzer oder auch von dessen Handwerk abgeleitet war. So geht es von der »Ailemiehl« (Ölmühle), an der sich immer noch ein Mühlrad dreht, zur »Millersch«, der mittleren Mühle, zur alten Dorfwaage. Hier machen wir nach rechts einen kleinen Abstecher zur 1967 errichteten, architektonisch außerordentlich interessanten Schneckenkapelle. Wie in einem Schneckenhaus bewegt sich der Besucher von außen nach innen. Beim »Kochehannes«, »Schuhphilipps« und zu guter Letzt bei »Es Lisett« erfahren wir eine Menge über das frühere Dorfleben. So hieß das Haus »Es Häwenersch« unter anderem auch »die schwarze Ros«, weil eine hübsche Wirtin des ehemaligen Gasthauses einst den Dörflern die Augen verdrehte. Nach dem Ortsende biegen wir an der Ruhebank links ab, wo uns ein herrlicher Blick auf Schloss Lichtenberg erwartet, den wir auf der Liegebank zu Genüge auskosten können.

ZU DEN RÄUBERN AM SPITZEN STEIN Im Wald blinzelt schon von rechts die Oberfläche des Steinbruchsees herüber. Fast wie eine Kleinausgabe eines norwegischen Fjordes wirkt das tief dunkle Gewässer, eingerahmt von dunklen Tannen. Wir ziehen am linken Ufer bergauf, stoßen auf den Wanderweg mit dem gelben Plus und folgen ihm nach Meßbach. Am verschindelten Bauernhof mit der Milchtankstelle davor biegen wir links ab. Es folgt ein kurzer knackiger Anstieg bis zur Anhöhe. Dort halten wir uns nach der Hütte links und ziehen an der Verzweigung nochmal linkshaltend in den Wald (gelbe 2). Am höchsten Punkt des Weges, bei einer Ruhebank, finden wir am Baum mit gelber Schrift einen Hinweis zum Naturdenkmal **4 Spitzer Stein**. Wir gehen am Schild nach links und

Hier muss man sich einfach niederlassen und sein Vesperbrot auspacken.

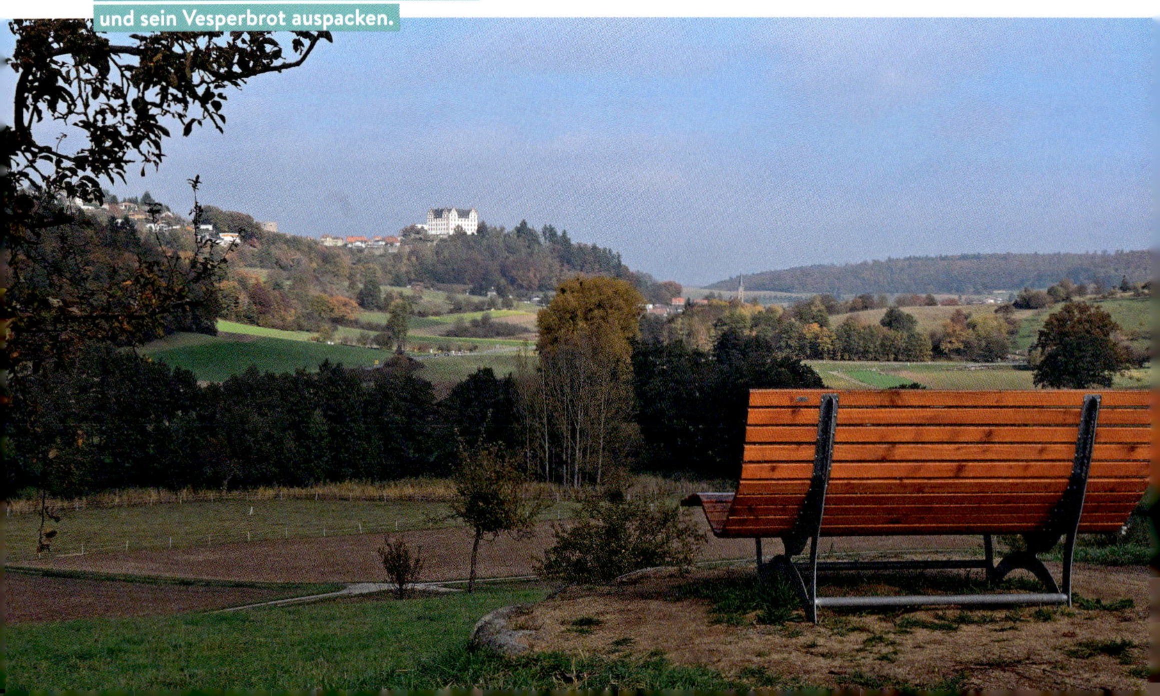

INFO

TOURENCHARAKTER

Panoramaweg rund um das Fischbachtal mit prächtigen Aussichten. Am Spitzen Stein ist etwas Kraxelei angesagt.

AUSGANGS-/ ENDPUNKT

Bushaltestelle Niedernhausen Linde (500 m)

ANFAHRT

Auto: Von Darmstadt über B449 und B426 bis Groß-Bieberau. Dann L3102 bis Niedernhausen. Parken in Ortsmitte in Höhe des Indischen Restaurants; Bus & Bahn: Von Darmstadt mit Regionalbahn bis Reinheim. Mit Bus MO2 oder NHX bis Niedernhausen Linde

GPS

49.770008, 8.81385

GEHZEITEN

Niedernhausen – Heuneburg 1.30 Std. – Billings 1.15 Std. – Spitzer Stein 1.00 Std. – Niedernhausen 1.00 Std.

mittel | 4.45 Std. | 13 km | 500 hm

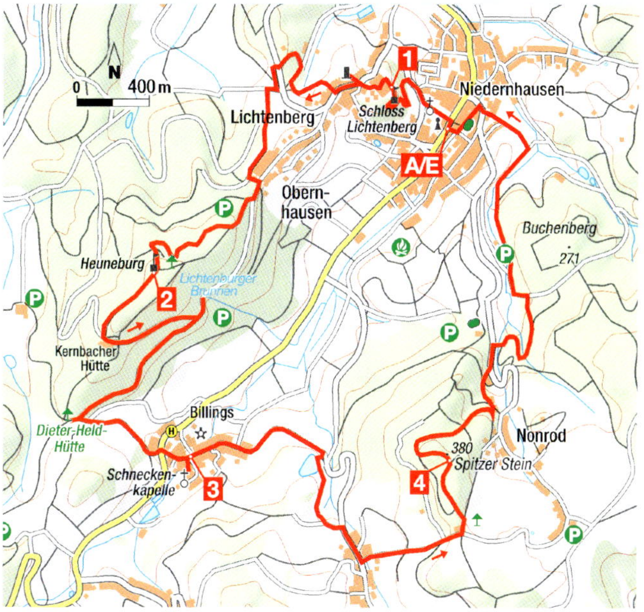

EINKEHR

Gasthaus Zum Rodenstein in Nonrod, Mi–So ab 12 Uhr, www.zum-rodenstein.de

INFORMATION

Die sehr informative private Homepage www.fischbachtal-odw.de

sind nach wenigen Metern umgeben von Felsen und Steinblöcken in allen Formen und Variationen. Die einen bemoost, die anderen kahl, ein Märchenwald voller wild dahingestreuter Steine. Leicht linkshaltend, durchstreifen wir auf einem ausgetretenen Trampelpfad das Labyrinth. In einer Höhle mit dem Namen Latzekeller soll zu Zeiten Napoleons eine Räuberbande ihre Raubzüge ausgeheckt haben. Nachdem die Bande unter ihrem Anführer Jacob Erbeldinger das Pfarrhaus in Neunkirchen geplündert hatte, wurden sie von Lichtenberger Bürgern verfolgt und ausgeräuchert, wobei die Höhle verschüttet wurde.

AUF DEM KÄTHCHENPFAD Der Pfad senkt sich in westlicher Richtung zu einem Waldweg hinab (wer unsicher ist, geht zurück zur Ruhebank und setzt dort nach links fort bis zur Wegkreuzung, dann nach rechts) auf dem wir auf dem F3-Wanderweg nach rechts fortsetzen und auf dem Käthchenpfad nach Nonrod hinunterziehen. Vor den Wohnhäusern biegen wir scharf links ab und steigen in der Kurve rechts die Stufen hinab zur Straße. Dort halten wir die Richtung bei und verlassen sie nach 100 Metern nach rechts. Der Alemannenweg bringt uns auf verschlungenen Pfaden und am Ende längs des Nonroder Baches zurück nach **E Niedernhausen**.

Von Raubrittern, Hexen und bösen Drachen

Zu den Burgen Tannenberg und Frankenstein

Die kurzweilige Tour zu den zwei bekannten Burgruinen der nördlichen Bergstraße verspricht lustige und schaurige Unterhaltung von Raubrittern, Drachentötern und seltsamen Eselsrittern. Ein Walderlebnispfad sorgt für einige Überraschungen.

Burgruine Tannenberg. Ein zuweilen einträgliches Raubritternest an der Bergstraße

16

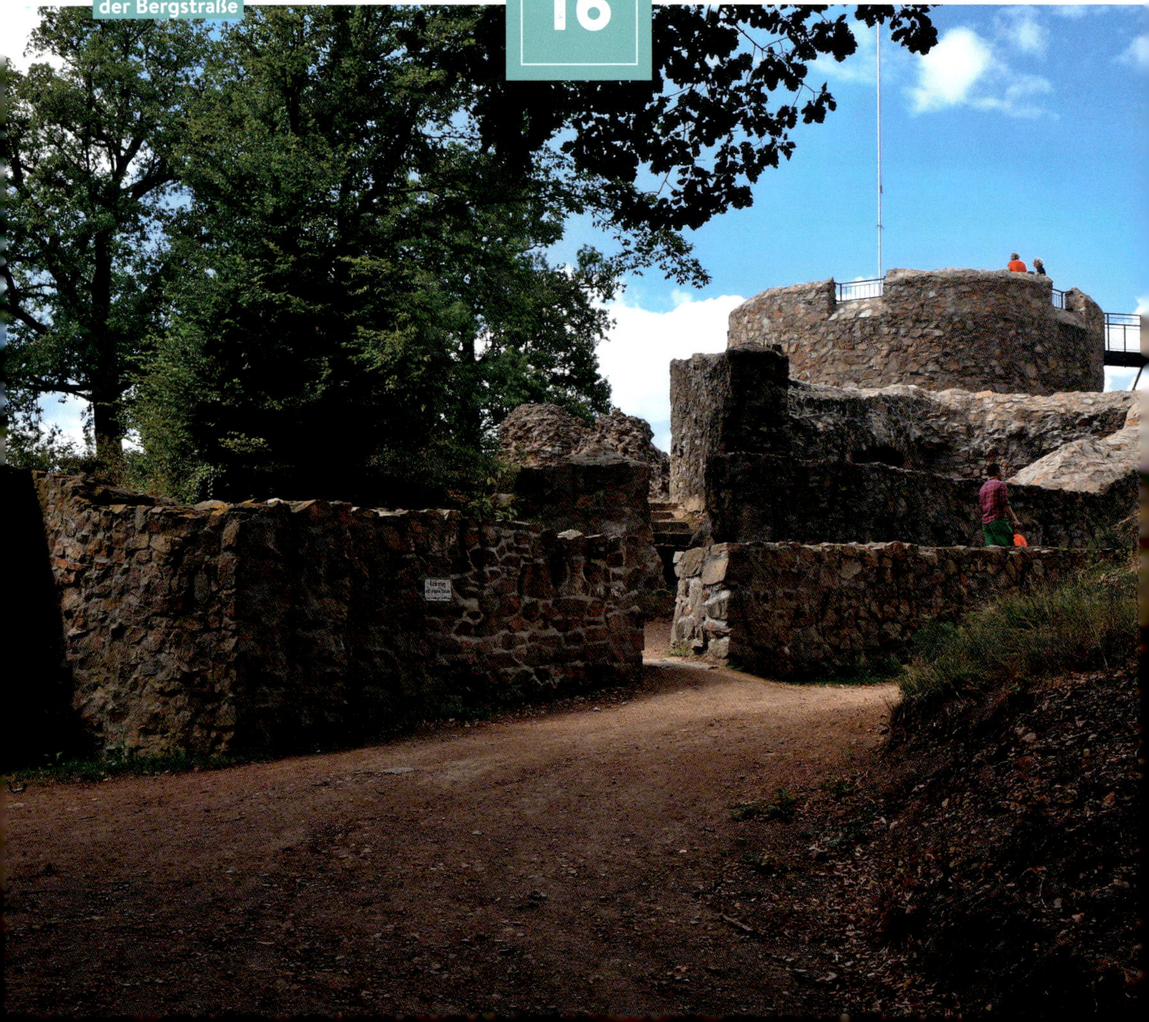

ZUR FÜNFSCHWESTERLINDE Am Rathaus von **A Seeheim** gehen wir über den Parkplatz zur Grünanlage auf dem Schulpädche dahinter. Ein origineller Brunnen mit den lustigen Zeitgenossen des Bildhauers Peter Lenk bringt uns unwillkürlich zum Schmunzeln. Auf der Darmstädter Straße wenden wir uns nach rechts und passieren eines der schönsten Renaissance-Rathäuser der Bergstraße mit herrlichem Zierfachwerk rundum. Kurz bevor die Ober-Beerbacher-Straße leicht nach links knickt, steigen wir rechts die Stufen hoch, folgen den örtlichen SJ-Wanderwegen. Nach 100 Metern geht es in spitzem Winkel nach links und nach einer Kurve erreichen wir die Schutzhütte Seeheim. Dahinter finden wir das Symbol des Burgensteigs, das uns zu den Fünfschwesterlinden leitet. Im Jahr 1765 wurden hier an einer ehemaligen Linde der späteren Hessischen Landgräfin bei einem Spaziergang mit ihren fünf Töchtern von einer Wahrsagerin fünf Kronen für ihre Mädchen prophezeit, was auch tatsächlich eintraf. Nach steilem Pfad erreichen wir die Burgruine **1 Tannenberg**.

EIN BERGSTRÄSSER RAUBRITTERNEST Die 1239 erstmals erwähnte Burg kam nach zwischenzeitlichem Ganerbenbesitz (mehrere Familien teilten sich den Besitz) in die Hände des Raubritters Hartmut d. J. von Cronberg. Seine Überfälle auf vorbeiziehende Kaufleute missfielen dem Wetterauer Städtebund. Gemeinsam mit den Erzbischöfen von Mainz und Trier und dem Pfälzer Kurfürst eroberten und zerstörten sie nach 25-tägiger Belagerung 1399 die Burg mithilfe der so genannten großen Frankfurter Büchse, die mit 32 Pferden gezogen werden musste und bis zu 500 Kilogramm schwere Basaltkugeln abschießen konnte. Aber nicht nur Raubrittergeschichten, auch Romantisches spielte sich auf der Burg ab (siehe oben rechts).

Tipp

DIE GESCHICHTE VON RITTER KONRAD

Einst lebte Ritter Konrad auf Burg Tannenberg, der das Gelübde schwor, eine Pilgerfahrt ins Heilige Land zu machen, sollte seine erkrankte Frau Ann-Els wieder gesunden. Als dies geschehen war, trat er seine Reise an, geriet aber unterwegs in türkische Gefangenschaft und wurde versklavt. Mit List und Tücke befreite Ann-Els ihren geliebten Gemahl, der allerdings nichts davon wusste. Indem sie mit ihrer Harfe vor den türkischen Herren wunderschöne Weisen spielte, durfte sie sich einen Wunsch erbitten. Sie nannte den Namen ihres Ritters, der daraufhin befreit wurde. Ohne erkannt zu werden, reiste sie wieder zurück auf die Burg, wo kurz darauf auch ihr geliebter Mann eintraf. Mit einem großen Gelage wurde seine Wiederkehr auf der Burg gefeiert.

EIN WALDERLEBNISPFAD FÜR GROSS UND KLEIN Vom Ausgang der Burg gehen wir in spitzem Winkel nach rechts und folgen nach wenigen Metern links des gelben Kreuzes in Richtung Ober-Beerbach, das uns auf einen steil bergab führenden Pfad leitet. An einer Gabelung – das gelbe Kreuz weist nach rechts – orientieren wir uns linkshaltend an der gelben 5 und ziehen am Wünschebrünnchen vorbei. Da der Brunnen kein Wasser mehr führt, ist es zweifelhaft, ob hier noch Wünsche erfüllt werden. Ein Versuch ist's allemal wert. Wir kommen zum idyllischen **2 Märchenteich**, in dem sich Buchen und Eichen im Wasser spiegeln. Kurz vor der Straße ziehen wir nach rechts am Waldrand das Tal hoch (gelbe 6) und überqueren es nach gut 500 Metern nach links. Gegenüber biegen wir an der Schutzhütte rechts ab und

INFO

TOURENCHARAKTER

Nach steilem Anstieg auf ruppigem Pfad folgen gut begehbare Forstwege. Der Rückweg verläuft auf reizvollen Kammwegen.

AUSGANGS-/ ENDPUNKT

Parkplatz am Rathaus in Seeheim-Jugenheim

ANFAHRT

Auto: A 5 Ausfahrt Seeheim-Jugenheim, dann L3103 und Heidelberger Straße bis Ortsmitte von Seeheim; Bahn & Bus: Mit Straßenbahnlinie 6 von Darmstadt nach Seeheim Neues Rathaus

GPS

49.76610, 8.64673

GEHZEITEN

Seeheim – Ruine Tannenberg 1.15 Std. – Burg Frankenstein 2.30 Std. – Seeheim 1.45 Std.

EINKEHR

Kiosk auf Burg Frankenstein, Do–So, 10–18 Uhr

INFORMATION

Gemeindeverwaltung 64342 Seeheim-Jugenheim, Schulstraße 12, www.seeheim-jugenheim.de

mittel | 5.30 Std. | 15,1 km | 590 hm

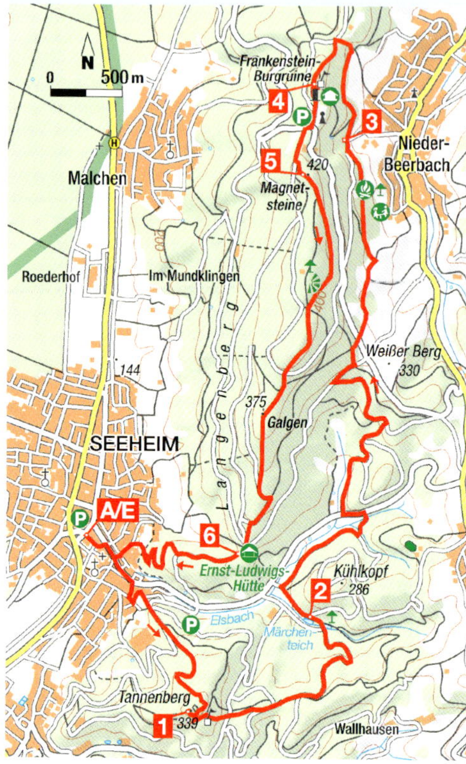

wandern zwischen Wald und Viehweiden sanft bergan. Auf einer wenig anspruchsvollen Passage geht es nun kurvenreich durch Buchenwald weiter aufwärts, bis wir oben auf das rote A treffen und ihm nach links folgen. Gewaltige Buchen, manche leicht talwärts geneigt, eine mit dem Namen Marienbuche, flankieren den Waldrandweg. Ein steinerner Lindwurm oberhalb eines Waldspielplatzes eröffnet nun die lustigen und informativen Stationen des 3 **Walderlebnispfads**. Am Lindwurmteich, links des Weges, begegnen wir Odysseus, der am Mast gefesselt den Sirenen lauschte, während seine Mannschaft mit Watte verschlossenen Ohren daran vorbeisegelte. Eine lustige hölzerne Gestalt lugt kurz darauf um die Ecke und beobachtet die vorbeiziehenden Wanderer.

POSSEN UND SCHAUERGESCHICHTEN UM BURG FRANKENSTEIN Zahlreiche Geschichten und Sagen ranken sich um 4 **Burg Frankenstein**, die jedoch nichts mit dem unglückseligen Monster aus Mary Shelleys Roman zu tun hat. Die Burg wurde 1252 erstmals urkundlich erwähnt und war über 400 Jahre im Besitz der Frankensteiner. Nach ständigen Streitereien mit den protestantischen Hessischen Landgrafen verkauften sie die Burg 1662 an diese. Da sie jedoch in damaliger Zeit keinen strategischen Wert mehr darstellte, verfiel sie nach und nach. Schatzgräber, die im 18. Jahrhundert Mauern einrissen und Gräben nach angeblichen Schätzen durchwühlten, verschlimmerten den Zustand der Anlage noch.

IM KAMPF MIT DEM DRACHEN Eine Sage berichtet vom Kampf des Ritters Georg von Frankenstein mit einem Drachen, der die Menschen im Beerbacher Tal in Angst und Schrecken versetzt hatte. Georg besiegte das Ungetüm, das ihm jedoch im Todeskampf Gift in die Kniekehle spritzte. Der steinerne Lindwurm, an dem wir vorbeikamen, erinnert daran. Das Grabmal des Ritters, das ihn siegreich mit Schwert über dem Drachen darstellt, befindet sich in der Kirche von Nieder-Beerbach.

EINE FRANKENSTEINER ESELEI Eine historisch verbürgte Kuriosität ist dagegen der Frankensteiner Eselsritt. Bis ins 16. Jahrhundert lieferten die Frankensteiner am Aschermittwoch einen Esel nach Darmstadt. Hatte eine Frau ihren Mann geschlagen, musste sie rücklings auf dem Esel durch die Straße reiten, der vom Ehemann geführt wurde. Untreue Ehefrauen wurden auch mit einem Eselsritt bestraft, sie konnten dabei noch vom Publikum bespuckt werden.

WO MAGNETE VERRÜCKT SPIELEN Nach Besichtigung der Burg bleiben wir dem Alemannensteig treu und folgen nach der Felsenhütte dem Barfußpfad nach links, der uns zum Ilbes-Berg hochführt. Ihm geht der Ruf nach, der zweitgrößte Hexenkultplatz nach dem Brocken zu sein. Ein paar Schritte weiter finden wir die 5 **Magnetsteine**, deren Kräfte einen Kompass tatsächlich bis zu 30 Grad ablenken. Dies ist allerdings keine Hexerei, sondern vermutlich durch heftige Blitzeinschläge entstanden, die das Gestein magnetisiert haben. Herrliche Pfade über den Kamm des Langenberg-Massivs bringen uns schließlich hinab zur 6 **Ernst-Ludwigs-Hütte** am Zehn-Wege-Platz. Weiter auf rotem A passieren wir oberhalb einer Lichtung das schmucke Teehäuschen. Hinter dem Pavillon halten wir uns rechts, verlassen damit die Wegzeichen, überqueren die Lichtung und finden nach 150 Metern einen unmarkierten Pfad, der links vom Weg abgeht. Am Englischen Landschaftsgarten des Schlosses entlang geht es zurück zum E **Seeheimer Rathaus**.

Burg Frankenstein. Weniger gruselig als der Name erahnen lässt.

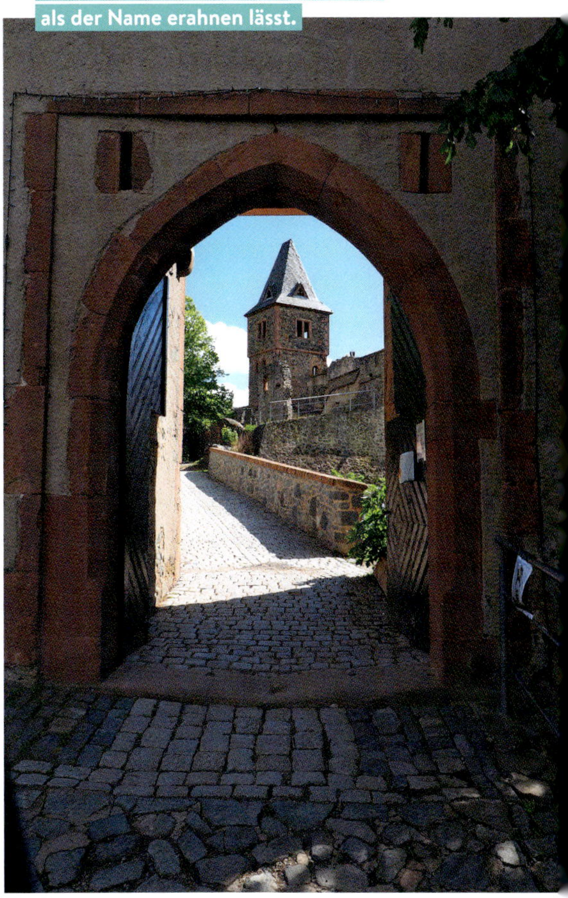

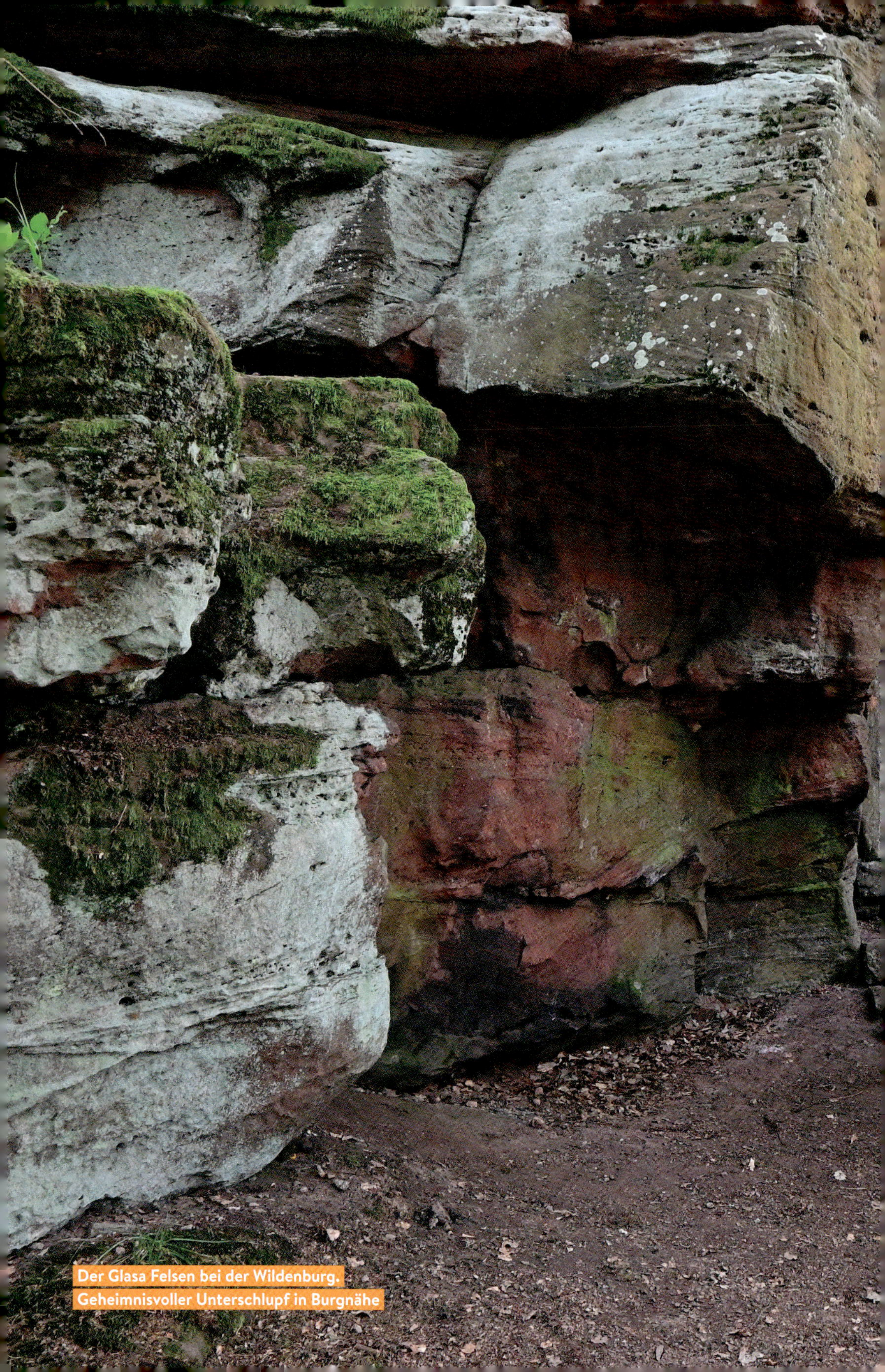

Der Glasa Felsen bei der Wildenburg.
Geheimnisvoller Unterschlupf in Burgnähe

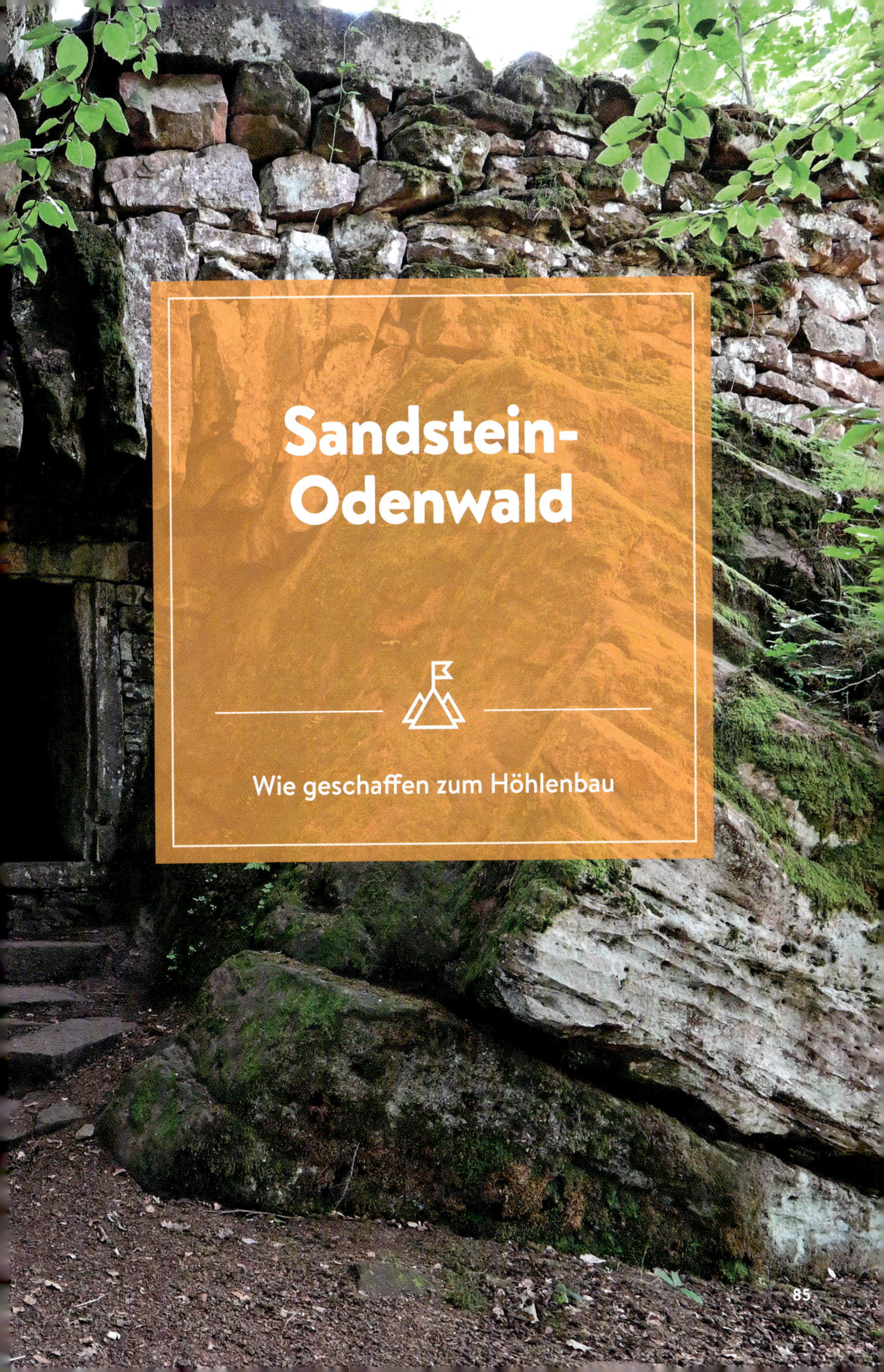

Sandstein-Odenwald

Wie geschaffen zum Höhlenbau

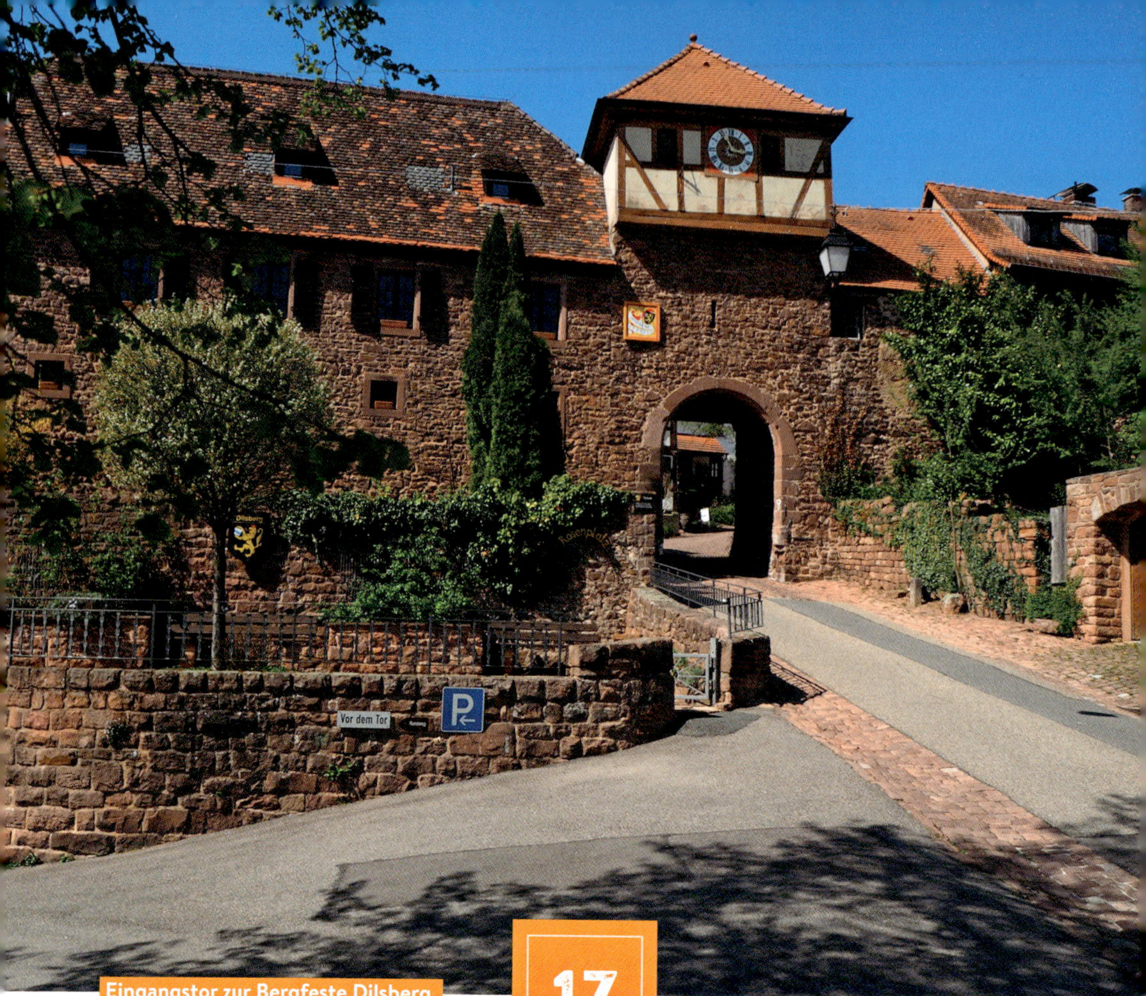

Eingangstor zur Bergfeste Dilsberg. Ein Bergdorf, das schon Mark Twain begeisterte.

17

Dilsberg und Nonnenbrünnle

Zu einem sagenumwobenen Bergdorf

Ein Anblick, der jeden in Verzückung geraten lässt: Über der Neckarschleife thront das malerische Bergdorf, das »oben auf dem Scheitel gerade genug Platz hat für sein mit Türmen, Spitzen und dichtgedrängten Dächern geschmücktes Käppchen aus Gebäuden«. An der Beschreibung Mark Twains von 1878 hat sich bis heute nichts geändert, und es lässt sich nichts hinzufügen.

ZUM TILLYSTEIN Gegenüber der S-Bahnstation **A Neckargemünd** Altstadt finden wir neben der Schule das geschwungene blaue N des Neckarsteigs, dem wir uns anvertrauen und bergauf marschieren. Nach 10 Minuten steigen wir links die Stufen hoch. Über zwei Kehren stößt der Pfad auf einen Forstweg, auf dem wir einen Abstecher nach links zur **1 Bockfelsenhütte** machen, die einen prächtigen Ausblick auf den vom Neckar umschlungenen Dilsberg bietet. Wir gehen zurück und folgen dem Neckarsteig links auf ausgetretenem Naturpfad bergauf. Über Wurzeltreppen geht es wieder abwärts zum **2 Tillystein**, von wo aus der berüchtigte Kommandant im Dreißigjährigen Krieg den Dilsberg beschießen ließ.

Tipp

VON BIENEN UND DER BELAGERUNG VOM DILSBERG

Es war im Dreißigjährigen Krieg, als das mordende und plündernde Heer des Feldmarschalls Tilly im April 1622 gen Dilsberg zog. Dessen Kommandant Bartholomäus Schmid ließ verkünden, der Dilsberg werde sich »biß auf den letzten Blutstropfen tapfer wehren«. Tatsächlich gelang es den Dilsbergern, sich dem Ansturm der Katholiken zu erwehren. In ihrer Verzweiflung warfen sie dabei sogar Bienenstöcke den Angreifern entgegen. Da ihm der Fall Heidelbergs wichtiger war, ließ Tilly seine Truppen abziehen. Im September desselben Jahres kam er allerdings zurück und eroberte das Bergdorf.

LOCHMÜHLE Nach dem aussichtsreichen Wegstück führt der Neckarsteig nach rechts weiter. Wir gehen hier aber in die entgegengesetzte Richtung nach Rainbach und verlassen damit den Fernwanderweg. Am Wegweiser (gelbes R) biegen wir in spitzem Winkel rechts ab auf den Mühlweg. Unser Weg führt mitten durch das idyllisch im Tal gelegene Anwesen der Lochmühle. Das schmale Asphaltsträßchen führt dahinter steil bergauf, quert die Neckargemünder Straße und knickt nach einem Busbetrieb rechts ab. An der Kreuzung folgen wir weiter dem gelben R, das nach links weist. Unser Weg führt über Wiesen zum Wald, in dem wir rechtshaltend durch ein Meer von Felsblöcken hoch zum **3 Dilsberg** wandern. Hinter dem Tor führen links ein paar Stufen hoch zur Kirche. Am alten Dorfbrunnen geht es noch mal linkshaltend hoch zur Burg, auf deren Zinnen sich ein herrlicher Ausblick über das Neckartal bietet.

EIN SAGENUMWOBENES BERGDORF Die erste urkundliche Erwähnung der Burg stammt von 1208. Nach mehreren Besitzern gelangte sie 1344 in die Hände des Pfalzgrafen Ruprecht I., der Burg und Stadt festungsartig ausbaute. Die Bewohner umliegender Dörfer wurden dabei auf den Dilsberg umgesiedelt. Nach der kurpfälzischen Regentschaft diente sie noch als Arrest-, Invalidenanstalt und Karzer für Heidelberger Studenten. Geheimnisvoll ist der unterirdische, fast 80 Meter lange Brunnenstollen, von dem die Legende ausging, er führe unter dem Neckar bis zu den Neckarsteinacher Burgen. Das Wissen, dass dem nicht so ist, verdanken wir Mark Twain. In seinem »Bummel durch Deutschland« im Jahr 1878 besuchte er den Dilsberg und ließ sich von Kindern überzeugen, dass der Brunnen im Burghof einen unterirdischen Ausgang hätte. Einer seiner amerikanischen Leser war so fasziniert von der Story, dass er auf einer Deutschlandreise 1926 den Schacht freilegen ließ. Im Sommerhalbjahr kann der Stollen besichtigt werden.

DAS SPUKZIMMER MIT ZEITMASCHINE Eine andere Sage, von der Mark Twain berichtet, erzählt von einem Spukzimmer im

Schloss. Davon hieß es, dass jeder, der darin schliefe, erst 50 Jahre später wieder aufwachen würde. Ein junger Ritter namens Konrad von Geisberg glaubte den Spuk nicht und übernachtete dort. Als er wieder aufwachte, erschien es ihm, als wären tatsächlich 50 Jahre vergangen. Nicht bemerkend, dass seine Kumpanen ihm nur einen Streich spielten, wurde er deswegen verrückt. Nachdem er auch seine Braut nicht mehr wiedererkannte, starb er vor Kummer und wurde unter der Dilsberger Dorflinde begraben. Ob diese Geschichte eher der Fantasie Mark Twains entsprang, weiß man nicht, da sie vor Erscheinen seines Buches nicht bekannt war.

ZUM NONNENBRUNNEN Am Ausgang der Burg halten wir uns links, finden wieder das blaue N und ziehen am Kommandantenhaus vorbei rechts die Stufen hinunter in Richtung Brunnenstollen. Nach einem Waldweg am steilen Abhang entlang treffen wir auf eine Sitzgruppe neben einem Obelisken und biegen rechts ab. Wir folgen den Wanderzeichen bis zur Neckargemünder Straße, gehen dort nach rechts und wieder links in die Feldflur. Nun heißt es etwas aufpassen. Nach dem Richtungswechsel des bergab führenden Waldwegs finden wir nach etwa 300 Metern einen links abgehenden unmarkierten Pfad. Er verläuft erst parallel zum Neckarsteig, zieht dann aber nach links und führt durch dichtes Unterholz aus dem Wald. Nach Rechts- und Linksschwenk treffen wir auf die Durchgangsstraße, halten uns rechts und biegen kurz nach der Bushaltestelle noch mal rechts ab auf einen Wiesenweg, der oberhalb der Häuser talwärts zieht. Nach Talquerung führt er zu einer Picknickgruppe, wo ein Findling auf das untergegangene Dorf **4 Reitenberg** hinweist, deren Bevölkerung von den Kurpfälzer Herrschern 1369 zur Umsiedlung auf den Dilsberg gezwungen wurde. Mit gleichbleibender Richtung wandern wir am Waldsaum entlang (gelbes V). An der ersten Gabelung benutzen wir den linken Zweig und tauchen bei nächster Möglichkeit in den Wald ein, wo wir bald an einer

↓ Weit schweift der Blick von der Bockfelsenhütte hinüber zum malerischen Dilsberg.
↘ Idyllisch liegt die traditionsreiche Lochmühle bei Rainbach im Tal.

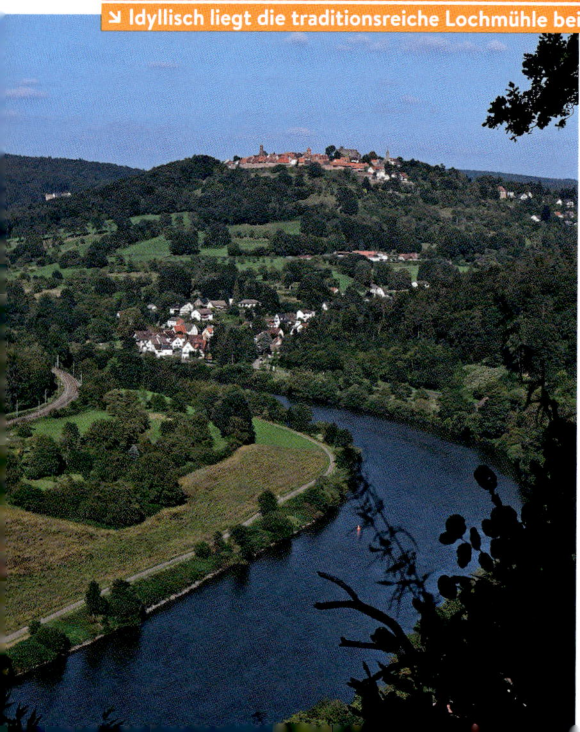

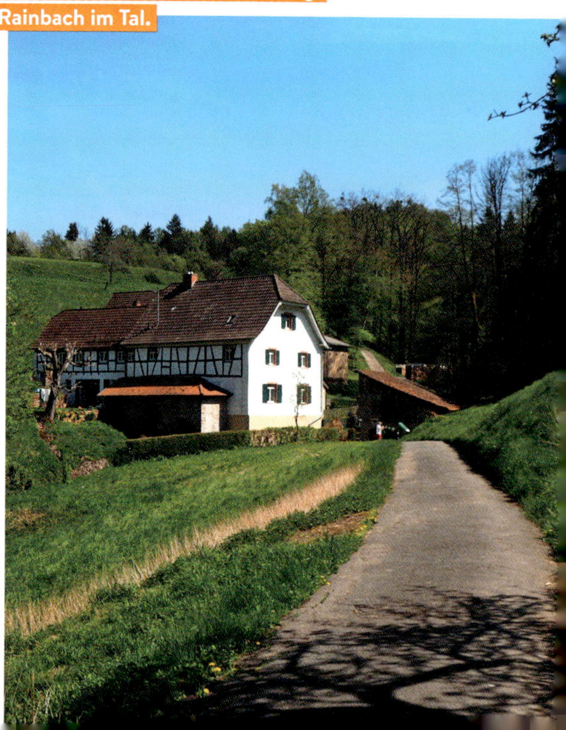

INFO

TOURENCHARAKTER

Anspruchsvolle Rundwanderung auf schattigen Waldwegen und Naturpfaden mit ein paar steilen An- und Abstiegen

AUSGANGS-/ENDPUNKT

S-Bahnhof Neckargemünd-Altstadt (230 m)

ANFAHRT

Auto: Von Heidelberg über B37 nach Neckargemünd. Durch die Altstadt und nach dem Stadttor links und wieder rechts auf Alter Postweg; Bus & Bahn: Von Heidelberg mit S1 oder S2 nach Neckargemünd Altstadt

GPS

49.39205, 8.80269

GEHZEITEN

Neckargemünd – Dilsberg 2.30 Std. – Nonnenbrunnen 1.45 Std. – Neckargemünd 1 Std.

EINKEHR

Dilsberg, Gasthaus Zur Sonne, Fr–Mo, 11.30–14.30 Uhr und ab 18 Uhr, So ab 11.30 Uhr durchgehend, www.zur-sonne-dilsberg.de. Chocolaterie Heß, tgl. von 10–17 Uhr, www.das-beste-zum-schluss.de

mittel | 5.15 Std. | 15 km | 620 hm

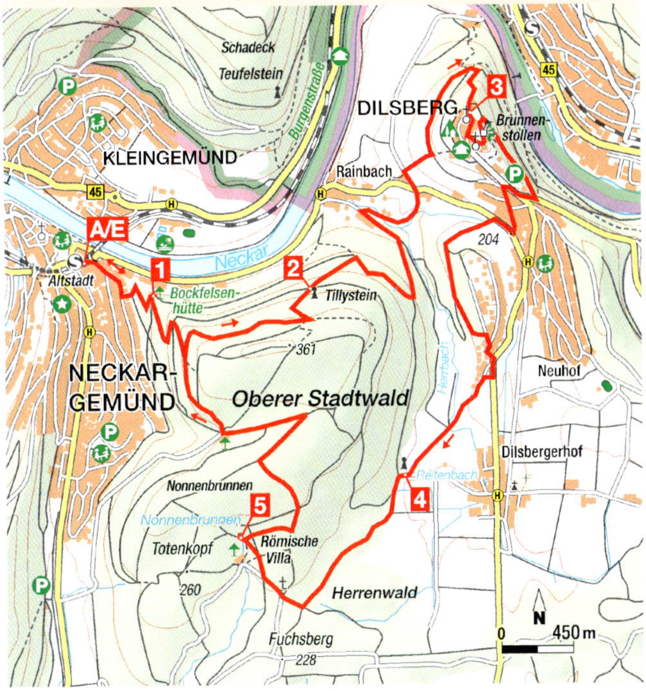

INFORMATION

Tourist-Information, 69151 Neckargemünd, Neckarstraße 36, www.neckargemuend.de

Kreuzung das Schild in Richtung **5 Nonnenbrunnen** finden (grünes Dreieck). Neben dem freigelegten mittelalterlichen Brunnen steht noch ein originalgetreuer Nachbau eines römischen Brunnens, der vermutlich zur Wasserversorgung der römischen Villa diente. Der Name des Ortes geht auf eine Sage zurück, in der von einem mittelalterlichen Nonnenkloster die Rede war.

EIN RÖMISCHER GUTSHOF Zurück auf dem Weg, gehen wir 150 Meter auf dem ausgeschilderten Waldpfad zur Ausgrabungsstätte. Die noch vorhandenen Mauern des römischen Gutshofes datieren zwischen 130 und 260 n. Chr. Vermutlich fielen die Gebäude einem Brand zur Zeit der Alemanneneinfälle zum Opfer. Wir biegen an der Tafel zur Waldgeschichte links ab und ziehen an der nächsten Kreuzung geradeaus weiter. An höchster Stelle rechtshaltend, lassen wir uns vom grünen Dreieck leiten, das wir aber am Kästenberg, an der Wegspinne mit fünf Wegen, wieder verlassen. Stattdessen folgen wir dem rechts daneben leicht bergauf führenden Weg, der in dieselbe Richtung weist. An der Gabelung nehmen wir den linken Zweig und treffen wieder auf den **E Nibelungensteig**.

Burgruine Stolzeneck

Vom Neckarsteig zur gotischen Höhenkapelle

Einer der schönsten Abschnitte des Neckarsteigs liegt zwischen der alten staufischen Ruine Stolzeneck und dem Wilden Waibelsberg. An der Flanke des tief eingegrabenen Neckars verläuft der Pfad romantisch durch urwüchsigen Wald. Am spätgotischen Heiligkreuzkirchlein vorbei geht es über Wurzeln und Felsen auf dem Urwaldpfad zurück zur Burg.

18

Felsenhaus am Neckarsteig.
Wer mag hier wohl gewohnt haben?

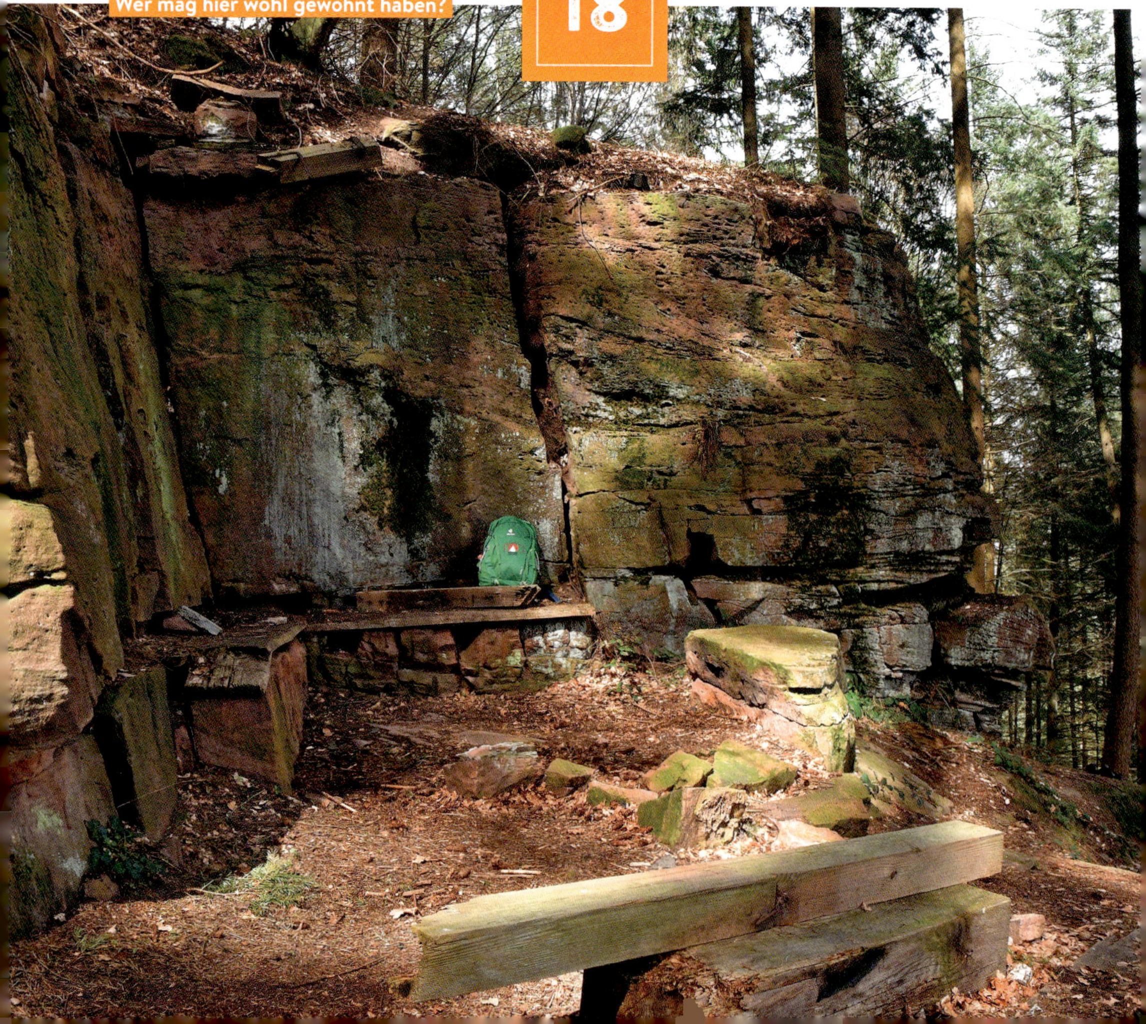

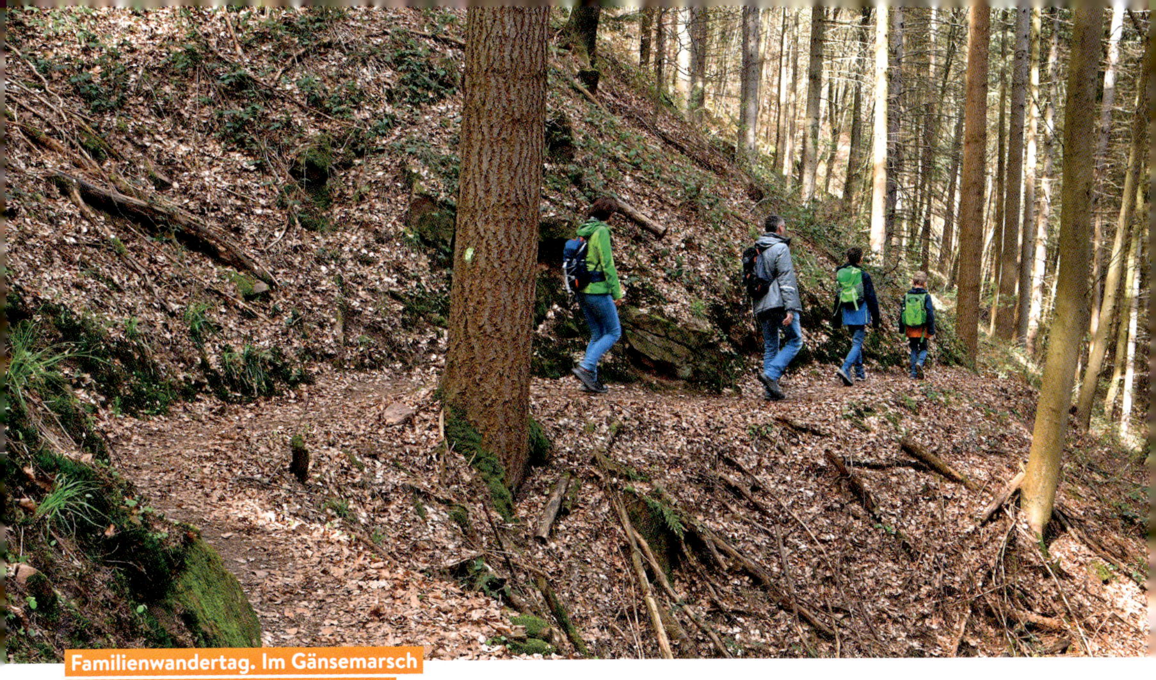

Familienwandertag. Im Gänsemarsch auf dem herbstlichen Neckarsteig

EINE STOLZE RUINE An der **A Neckarschleuse Rockenau** beginnen wir unsere Rundwanderung. Wir überqueren die Schleuse und wandern gut 300 Meter in Fließrichtung. Scharf nach links weist uns das geschwungene blaue N des Neckarsteigs nun bergauf zur **1 Burgruine Stolzeneck** mit ihrer gewaltigen, über 20 Meter hohen Schildmauer. Falls nicht gesperrt, betreten wir durch das gotische Tor den Burghof unterhalb der Bewehrungsmauer. Die um 1200 von Reichsministerialen erbaute Burg wurde 1284 von den Pfalzgrafen erworben. Im Pfälzisch-bayerischen Erbfolgekrieg wurde sie 1502 schwer beschädigt und danach aufgegeben.

DAS WILDE WEIB Der Neckarsteig führt um die Vorburg herum und zieht am Halsgraben auf ausgetretenen Stufen bergauf. An historischen Wegsteinen vorbei, gewinnen wir rasch an Höhe. Der nur noch im Gänsemarsch begehbare Pfad verläuft kurvenreich an der steilen Flanke des Wilden Waibelsbergs entlang. Wie der Name vermuten lässt,

Tipp

DER RABE VON STOLZENECK

Nachdem der Burgherr, Ritter Ottmar von Horneck, in den Krieg gezogen war, blieb seine Schwester Williswinde zusammen mit einigen Getreuen zurück auf der Burg. Eines Tages erschien ein Ritter, der um ihre Hand anhielt. Da er aber ein ungehobelter roher Mensch war, lehnte sie seinen Antrag ab. Da ließ er sie in ein nahes Verließ werfen, verweigerte ihr jegliche Nahrung und wollte so ihre Zustimmung erzwingen. Ein treuer Rabe steckte ihr aber täglich Beeren und Waldfrüchte durch die Gitterstäbe und sorgte für ihr Überleben. Endlich kehrte ihr Bruder heim und hörte ihr Wimmern aus dem Kerker. Als er sie vom fremden Ritter befreien wollte, kam es zum Kampf. Fast war Ritter Ottmar schon besiegt, da stürzte ein Schwarm Raben heran und zerhackte den Missetäter, der bald leblos zu Boden fiel.

gibt es auch hier eine Sage. In einer Höhle am Steilhang habe eine Kräuterfrau, das »Wilde Weib«, gelebt. Ein spanischer Müllerbursche, der auf der nahe gelegenen Krösselbacher Mühle unten im Tal gearbeitet hatte, verliebte sich in sie. Sie brachte ein Kind zur Welt, mit dem man sie später verhungert in ihrer Höhle gefunden habe, während der junge Spanier verschwunden war.

DAS FELSENHAUS Nach einer Linkskurve führt ein rechts abgehender Pfad wenige Meter höher zum **2 Felsenhaus**. Ein verblasster Schriftzug weist am Baum darauf hin. Von der einstigen Hütte zwischen den Felsen liegen noch wenige Bretter herum. Ob hier das »Wilde Weib« lebte? Es bleibt der Fantasie überlassen. Zurück auf dem Pfad, durchqueren wir ein Felsenmeer mit märchenhaft bemoosten Steinblöcken und Bäumen. 50 Meter nach der Krösselbach-Schlucht finden wir rechts Stufen, die bergauf führen. Wir verlassen den Neckarsteig und biegen an der Oberkante rechts ab auf den bergan führenden Trampelpfad. Am Forstweg ziehen wir in spitzem Winkel linkshaltend weiter und erreichen nach Überquerung des Bächleins den idyllisch im Wald eingebetteten **3 Reihersee**. Eine Schutzhütte und Picknickbänke laden zu einer gemütlichen Rast unter Tannen ein. Am rechten Seeufer führt eine unscheinbare Spur in den Wald. Wir bleiben auf dem Grasweg, der schnurgerade zur Hochebene führt. Oben biegen wir rechts ab und können am Waldsaum einiges über heimische Sträucher und Bäume erfahren. Am Wanderparkplatz Hansewiese benutzen wir den Weg hinter der Wandertafel, der wie mit dem Lineal gezogen zum alten Sandsteinkreuz von 1736 führt. Auf dem Kirchenweg ziehen wir waldeinwärts und biegen links ab.

EIN KIRCHLEIN STEHT IM WALDE Das von mehreren Gemeinden gemeinsam errichtete **4 Heiligkreuzkirchlein** wurde 1516 auf Fundamenten einer früheren Kapelle an einem alten Höhenweg errichtet. Trotz oder gerade wegen seiner Schlichtheit, ohne Gestühl und Altar, verströmen der Platz und die Kapelle eine magische Ruhe. Das rote Dreieck leitet uns weiter zum Gedenkstein. Gegenüber weist ein Schild zum Urwaldpfad, dem wir nun auf gelber 4 bergab folgen. Über Stock und Stein führt der holprige Weg durch ein Labyrinth grün bemäntelter Steingruppen. Am Rastplatz **5 Auberg-Brünnle**, neben dem ein Bächlein munter zu Tal fließt, biegen wir links ab zur Burg. Geradewegs daran vorbei und in der Kurve links gehen wir auf dem gelb markierten Pfad zurück zur **E Schleuse**.

↓ Traumhaft schöne Passagen erwarten den Wanderer auf dem Neckarsteig.
↘ Das Auberg-Brünnle. Einladender Rastplatz am plätschernden Bächlein

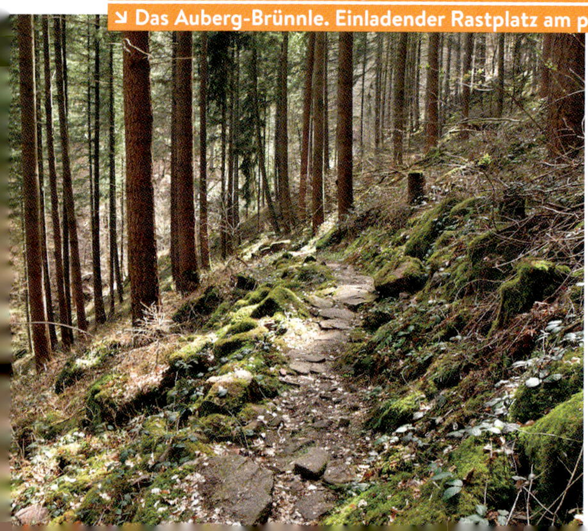

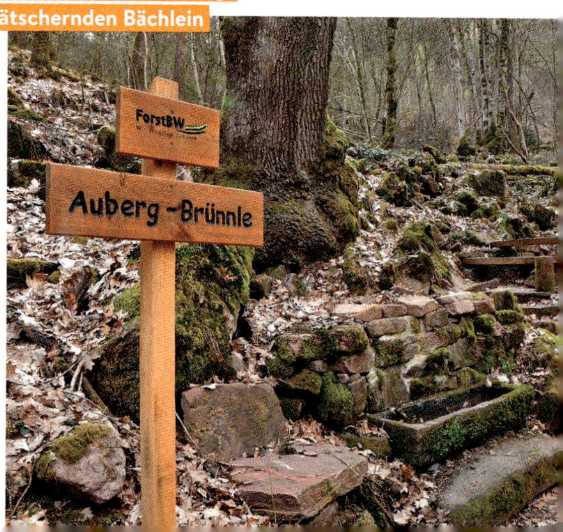

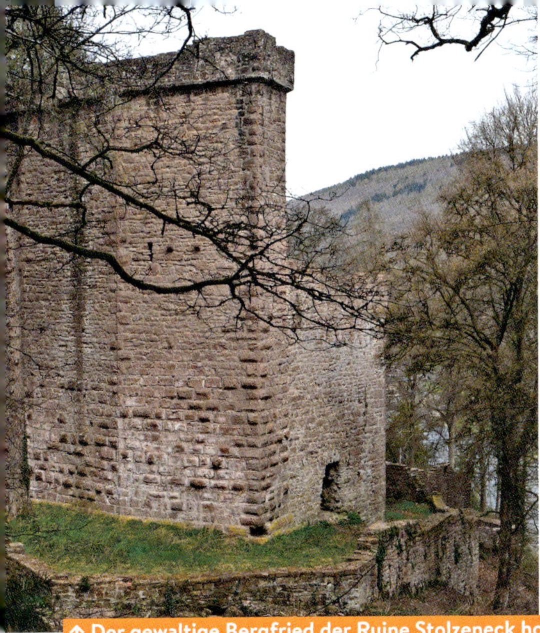

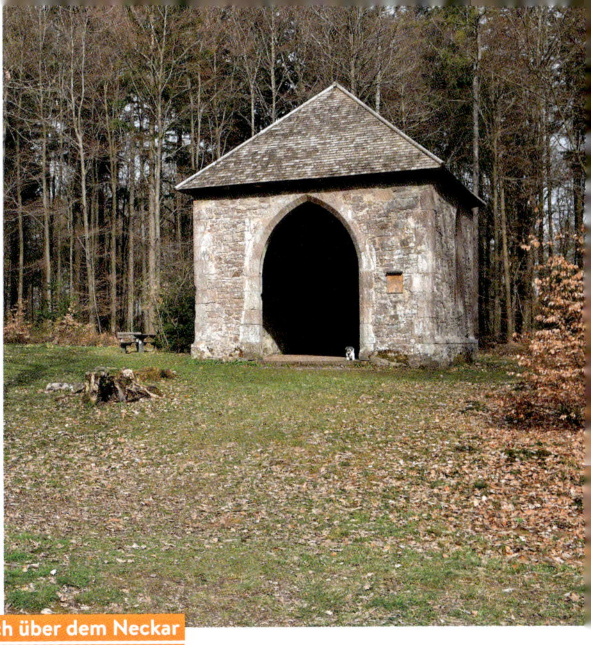

↑ Der gewaltige Bergfried der Ruine Stolzeneck hoch über dem Neckar
↗ Die mystische Stille des Heiligkreuzkirchleins lädt ein zur Meditation.

INFO

TOURENCHARAKTER
Abwechslungsreiche Rundtour auf schmalen Naturpfaden und Waldwegen

AUSGANGS-/ ENDPUNKT
Parkplatz an der B37 in Höhe der Schleuse Rockenau (144 m)

ANFAHRT
Auto: Auf B37 im Neckartal bis zum Parkplatz an der Schleuse Rockenau fahren; Bus & Bahn: Mit S-Bahn bis Lindach. Dort gelber 2, dann dem roten R flussabwärts folgen bis zur Schleuse Rockenau (2,7 km)

GPS
49.43220, 9.00670

GEHZEITEN
Schleuse Rockenau – Ruine Stolzeneck 0.30 Std. – Reihersee 1.15 Std. – Heiligkreuzkirchel 0.45 Std. – Schleuse Rockenau 1.15 Std.

EINKEHR
Keine

INFORMATION
Tourismus Information, 69412 Eberbach, Leopoldsplatz 1, www.eberbach.de

leicht | 3.45 Std. | 10,2 km | 440 hm

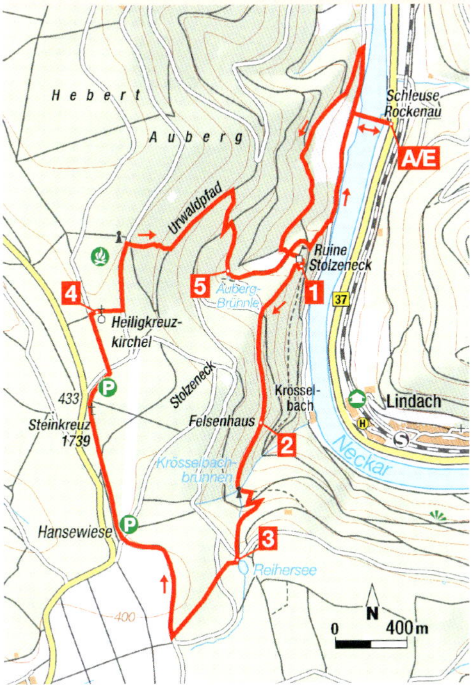

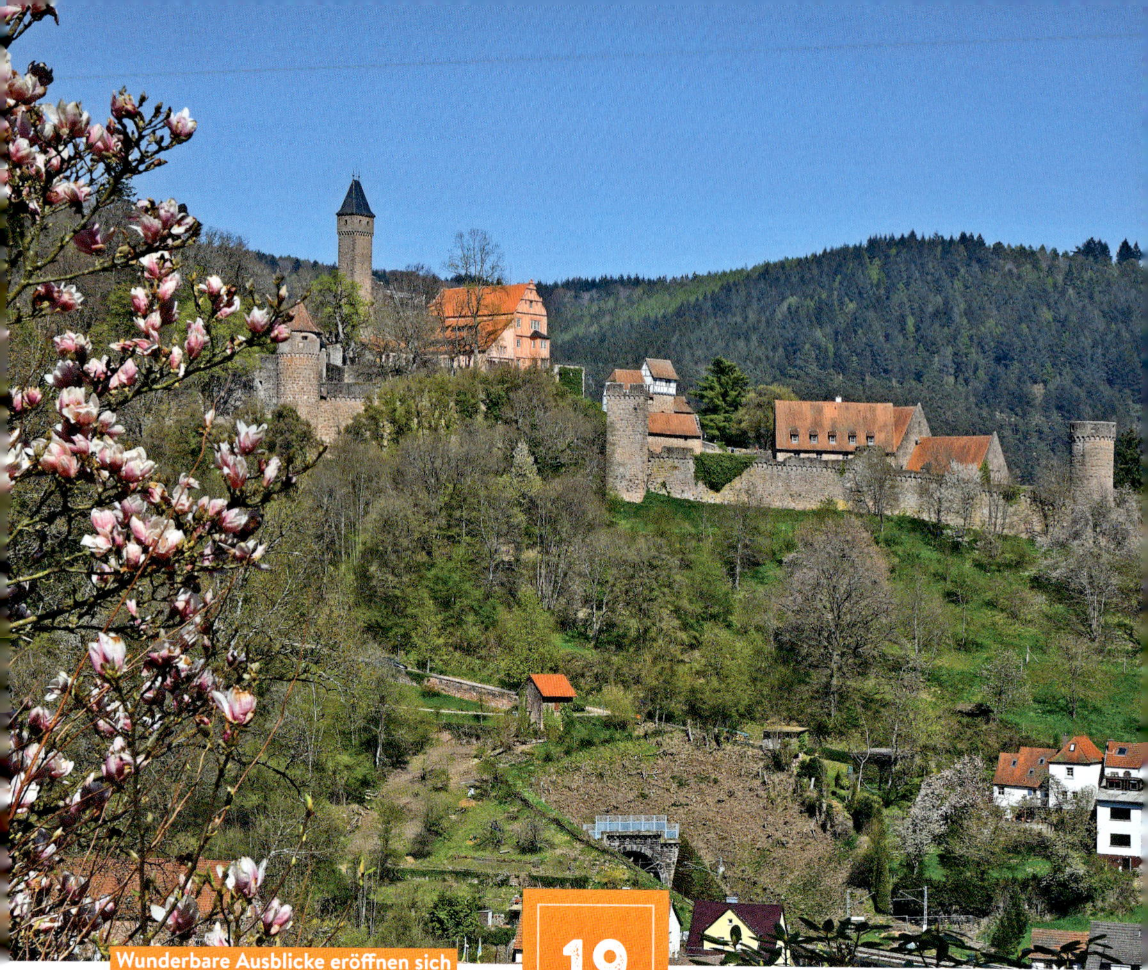

Wunderbare Ausblicke eröffnen sich auf dem Rückweg zur Burg Hirschhorn.

19

Einsiedelei unter Sandsteinfelsen

Waldbrudershütte im Ulfenbachtal

Nicht weit entfernt von der vielbesuchten Burg Hirschhorn findet man weniger spektakuläre Zeugnisse unserer Geschichte. Ein Freischärlergrab erzählt von der 1848er-Revolution. Über einen ehemaligen Grenzweg der Großherzogtümer Baden und Hessen geht es zur einstigen Behausung eines Eremiten im Ulfenbachtal.

ZUM ROTEN BILD Am **A Bahnhof Hirschhorn** überqueren wir die Gleise, biegen rechts ab und folgen sofort wieder nach links dem blauen N des Neckarsteigs, der steil bergauf waldwärts führt. In mehreren Kehren bewältigen wir den gemächlichen und unspektakulären Aufstieg am Schießbuckel und erreichen in einer Biegung des Forstwegs das **1 Freischärlergrab**.

FRIEDRICH HECKERS KUMPANEN Das metallene Kreuz unter den Bäumen gibt Zeugnis über ein militärisches Ereignis der Revolution von 1848/49 bei Hirschhorn. Die badischen Revolutionäre, unterstützt von Hanauer und Heilbronner Turnern, kämpften am 20. Juni 1849 gegen preußische und Bundestruppen um den strategisch wichtigen Neckarübergang. Es blieb bei einem Scharmützel, dem jedoch zwei Freischärler aus Eberbach zum Opfer fielen, an die das Kreuz erinnern soll.

DAS MAGISCHE ROTE BILD Weiter geht es stetig bergauf. An manchen Stellen geben die Bäume Blicke zur gegenüberliegenden Neckarseite frei. Kurz nach der nächsten Rechtswende des Forstwegs, vor dem Übergang von Buchen- in Tannenwald, verzweigt an einer Lichtung nach links ein unscheinbarer Grasweg. Wir kürzen den Fernwanderweg ab, folgen nach 50 Metern dem rechten Zweig und bleiben auf der deutlich sichtbaren Spur durch dichtes Unterholz. Nach 10 Minuten, an einem Jägersitz, stoßen wir wieder auf das blaue N und setzen auf dem Pfad fort bis zur Sitzgruppe am **2 Roten Bild**. Der magische Ort bietet eine gute Möglichkeit zur Verschnaufpause unter Bäumen. Vom gotischen Bildstock von 1524 an der Grenze des ehemaligen Klosters Schönau und der Herrschaft von Hirschhorn erzählt der Volksmund die Sage von der lebenslustigen Gräfin.

DIE VERGNÜGTE GRÄFIN Während der Burgherr der nahegelegenen Burg Hundheim (spärliche Reste davon existieren noch) auf Kreuzzug war, vergnügte sich die Gräfin anderweitig und brachte Vierlinge zur Welt. Am Neckar, wo sie die Kinder ertränken wollte, wurde sie vom Förster gestellt, der die Kinder rettete. Der zurückgekehrte Ritter sühnte am Ort des Geschehens den Frevel und ließ den Gedenkstein erstellen. Soweit die überlieferte Geschichte. Die Gravur des Schönauer und des Hirschhorner Wappens lässt jedoch eher den Schluss zu, dass sich der Bildstock in die hier zahlreichen Grenzsteine einreiht. Außerdem war er eine Sta-

Tipp

WALDBRUDER LEONHARD

Vor langer Zeit fanden arme Leute in Hirschhorn ein Findelkind vor ihrer Tür. Sie pflegten den Jungen, gaben ihm den Namen Leonhard und brachten ihn ins Karmeliterkloster. Als er erwachsen war, erzählte man ihm vom grauenvollen Schicksal seiner Eltern. Sein Vater, ein Ritter von Handschuhsheim und seine Mutter von der Burg Hirschhorn, so erfuhr er, wurden wegen Ehebruchs in ihren Stammburgen lebendig eingemauert. Nachdem Leonhard beim Schlossherrn darüber Nachforschungen anstellte, wurde er aus der Stadt verbannt und zog in den Felsunterstand im Ulfenbachtal. Bis 1969 war eine Wand des Überhangs noch mit einem Felsrelief verziert, das eine Gestalt mit erhobenen Händen zeigte, auf dessen Schultern ein Vogel saß. Ob das Fresko aus der Hand Leonhards stammt, oder sogar keltischen oder germanischen Ursprungs war, ist bis heute nicht geklärt. Ein Abguss der Tafel befindet sich im Rathaus von Hirschhorn.

INFO

TOURENCHARAKTER
Lange Streckenwanderung auf breiten Forstwegen, dazwischen urige Waldpfade. Viel Schatten

AUSGANGS-/ENDPUNKT
Bahnhof Hirschhorn (135 m)

ANFAHRT
Auto: B45 im Neckartal bis Ausfahrt Hirschhorn. Parkmöglichkeit in Neckarsteinacher Straße nahe Bahnhof; Bus & Bahn: S1/S2 bis Hirschhorn Bahnhof

GPS
49.44298, 8.89648

GEHZEITEN
Hirschhorn – Freischärlersgrab 0.45 Std. – Rotes Bild 0.30 Std. – Waldbrudershütte 1.30 Std. – Hirschhorn 1.15 Std.

EINKEHR
Unterwegs keine, Restaurants in Hirschhorn

mittel | 4.00 Std. | 13,3 km | 520 hm

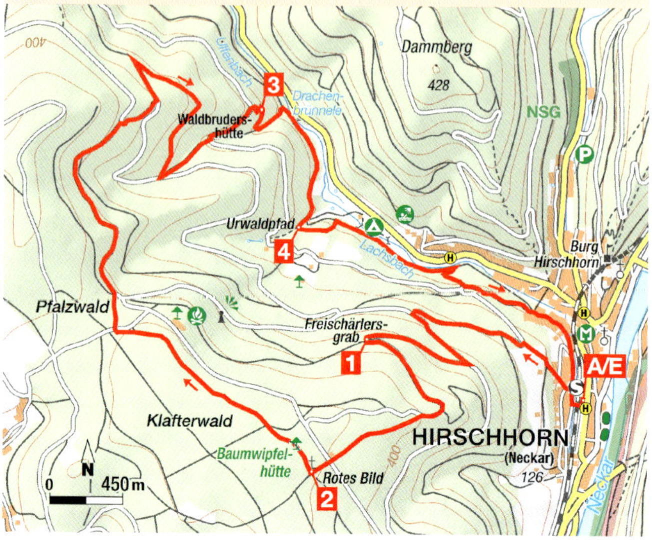

INFORMATION
Tourist-Information, 69434 Hirschhorn, Alleeweg 2, www.hirschhorn.de

tion für Pilger auf dem Weg zum oder vom Kloster Schönau.

EIN WASCHBECKEN AM BAUM Wir biegen hinter dem Bildstock rechts ab und folgen auf dem Grenzweg dem blauen Dreieck. Nach wenigen Minuten nehmen linker Hand seltsame Holzbauten mitten im Wald unsere Aufmerksamkeit in Anspruch. An Baumstämme geschraubte Waschbecken und hoch auf den Bäumen montierte Häuschen und Wassercontainer gehören zum Baumhauscamp der Evangelischen Kirche Neckargemünd-Eberbach, die hier erlebnispädagogische Freizeiten veranstaltet. Da möchte man fast nochmal Kind sein. Wir haben den höchsten Punkt unserer Tour erreicht und ziehen nun auf dem Kammweg über die Hochebene. Von Zeit zu Zeit lugen alte Grenzsteine aus Buntsandstein zwischen den Wildkirschen am Wegesrand hervor, die einst die Grenze der beiden Großherzogtümer Hessen (GH) und Baden (GB) markierten. In der Linkskurve des Weges wandern wir auf dem Grasweg geradeaus, biegen erst rechts und nach gut 200 Metern links ab in Richtung Langenthal. Düstere Tannenwaldareale wechseln ab mit Mischwald, der zuweilen Ausblicke ins Ulfenbachtal erlaubt.

ZUR HÖHLE VON WALDBRUDER LEONHARD Das wogende Geräusch der Tannenwipfel wird von sanftem Rauschen der Windräder begleitet. Wir stoßen auf die Kehre eines heraufziehenden Forstwegs, an der die Markierung nach links weist, und folgen dem unmarkierten abschüssigen Forstweg bis zur nächsten Kehre, in der wir links abbiegen und den breiten Weg verlassen. An erster Möglichkeit geht es in spitzem Winkel nach rechts auf grasüberwachsenem Weg durch jungen Nadelwald. Wir treffen wieder auf den Forstweg, biegen scharf links ab und ziehen an der Kreuzung geradeaus weiter in Richtung Langenthal. Nach 5 Minuten zweigt in der Kurve ein mit L2 markierter Pfad rechts ab ins Unterholz. Wir achten gut auf die Markierung, um nicht im Labyrinth von Felsen und Steinen vom Pfad abzukommen, der sich in Kehren hinab windet zum markanten Felsüberhang von **3 Waldbrudershütte** (siehe S. 95).

DURCH DAS GRÜNE ULFENBACHTAL

Weiter dem L2 folgend, geht es nun wahrlich märchenhaft talwärts. Die steilen Wände der Klinge lassen nur wenig Sonnenlicht durch und erzeugen durch die hohe Feuchtigkeit eine gespenstisch wirkende, moosüberzogene Fabellandschaft. Auf dem Forstweg angelangt, halten wir uns links und finden in 5 Metern Entfernung in der Rechtskehre das Schild des Drachenbrunnens. Die mit gotischem Steinwerk verzierte Quelle galt früher als heilsam. Zu mitternächtlicher Stunde zogen kinderlose Frauen zum magischen Ort und erhofften sich Kindersegen durch das Wasser. Im Tal wandern wir vor der Brücke auf rechter Uferseite des Ulfenbachs geradeaus weiter in Richtung Hirschhorn. In Höhe des Campingplatzes queren wir ein Seitental, halten uns nach der Wegkehre rechts auf dem **4 Urwaldpfad**. Kurz vor einem Blockmeer versperrt uns ein mächtiger Totholzstamm den Weg. Querwaldein nach links bergab finden wir nach 50 Metern wieder den Hauptweg und setzen rechtshaltend fort. In Höhe der Tennisplätze im Tal biegen wir in spitzem Winkel rechts ab, wenden uns sofort wieder nach links auf einen leicht überwucherten, bergauf führenden Waldweg, der auf einen breiten Forstweg mündet. An der Gabelung folgen wir dem Asphaltsträßchen nach rechts, das uns nach Waldaustritt herrliche Blicke zur Burg Hirschhorn beschert. Über den Panoramaweg geht es zurück zum **E Bahnhof**. Unbedingt empfehlenswert ist ein Besuch des eindrucksvoll über dem Neckar thronenden Schlosses.

An der Grenze der ehemaligen Großherzogtümer Hessen und Baden

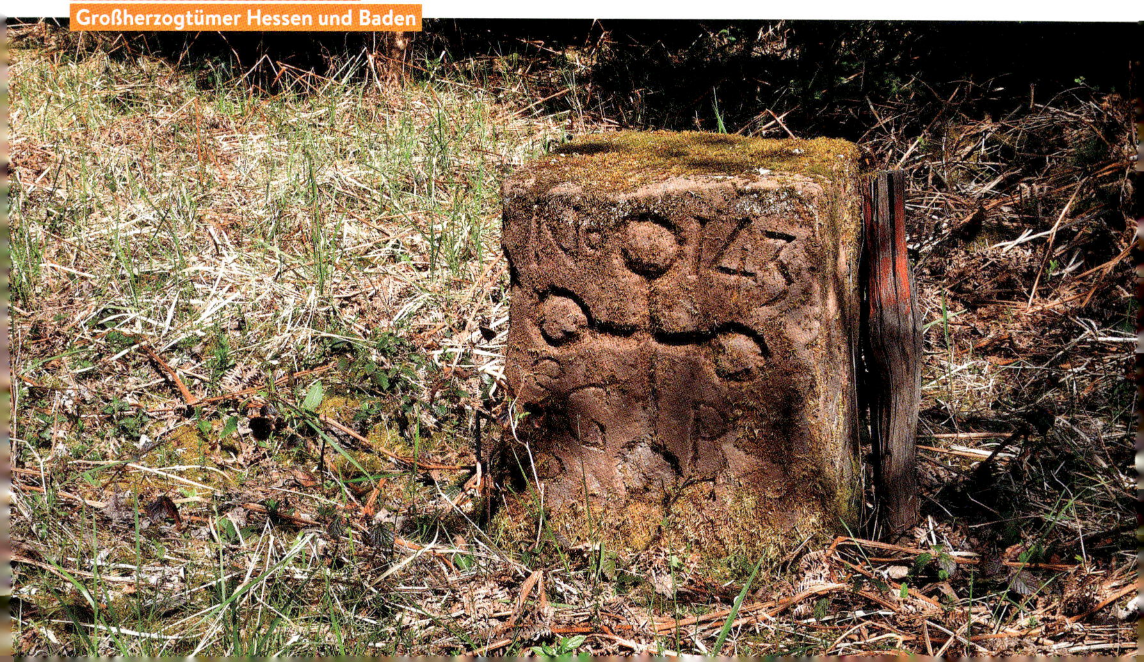

Katzenbuckel: Vulkan mit Aussicht

Zum Dach des Odenwalds

Im Erdmittelalter vor 65 Millionen Jahren erschütterte eine gewaltige Explosion die damals subtropische Flachlandschaft und hinterließ bis heute ihre Spuren. Neben dem ehemaligen Vulkan lohnt auch die Besichtigung einer großen staufischen Höhenburg in herrlicher Aussichtslage beim Gang über den höchsten Berg des Odenwalds.

20

Natur umschlingt die jahrhundertealten Tore.

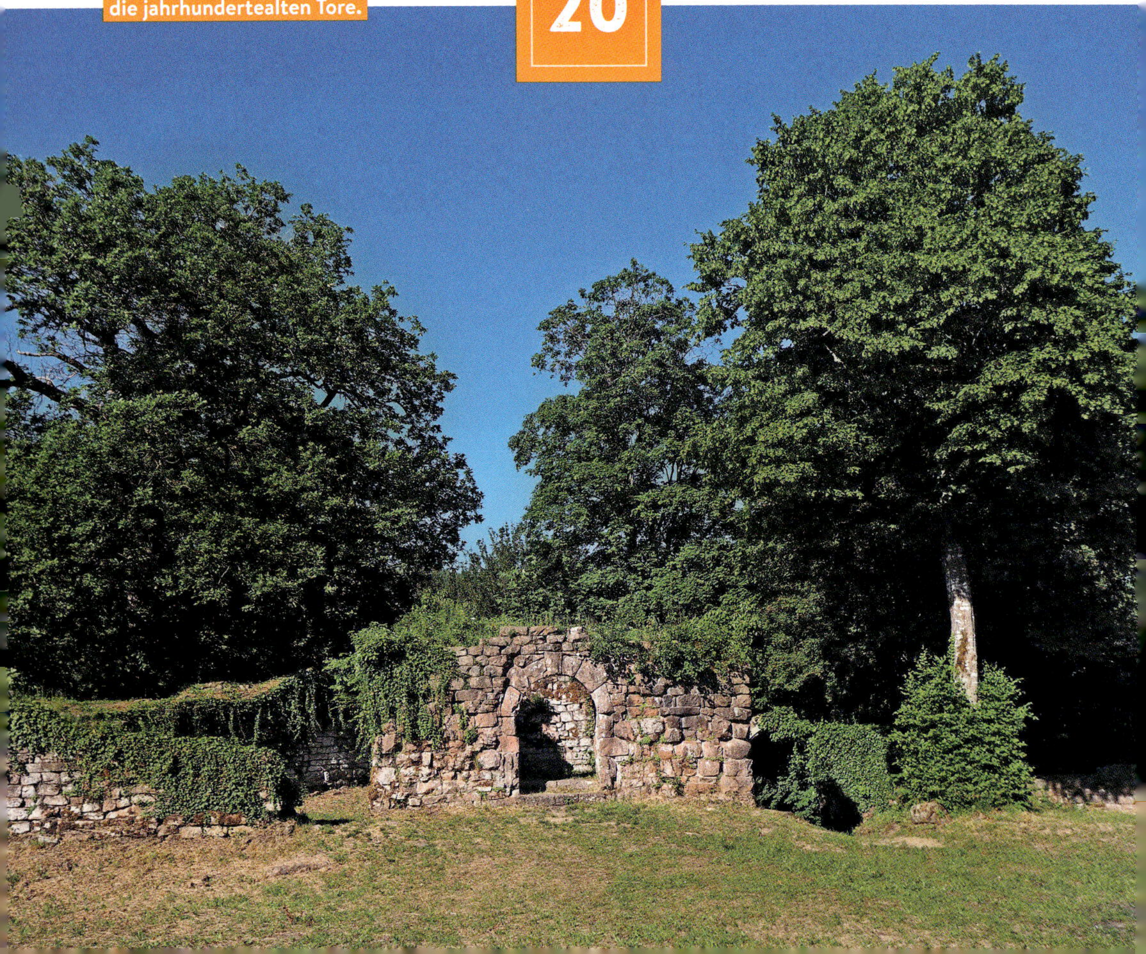

HOLDERGRUND Am **A Wanderparkplatz** Stettenrampe queren wir die Straße und gehen die steile Zufahrtsstraße hinab. An erster Möglichkeit im Tal, bei der großen Linde, biegen wir links ab. Wir folgen dem Weg talaufwärts und vernehmen schon bald nach den letzten Häusern das leise Plätschern des Holderbachs. Am Rückhaltebecken nehmen wir den rechts ins Tal führenden Schotterweg an der Kette vorbei und biegen in der Kurve links ab auf den den Bach begleitenden Pfad im **1 Holdergrund**. Am Zaun des Wildgeheges entlang verläuft der schmale Wanderweg durch das zauberhaft wuchernde Grün längs des natürlichen Bächleins, das sich lustig über Steine seinen Weg sucht. Eine stählerne Fußgängerbrücke überquerend, geht es auf dem Rotwild-Lehrpfad mitten durchs Gehege. Mit ein bisschen Glück lässt sich ein Blick auf das scheue Wild erhaschen. Kurz nach der Tafel über das Wildschwein wechseln wir nach der Schutzhütte auf die andere Talseite und gehen wieder ein Stück in entgegengesetzter Richtung zurück. Nach wenigen Metern finden wir gegenüber den Sandsteinblöcken rechts einen Pfad, der schräg den Hang hochzieht. Oben wenden wir uns nach rechts und folgen dem anfangs überwachsenen Weg. An der Gabelung bleiben wir auf linkem Zweig und erreichen wieder die Straße nach Mudau. Wir überqueren sie vorsichtig in der Kurve, halten uns an der Parkschleife links und wandern den wenig anspruchsvollen Schotterweg bergauf (gelbe 1 und 2) bis zur Rechtskurve. In spitzem Winkel nach rechts führt uns nun der Katzenbacher Pfad über Wurzeln und Steine sanft aufwärts. Je mehr wir an Höhe gewinnen, umso romantischer wird der Trail. Das Rauschen der Straße weicht der Ruhe des Waldes und Vogelgezwitscher. Grün bemantelte Felsblöcke, dazwischen Fingerhut und Farnstauden; was für eine Augenweide. An der **2 Curt-Brand-Hütte** können wir etwas verschnaufen, bevor es nach links weitergeht in Richtung Waldkatzenbach. Oben am Parkplatz des Sportgeländes biegen wir links ab, finden nach 150 Metern rechts abgehend einen Grasweg, der uns zur Zufahrtsstraße des höchsten Odenwälder Berges bringt. Noch ein paar Schritte auf Asphalt, und wir können uns erst mal in der Villa Katzenbuckel stärken.

EIN ODENWÄLDER VULKANBERG Vor der Gaststätte biegen wir rechts ab und machen am Ende des Parkplatzes einen Abstecher zum Katzenbuckelsee, der von dunklen Basaltwänden eingefasst ist. Was auf den ersten Blick wie ein Kratersee erscheinen mag, ist allerdings erst durch Basaltabbau im letzten Jahrhundert entstanden. Nach einer Sprengung drang Grundwasser empor

Tipp

EBERBACHER KUCKUCKSFRESSER

Es war im Jahr 1604, als der Eberbacher Küfer Martin am Endt vom Chirurgus Mandel zu einer knusprig gebratenen Taube im Wirtshaus eingeladen wurde. Als der Küfer sein Mahl beendet hatte, fragte ihn der Wirt, ob er denn wisse, was er gerade verspeist habe. »Kuckuck, Kuckuck«, schallte es aus der Ecke des Wirtshauses. Der hinters Licht geführte Gast fand den Spaß gar nicht lustig und verklagte den Wirt, der wiederum eine Gegenklage wegen übler Nachrede anstellte. In einem Gerichtsprozess wurde der Wirt schließlich zu einer Geldstrafe von 47 Pfund Heller verurteilt, weil er »Schimpf und Spott« über den Gast ausgebreitet hatte. Seitdem heißen die Eberbacher die Kuckucke und feiern alljährlich ihren Kuckucksmarkt.

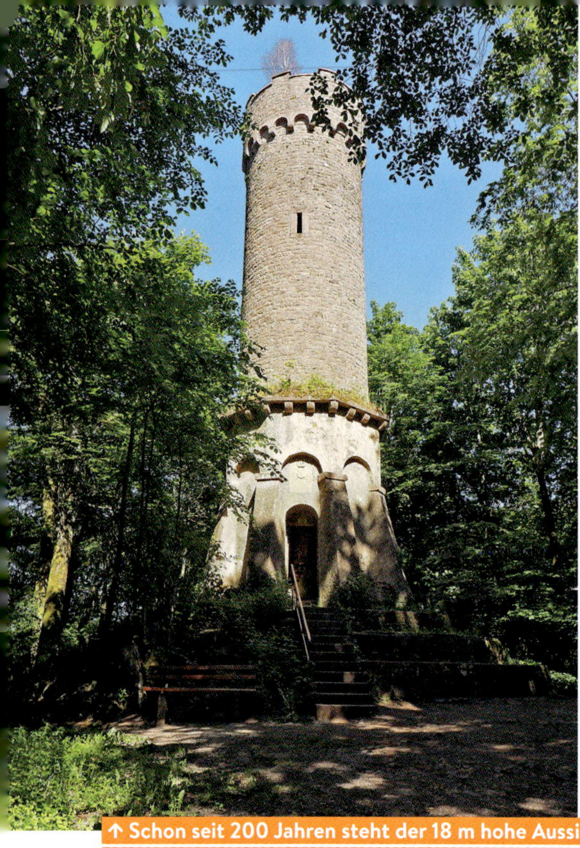

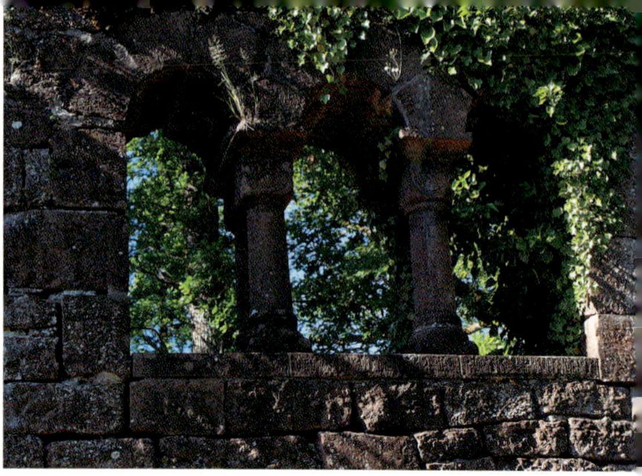

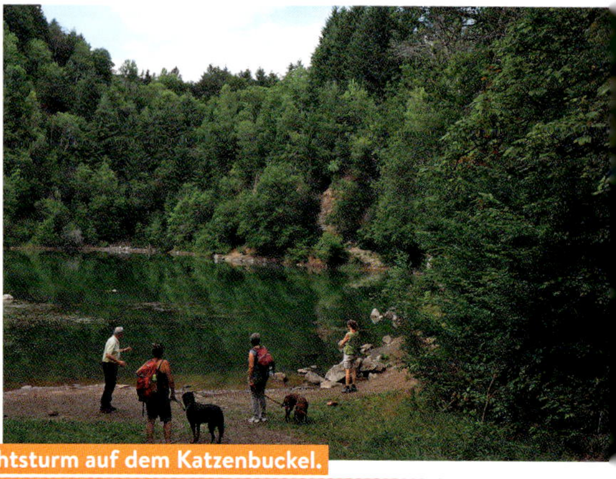

↑ Schon seit 200 Jahren steht der 18 m hohe Aussichtsturm auf dem Katzenbuckel.
↗ Romanische Rundbogen der Burg Eberbach ↗ Der Katzenbuckelsee entstand durch Basaltabbau.

und beendete den Abbau. Dadurch blicken wir heute quasi auf das Innere des einstigen Vulkanschlots. Der explosive Vulkanausbruch ereignete sich vor etwa 65 Millionen Jahren. Das basaltische Material durchdrang Buntsandstein-, Jura- und Keuperschichten, was den Fund von Fossilien in Kraternähe erklärt. Der heute sichtbare Berg ist die ehemalige phonolithische Schlotfüllung des Vulkans. Auf dem folgenden Weg der Kristalle, nach dem Stichweg links, werden die Zusammenhänge erläutert. Wir folgen dem Themenpfad, werfen noch mal von oben einen Blick auf den düsteren See und wandern an der ehemaligen Sprungschanze vorbei, dem Katzensteig folgend, hoch zum Aussichtsturm auf dem **3 Katzenbuckel** (625 m), von dem sich ein grandioser Rundblick über den südlichen Odenwald bietet.

EMICHSBURG Vom Turm aus gehen wir zuerst auf demselben Weg zurück und folgen nach der ersten Kehre links dem gelben X Richtung Burg Eberbach. An der Freya Hütte mit dem nächsten Superlativ daneben, dem höchsten Brunnen des Odenwalds, orientieren wir uns weiter am Wanderzeichen. Ganz anders als auf dem Hinweg mit dem typischen Buchenmischwald des Buntsandsteins, wandern wir auf dem basaltischen Milieu nun unter Ahorn, Eschen und Ulmen durch dichtes Unterholz. Auf breitem Forstweg, dem leider auch ein alter Sandsteinwegweiser zum Opfer fiel, ziehen wir erst durch hochstämmigen Wald, später durch ein Jungwaldareal. An dessen Ende, kurz nachdem die Bäume wieder höher werden, finden wir an der Kreuzung das Schild nach rechts zur **4 Emichsburg**. Wer Lust hat, kann den kurzen Abstecher zu den 300 Meter entfernten

INFO

TOURENCHARAKTER
Angenehme Wanderung auf meist breiten Wegen und mitunter auch Pfaden

AUSGANGS-/ ENDPUNKT
Wanderparkplatz Stettenrampe (252 m)

ANFAHRT
Auto: Von der B37 im Neckartal abzweigen in Richtung Mudau. Nach Ortsausgang, in der Rechtskehre, befindet sich der Wanderparkplatz Stettenrampe; Bus & Bahn: Bei Anreise mit der Neckartal-S-Bahn folgt man vom Bahnhof dem gelben X hoch zur Burg Eberbach und beginnt dort die Tour.

GPS
49.46643, 9.00477

GEHZEITEN
Parkplatz Stettenrampe – Curt-Brand-Hütte 1.45 Std. – Katzenbuckel 1.15 Std. – Parkplatz Stettenrampe 1.15 Std.

leicht | 4.15 Std. | 12,7 km | 490 hm

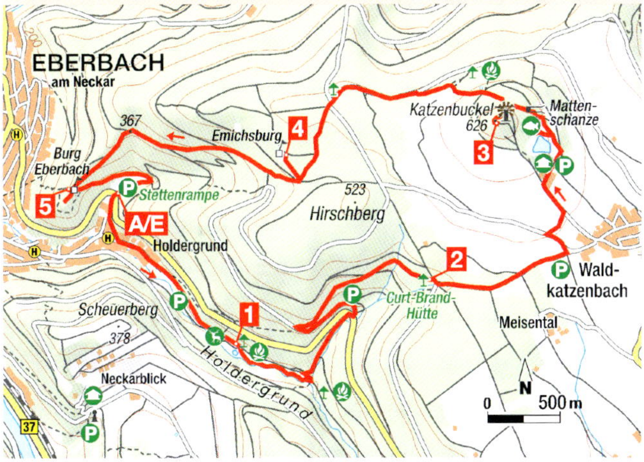

EINKEHR
Villa Katzenbuckel, Do–So ab 11 Uhr

INFORMATION
Kultur-Tourismus-Stadtinformation, Leopoldsplatz 1, 69412 Eberbach, www.eberbach.de

Mauerresten neben einem verschindelten ehemaligen Jagdhaus machen. Es handelt sich dabei um ein ehemaliges Jagdschlösschen, das 1828 von Fürst Karl von Leiningen erbaut wurde. Zurück an der Kreuzung, lassen wir uns wieder vom gelben X die Richtung weisen und erreichen nach einer längeren Etappe auf breitem Forstweg die romantische Ruine der **5 Burg Eberbach**.

BURG EBERBACH Sie besteht im eigentlichen Sinne aus drei Burgen, Vorder-, Mittel- und Hinterburg, die etwa zwischen 1175 und 1250 erbaut wurden. Erbauer der Vorderburg war Konrad von Eberbach, ein Burgvogt des Bischofs von Worms. Später gingen die Burgen als staufisches Bollwerk gegen die pfälzische Expansion in die Hände des Stadtgründers von Eberbach, König Heinrich VII., über. Ihre letzten Besitzer, die Herren von Handschuhsheim und Hirschhorn, hatten keine Verwendung mehr für die Burg und ließen sie schon zu Beginn des 15. Jahrhunderts schleifen. Erst durch Ausgrabungen seit 1909 gerieten die drei Ruinen wieder ins Blickfeld des Interesses und wurden teilweise restauriert. Besonders hübsch sind die drei romanischen Rundbogenfenster aus dem Palas der Mittelburg. Links des Gemäuers führt uns die gelbe 3 an einer historischen Steinmauer bergab, die vermutlich aus Steinen der ehemaligen Burgen besteht. Nach einem Freizeitgrundstück nehmen wir rechts den talwärts führenden Pfad und erreichen wieder unseren Ausgangspunkt am **E Wanderparkplatz Stettenrampe**.

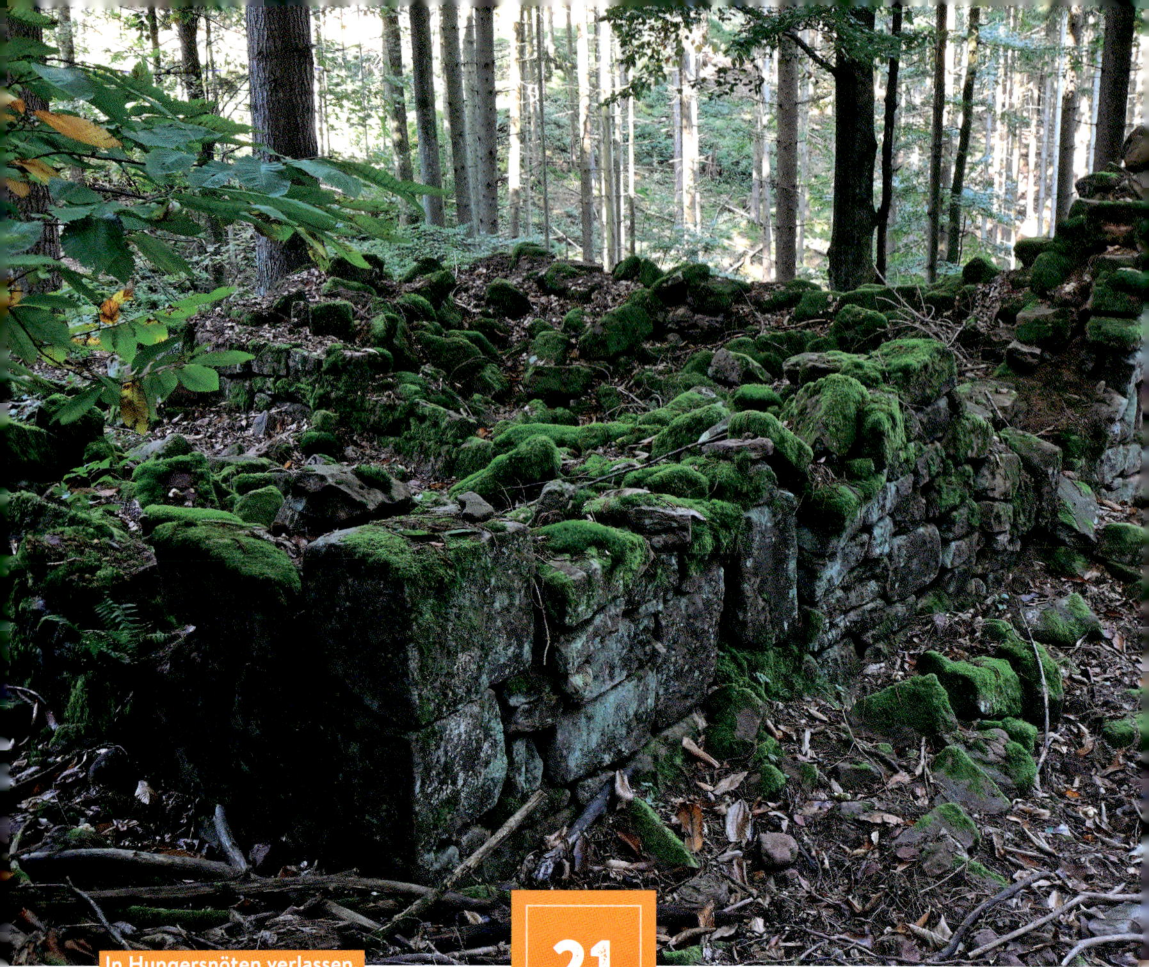

In Hungersnöten verlassen. Mauerreste des untergegangenen Unterferdinandsdorf

21

Bettelmanns Umkehr

Verlassene Dörfer auf dem Winterhauch

Nicht nur Spessart und Hunsrück, auch der Odenwald bot Unterschlupf für berüchtigte Räuberbanden. Genauso wie die arme Landbevölkerung des Winterhauchs, deren karge Böden keine Familie ernährten, gehörten sie nach den Napoleonischen Kriegen zu den Verlierern der Gesellschaft. In einem urigen Felslabyrinth hauste die Hölzerlipsbande nahe den wegen Hunger verlassenen Dörfern.

DAS UNTERGEGANGENE UNTERFERDINANDSDORF Zwischen 1720 und 1780 siedelten die kurpfälzischen und kurmainzischen Landesherren Tagelöhner und Neusiedler aus umliegenden Gemeinden an, denen im neu gegründeten Unterferdinandsdorf und auf der Höhe in Oberferdinandsdorf eine neue Existenz versprochen wurde. Dies stellte sich im Nachhinein als tragische Fehlplanung heraus, da die abgeschiedene Lage, gepaart mit kargen Böden der steilen Nordhänge, keinen Ertrag abwarf. Dazu kamen Wassermangel, fehlende Weideflächen und Missernten sowie Grenzzwistigkeiten zwischen dem kurpfälzischen Unterferdinandsdorf im Tal und dem markgräflich badischen Oberferdinandsdorf. Eine Meldung verlautete, Unterferdinandsdorf sei so arm, dass die Nachtwachen nicht mehr nötig seien, da es ohnehin nichts zu stehlen gäbe. Die Orte wurden im Volksmund auch »Bettelmanns Umkehr« genannt. In zwei Auswanderungswellen ab 1850, unterstützt vom badischen Markgrafen, verließen die am Hungertuch nagenden Familien das Land in Richtung Amerika. Zurück blieben die spärlichen Mauern der Geisterdörfer, die inzwischen fast wieder der Natur anheimgefallen sind.

EHEMALIGES DORF Vom Parkplatz im **A Reisenbacher Grund** wandern wir Richtung Tal. Unten, an der ehemaligen Mühle, halten wir uns rechts und gehen auf der gegenüberliegenden Talseite wieder bergauf und folgen der roten Raute in Richtung Steinerner Tisch. Nach dem letzten Haus leitet uns die Markierung geradeaus in den Wald. Wir übersteigen die Wildschranke und ziehen dahinter auf steilem Pfad den Hang hoch. Nach 100 Metern finden wir links Mauerreste eines Hauses des untergegangen **1 Unterferdinandsdorfs.** Auch rechts können wir Mauern im Wald ausmachen.

Tipp

HÖLZERLIPS UND MANNEFRIEDRICH

Hungersnöte infolge von Missernten und große Armut förderten zu Beginn des 19. Jahrhunderts die Bildung von Räuberbanden, deren berühmteste die Schinder-Hannes-Bande war, die vorwiegend im Hunsrück ihr Unwesen trieb. Das Pendant in Odenwald und Spessart war die Hölzerlips-Bande, deren Anführer Georg Philipp Lang zusammen mit drei Mitangeklagten im Heidelberger Blutgericht 1812 wegen eines Überfalls mit Todesfolge enthauptet wurde. Voller Reue dichtete der des Lesens und Schreibens kundige Mannefriedrich in seinen letzten Tagen im Heidelberger Kerker:

Seit dem Mai ist uns bekannt
Der Hemsbach Raub im badischen Land,
Der unser Leben hat verkürzt.
Und uns in großes Leid gestürzt.
Die Armut, die war freilich schuld,
Weil man sie nicht mehr hat geduld't.
Die großen Herrn sind schuld daran,
Dass mancher tut, was er sonst nicht getan.

Im historischen Roman von Michael Krausnick, »Beruf: Räuber«, ist das Leben und Schicksal der Räubertruppe anschaulich beschrieben.

RÄUBERHÖHLEN AM FELSENHAUS Wir überqueren einen Forstweg und ziehen weiter bergauf an der alten bemoosten Befestigungsmauer aus Bruchstein entlang (RG2). Am nächsten Wegweiser ignorieren wir die Beschilderung und ziehen geradeaus weiter ohne Markierung. Der Weg ist zwar anfangs etwas überwuchert, aber nach etwa 30 Metern gut begehbar. Wir ersparen uns dadurch eine große Schleife. Wer jedoch lieber auf ausgebautem, bequemem For weg laufen möchte, folgt einfach den Wegweisern. Bevor wir den steilen Weg hochmarschieren, machen wir noch einen kurzen Abstecher nach rechts, wo eine veritable Hausruine des verlassenen Dorfes steht. Nun geht es den etwas ruppigen Waldpfad steil hinauf. Wir überqueren einen Forstweg, der an dieser Stelle mit einer Bruchsteinmauer befestigt ist, auf der sich zwei standhafte Fichten niedergelassen haben. Am nächsten querenden Weg unterhalb eines kleinen Felsenmeers gehen wir nach links. Wir passieren einen Felsblock, in dem eine Miniatur-Heiligenfigur aufgestellt ist. War's ein religiöser Mensch oder nur ein Witzbold? Auf jeden Fall eine erheiternde Abwechslung beim mühsamen Emporwandern. Den nächsten Forstweg überquerend, finden wir die Markierung F.H., die uns zum Felsenhaus der berüchtigten Räuberbande (siehe unten) führt. In Fortsetzung der Richtung erreichen wir den

INFO

TOURENCHARAKTER

Anspruchsvolle Tour auf Feld- und Waldwegen, aber auch unwegsamen Pfaden, die jedoch umgangen werden können.

AUSGANGS-/ENDPUNKT

Reisenbacher Grund (370 m)

ANFAHRT

Auto: Im Neckartal auf B45/B37 bis Eberbach. Dort links in Richtung Mudau fahren. Ab Gaimühle auf K3921 bis Reisenbacher Grund; Bus & Bahn: Bei Anreise mit ÖPNV empfiehlt es sich, ab Mülben zu starten. S-Bahn bis Eberbach Bahnhof. Mit Bus 821 bis Mülben

GPS

49.49127, 9.10971

GEHZEITEN

Reisenbacher Grund – Steinerner Tisch 1.30 Std. – Mülben 1.45 Std. – Reisenbacher Grund 1.30 Std.

EINKEHR

Abstecher vom Höllgrund zum Landgasthaus Zur Mühle in Oberhöllgrund, Mi–So ab 11 Uhr, www.landgasthaus-zurmuehle.de. Landgasthaus Zum Grund in Reisenbacher Grund, Do–So, 11.30–14 und ab 17 Uhr, www.landgasthof-zum-grund.de

mittel	4.45 Std.	13,9 km	480 hm

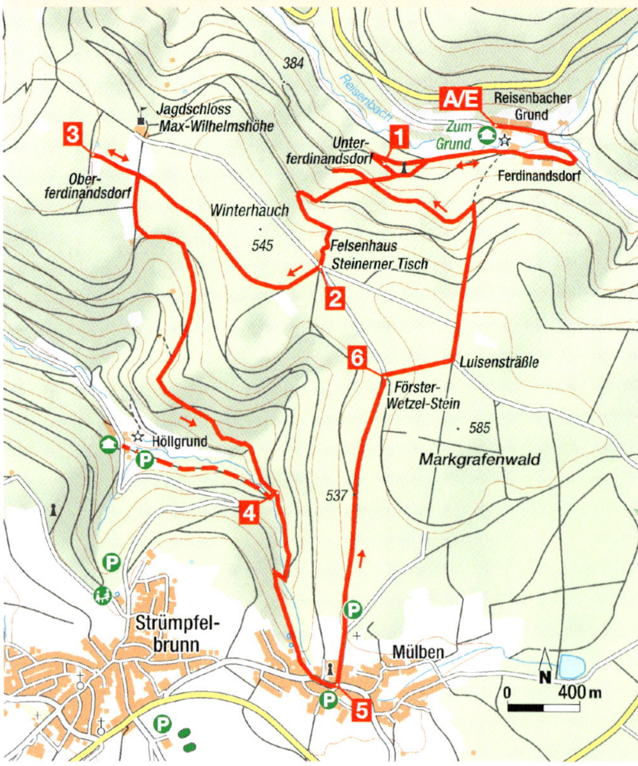

INFORMATION

www.naturpark-neckartal-odenwald.de

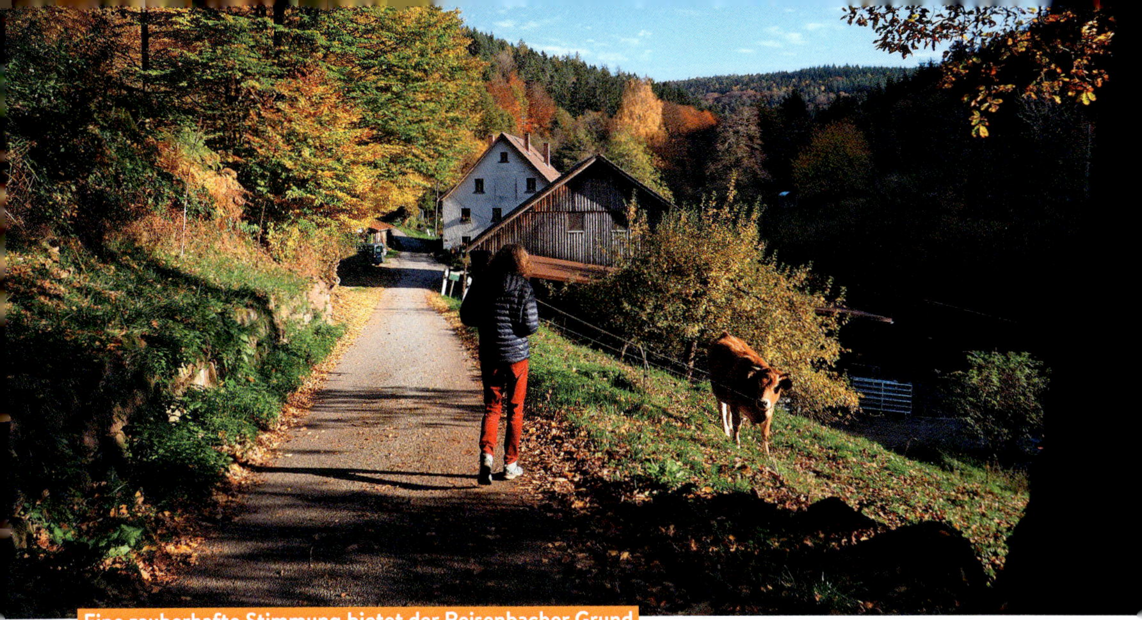

Eine zauberhafte Stimmung bietet der Reisenbacher Grund bei herbstlicher Färbung.

2 Steinernen Tisch mit der Gravur »W u M« und einem Wappen der früheren Markgrafen Wilhelm und Maximilian.

IM DUNKLEN HÖLLGRUND Am Rastplatz der früheren Jagdgesellschaften geht es rechtshaltend weiter auf dem Wanderweg mit gelbem Doppelstrich in Richtung Oberhöllgrund (4,4 km). An der Waldlichtung der Max-Wilhelmshöhe verlängern wir noch geradeaus 250 Meter zum untergegangenen **3 Oberferdinandsdorf**, von dem außer einem ehemaligen Sandsteinbrunnen und ein paar Steinplatten fast nichts mehr übrig blieb. Zurück an der Kreuzung, wenden wir uns nach rechts und folgen an nächster Verzweigung links haltend der gelben 40 in Richtung Unterhöllgrund. In sanften Kurven führt uns der Forstweg ins Tal zum **4 Höllgrund**. Wer im traditionsreichen Landgasthof Zur Mühle in Oberhöllgrund einkehren möchte, geht hier in spitzem Winkel rechts hoch und folgt 800 Meter dem Katzensteig. Ansonsten führt unser Weg nun am romantischen Höllbach die steile Klinge bergauf nach **5 Mülben**.

ZURÜCK AUF DEM ESELSPFAD Am ehemaligen Gasthof wenden wir uns nach links und orientieren uns an der roten Raute. Auf schnurgeradem Weg durchschreiten wir den herrlichen sattgrünen Tannenwald. Am Linksknick des Weges, beim **6 Förster-Wetzel-Stein** mit dem badischen Wappen und den Initialen der Markgrafen, wandern wir rechts hoch. An der Kreuzung am alten Wegweiser aus Sandstein gehen wir nach links. Wir folgen kurz dem gelben Doppelstrich, ziehen aber an der nächsten Kreuzung geradeaus weiter auf den abenteuerlichen Eselspfad, der auf direktem Weg bergab führt. Der Pfad war in früheren Jahrhunderten die direkte Verbindung der Mühle im Reisenbacher Grund mit den Ortschaften des Winterhauchs. Der anfangs ungepflegte Weg verjüngt sich zu einem deutlich sichtbaren, steil bergab führenden Pfad, der gut begehbar ist. Wir überqueren drei Forstwege und biegen am vierten, wo der Pfad nicht mehr weiterführt, links ab. Die rote Raute leitet uns zum nächsten Wegweiser und auf dem Herkunftsweg wandern wir zurück zum **E Reisenbacher Grund**, wo wir uns mit deftiger Hausmannskost stärken können.

Das verschwundene Dorf

Vom »Kurfürstenhof« zum historischen Waldlehrpfad

Durch seine Ursprünglichkeit und seine abgeschiedene Lage zählt das beschauliche Dürr-Ellenbacher Tal zu einem der schönsten Odenwaldtäler. Ein untergegangenes Dorf, von dem nur noch ein prächtiges Forsthaus erhalten ist, verleiht dem Tal eine mystische Atmosphäre, die durch den märchenhaften Waldweg hinunter nach »Schimmeldewog« noch unterstrichen wird.

Man fühlt sich wie im Märchenland.

22

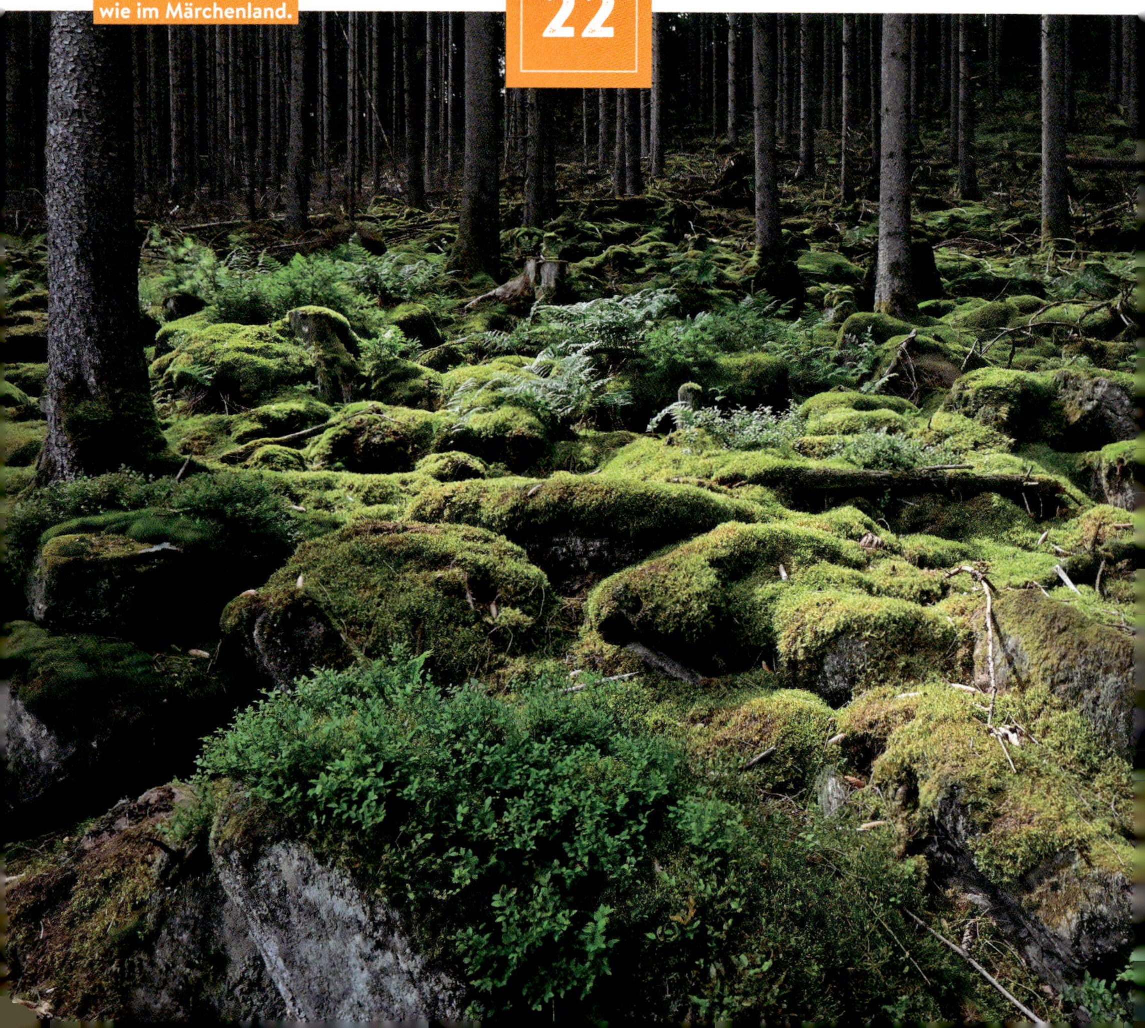

DER GESTÜRZTE FUHRMANN Gegenüber dem Geopark-Center von **A Aschbach** wandern wir rechts an der Linde vorbei die Waldstraße hoch und biegen links ab. Oben, bei einem ansehnlichen Fachwerkhaus, wenden wir uns nach rechts. Am Ende der Straße leicht linkshaltend, finden wir das Wandersymbol Gelber Punkt, das uns fürs Erste zur Orientierung dient. Vom alten Bildstock von 1799 wird erzählt, dass ein Fuhrmann mit seinem schweren Holztransport unter die Räder kam. Die Angehörigen versprachen, einen Dankesstein zu errichten, falls der schwer Verletzte wieder genesen würde, was offenbar geschah. Nach dem eingezäunten Freizeitgrundstück weisen uns die Wanderzeichen nach links. Unser Weg führt zuerst an der Flanke des Meisenbergs stetig bergauf und senkt sich wieder ab ins Ellenbachtal. Wir ziehen rechts über die Wiese zum alten Forsthaus von **1 Dürr-Ellenbach**, im Volksmund wegen seiner Größe und hochwertigen Ausführung auch »Kurfürstenhof« genannt.

DÜRR-ELLENBACH Das untergegangene Dorf steht exemplarisch für die große Not, die Mitte des 19. Jahrhunderts viele Odenwälder zum Auswandern, meist nach Amerika, veranlasste (siehe auch Tour 21). Oft waren es die geringen Größen der Grundstücke, mit denen kein Auskommen für eine komplette Bauernfamilie erwirtschaftet werden konnte. Dazu waren die Böden des Sandstein-Odenwalds nicht besonders ergiebig. Im Jahr 1852 nahmen die Einwohner das Angebot der Grafen aus Weinheim und Erbach an, die den gesamten Grund zur Erweiterung ihrer Jagdreviere aufkauften. Alle 58 Bewohner wanderten aus nach Amerika. Trotz Emigration seiner Bewohner blieb der Ort als Gemeinde erhalten und fungierte mit seinen zwei Einwohnern, der Förster mit Sohn, bis zum Jahr 1939 als »kleinste Gemeinde Deutschlands«. Das verbliebene Forsthaus ist in typisch Überwälder Fachwerkbauweise mit Untergeschoss aus Sandstein errichtet: in der Mitte des Gefaches der »Wilde Mann« über der doppelläufigen Treppe.

Tipp

GEOPFAD ASCHBACHER WIESENTAL

Ein 4,5 Kilometer langer Geopfad mit 36 Audiotafeln beginnt ebenfalls am Geocenter. Er informiert über Natur, Geschichte und Geologie rund um das Wiesental, wo Granit und Sandstein aufeinandertreffen. An ehemaligen Sägewerken, Wasserrädern und Steinbrüchen vorbei, erfährt man einiges über die meist vergangene wirtschaftliche Nutzung der natürlichen Ressourcen des Odenwalds. Aber auch Tafeln zur Waldentwicklung, Flora und Fauna gehören dazu. Der Weg ist gut beschildert und nicht zu verfehlen.

EIN TAL WIE AUS DEM MÄRCHENLAND Wir steigen am Brunnen vorbei über ein paar Stufen hoch zum Weg, wo uns der gelbe Punkt wieder aufnimmt. An der folgenden Abzweigung verlassen wird den gelben Punkt und ziehen in spitzem Winkel nach rechts in den Talgrund zur Infotafel. Gegenüber folgen wir nun dem abwärtsführenden Weg durch das Naturschutzgebiet des Dürr-Ellenbach-Tals. Kurz nach dem Wasserwerk bleiben wir auf dem linken Ast. Links plätschert der Bach, rechts bietet ein moosüberzogenes Felsenmeer eine Kulisse wie im Märchenland. Rinnsale suchen sich zwischen den begrünten Steinblöcken ihren Weg zum Bach in der Mitte des Tales. An der nächsten Verzweigung bleiben wir linkshaltend auf dem unteren Weg und

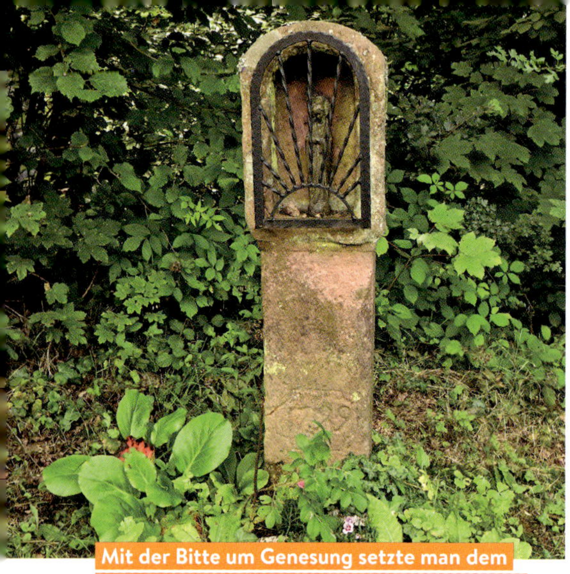

Mit der Bitte um Genesung setzte man dem verunglückten Fuhrmann einen Gedenkstein.

wechseln knapp 100 Meter danach die Talseite, indem wir scharf links abbiegen und für ein kurzes Stück fast die entgegengesetzte Richtung einschlagen. Auf dem Holzbrücklein überqueren wir den Ellenbach, ziehen hoch zum Forstweg auf anderer Talseite und wandern dort weiter bergab. Nach 10 Minuten taucht links am Wegesrand das lustige Schild des **2 Waldlehrpfads** mit dem entsprechenden Pfeil auf, dem wir nun folgen.

DER HISTORISCHE WALDLEHRPFAD Ende der 1950er-Jahre errichtete der Pädagoge Rupprecht Bayer (1915–1994) aus Ober-Schönmattenwag zusammen mit seinen Schülern den ersten Waldlehrpfad Deutschlands, der bis heute nichts von seiner Aktualität eingebüßt hat. Bis zu 80 Schilder, viele noch im holzgeschnitzten und farbig bemalten Originalzustand, erläutern die Zusammenhänge von Natur, Wasser, Tieren und Pflanzen. Themen, die im Zeitalter des Klimanotstands wichtiger denn je sind. »Ohne Wald kein Wasser – ohne Wasser kein Leben! Wollen wir leben, müssen wir den Wald schützen.« (Rupprecht Bayer).

EIN PICKNICKPILZ An ersten Infotafeln vorbei, führt uns der Waldpfad zu einem einladenden pilzförmigen Picknickplatz. Weiter schlängelt sich der Lehrpfad um die Bäume und mündet schließlich wieder auf den Forstweg. Kurz nach den Infotafeln über die Buchen sehen wir rechts eine kleine Sitzgruppe, an der vorbei wir rechts- und wieder linkshaltend über eine Brücke aus Sandsteinquadern auf die andere Talseite wechseln. Wir lassen uns weiter waldpädagogisch belehren und treffen kurz nach dem Kneippbecken auf eine Verzweigung, an der wir rechts hochziehen (Lannertzkopfweg).

ZURÜCK DURCHS ULFENBACHTAL Etwa 100 Meter nach der Rechtskehre gehen wir in spitzem Winkel nach links auf dem Ab4-Wanderweg. Mit herrlichem Blick auf das Ulfenbachtal umrunden wir den Lannertskopf und ergötzen uns an der Lobpreisung über **3 Schimmeldewog** (odenwälderisch für Ober-Schönmattenwag) neben einer Liegebank. »Schimmeldewog wie leigscht du schäi!«

EIN BOCKSBERG OHNE HEXE Die Ab4-Markierung zeigt uns weiter die Richtung an. Nach einer halben Stunde öffnet sich an einer Viehweide der Wald und wir blicken auf Wald-Michelbach. Hier können wir die Kehre abschneiden, indem wir in der Kurve geradeaus waldfeldein einem leidlich ausgetretenen Pfad folgen und wieder auf den Forstweg stoßen. Auf breitem Forstweg geht es an der Flanke des Bocksbergs weiter mit prächtigen Ausblicken zur Tromm gegenüber. Dort, wo von links der gelbe Punkt dazustößt, halten wir uns rechts. Beim nächsten Wanderzeichen kürzen wir ab und gehen links auf schmalem Waldpfad am Ehrenmal vorbei eine Etage tiefer. Wir steigen die Stufen hinab und wandern linkshaltend zurück zum **E Geocenter**.

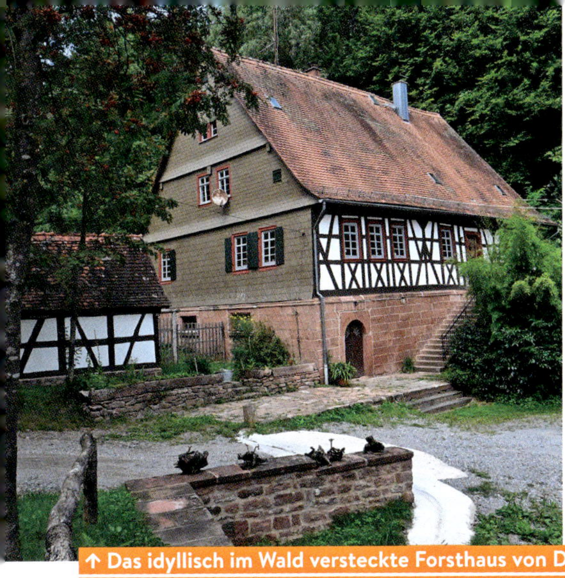

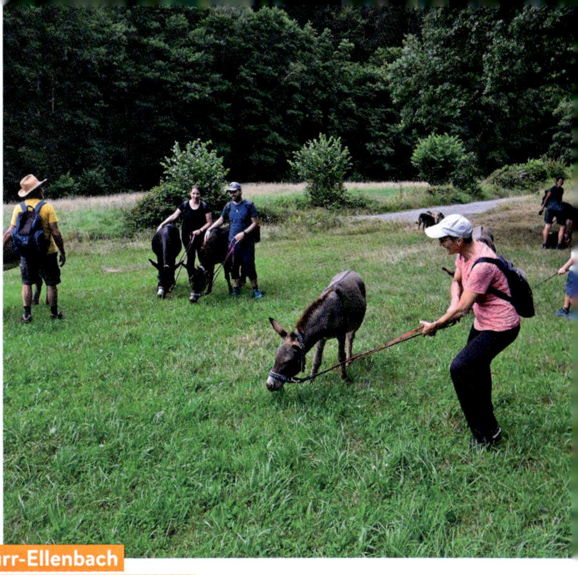

↑ Das idyllisch im Wald versteckte Forsthaus von Dürr-Ellenbach
↗ Der Umgang mit Eseln bringt Spaß und lehrt Geduld und Willenskraft.

INFO

TOURENCHARAKTER

Ruhige und abwechslungsreiche Runde durch herrliche Odenwälder Täler auf gut begehbaren Waldwegen

AUSGANGS-/ ENDPUNKT

Geopark Infocenter Aschbach (380 m)

ANFAHRT

Auto: A5 bis Weinheim, L3408 nach Ober-Abtsteinach und weiter nach Waldmichelbach. Ortsende links nach Aschbach; Bus & Bahn: Von Weinheim mit Bus 681 nach Aschbach

GPS

49.57540, 8.85385

GEHZEITEN

Aschbach – Dürr-Ellenbach 0.45 Std. – Waldlehrpfad 1.15 Std. – Schimmeldewog 0.45 Std – Aschbach 1.45 Std.

EINKEHR

Unterwegs keine. Aschbach, Gasthaus Zur Rose, Fr, Sa ab 17 Uhr, So 11.30–14 und ab 17 Uhr, www.zur-rose-partyservice.de

INFORMATION

Touristische Arbeitsgemeinschaft Vorderer Odenwald www.vorderer-odenwald.de. Geopark Infocenter Aschbach, Im Wiesental 10, April–Okt., So 13–16 Uhr

leicht | 4.30 Std. | 13,4 km | 440 hm

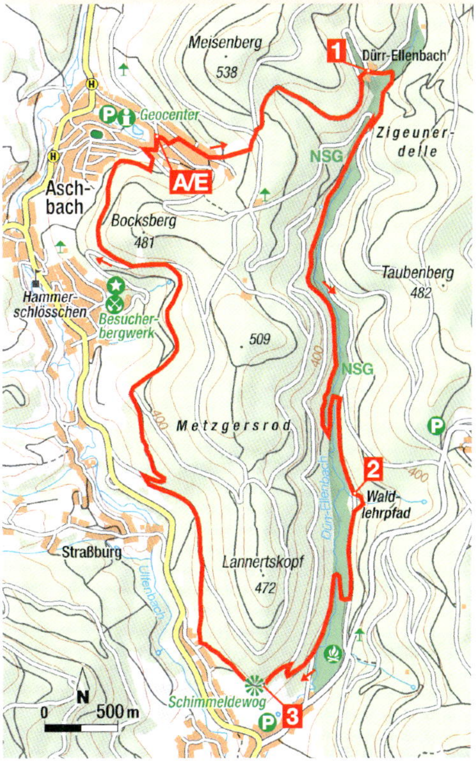

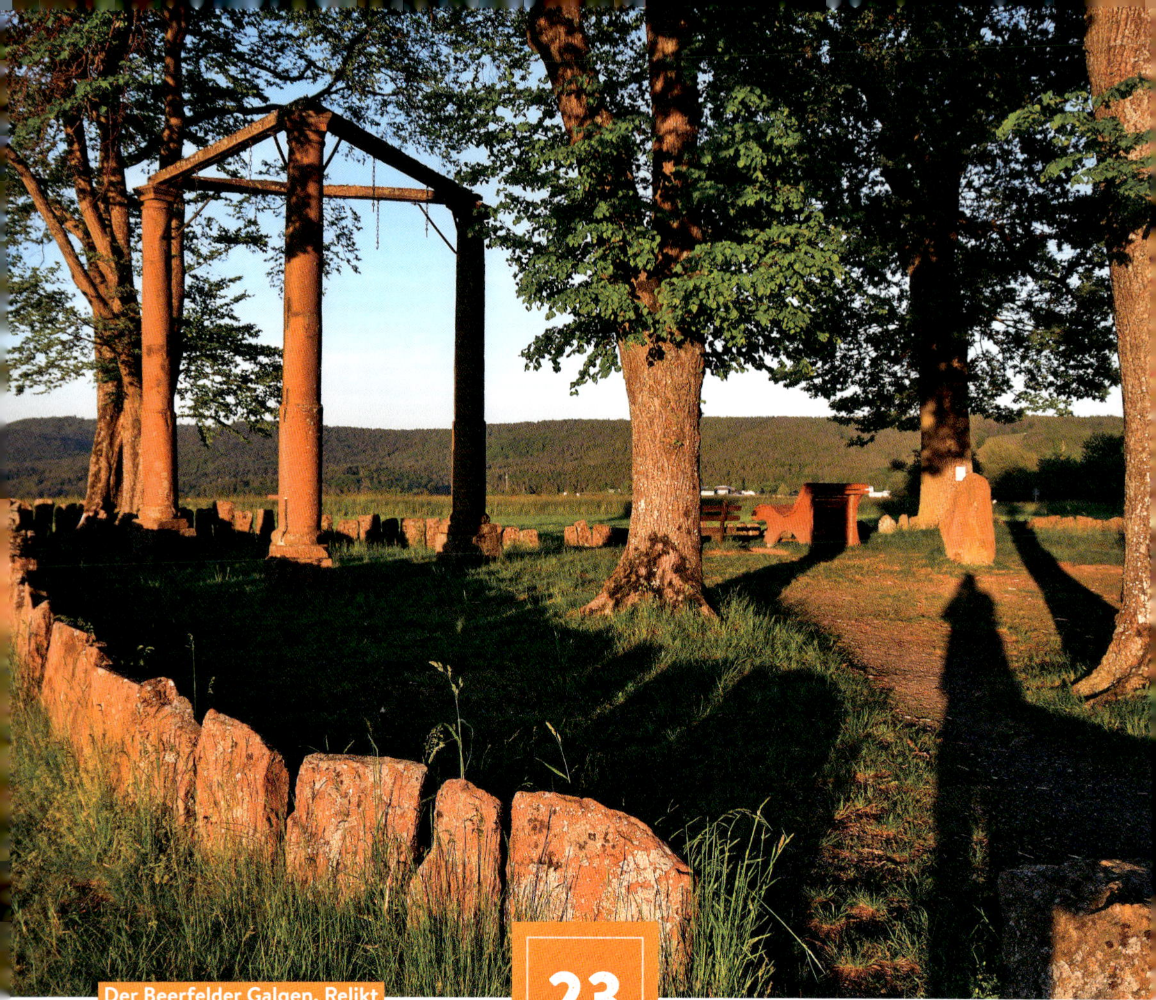

Der Beerfelder Galgen. Relikt unrühmlicher Zeiten der Vergangenheit

23

Ein Galgen mahnt

Zur Burgruine Freienstein im Gammelsbachtal

Nur noch spärliche Mauern zeugen von der Leonhardsquelle, deren angeblich heilendes Wasser im Mittelalter die Pilger in Scharen anzog. Legenden erzählen von einem unterirdischen Gang, der bis hinüber zur Burg Freienstein reichen soll. Von eher realer und schauriger Historie zeugt der dreischläfrige Beerfelder Galgen auf der Anhöhe, der Endpunkt für manch letzten Gang war.

DER ZWÖLFRÖHRENBRUNNEN Im Zentrum von **A Beerfelden**, am Zwölfröhrenbrunnen, starten wir unsere Tour rund um das Gammelsbachtal. Nach einem Großbrand im Jahr 1810 wurde die Quelle der Mümling mit zwölf Röhren vom gräflichen Baumeister neu gefasst. An sieben Säulen fließt das Quellwasser aus dem Mund von Löwenköpfen in den Sandsteintrog. Bis 1895 war der Brunnen, der heute nur noch als Blickfang dient, die Hauptwasserversorgung für die Bevölkerung.

ZU HECKMANNS RUH Wir wandern die Brunnengasse hoch bis zur zentralen Kreuzung und biegen links ab in die Gammelsbacher Straße. Am ersten Abzweig, bei der Neustraße, gehen wir nach rechts und erreichen das Schulgelände, wo wir uns links halten und den Fußweg oberhalb der Lehrgebäude nutzen. Nach der Sporthalle ein paar Stufen hinab und sofort wieder linkshaltend, geht es weiter an der Längsseite der Sportplätze entlang. Wir überqueren den Parkplatz dahinter und biegen links ab in die Lindenallee, die uns auf der gelben 2 ins Grüne führt. An der ersten Verzweigung bleiben wir auf dem geradeausführenden Weg und verlassen ihn kurz darauf nach links, wo ein Pfad die Klinge quert. Am **1 Parkplatz Gänsbuckel** queren wir die Straße und gehen nach rechts auf den Alten Gammelsbacher Weg. An der Waldkreuzung beschreiten wir das links bergabführende Teersträßchen (nicht dem Schild Malerwinkel folgen), wo sich nach der Kurve an Heckmanns Ruh ein wunderbarer Blick in den Steingrund eröffnet. Weiter talwärts umgeben zwei prächtige Linden ein stattliches, mit mächtigen Trockenmauern eingefasstes Anwesen. Das hervorragend sanierte Haus mit Krüppelwalmdach ist ein ehemaliges Jagdhaus der Grafen Erbach-Fürstenau. Das grüne Quadrat hat inzwischen die Führung übernommen und leitet uns durch den hübschen Weiler hinunter in den Talgrund. Dort queren wir die B45, ziehen hinunter bis zum Flüsschen und biegen dahinter links ab auf den »Rentnerpfad«. Auf der Hochterrasse des Gewässers führt uns der malerische Weg zu einer querenden Straße, wo wir im Links-rechts-Versatz weiter den Bach begleiten.

Tipp

DER BEERFELDER GALGEN

Der dreischläfrige Galgen wurde 1597 an Stelle eines hölzernen Gestells errichtet. Bewusst war die Hinrichtungsstätte an einer weithin sichtbaren Stelle, sollten doch die Verurteilten nochmal zur Bestrafung erblicken, was ihnen durch ihre Missetaten entging. Aber die erhöhte Stelle diente auch zur Abschreckung, da die Gehenkten noch lange Zeit danach dort baumelten. Unter einer nahegelegenen Zentlinde wurde das Urteil nochmal verkündet, daraufhin der Stab gebrochen und der Zug mit dem Sünder auf dem Schinderkarren bewegte sich durch die johlende Menge hoch zum Galgen. Die letzte Hinrichtung fand 1804 statt. Danach wurde im Großherzogtum die Todesstrafe abgeschafft.

BURG FREIENSTEIN Auf überwuchertem Pfad geht es hoch zur **2 Burg Freienstein**, die sich kühn über dem Tal erhebt. Mitte des 13. Jahrhunderts wurde die Burg auf dem Felsvorsprung von den Schenken von Erbach zur Absicherung des Gammelsbachtals nach Süden hin errichtet. Nach Plünderungen im Dreißigjährigen Krieg verfiel die Burg nach und nach und ihre Steine und Holzbalken wurden nach dem großen Brand von Beerfelden als Baumaterial genutzt. Eine gewaltige Schildmauer vor dem hangseitigen Halsgraben mit 25 Metern Höhe schützte die

INFO

TOURENCHARAKTER
Gut zu gehende aussichtsreiche Runde mit moderaten Steigungen

AUSGANGS-/ENDPUNKT
Zentrum von Beerfelden am Zwölf-Röhrenbrunnen (405 m)

ANFAHRT
Auto: Von Heidelberg auf B37 und B45 nach Eberbach, dort links der B45 folgen. Von Darmstadt über B26/B45; Bus & Bahn: Von Darmstadt mit Regionalbahn bis Erbach. Mit Bus 50 bis Beerfelden Post

GPS
49.56855, 8.97554

GEHZEITEN
Beerfelden – Gänsbuckel 0.30 Std. – Burg Freienstein 1.45 Std. – Leonhardskapelle 1.30 Std – Beerfelden 1.15 Std.

EINKEHR
Gammelsbach, Neckartalstraße, Gasthof Zur Krone, Fr–So, 11.30–14 und ab 17 Uhr, Di–Do nach Anmeldung, www.odenwald-gasthof-krone.de. Landgasthof Grüner Baum, Mo–Do ab 17.30, Fr–So, 11.30–14 und ab 17.30 Uhr, www.hotelgruenerbaum.de

INFORMATION
Magistrat 64760 Oberzent, Metzkeil 1, www.stadt-oberzent.de

mittel | 5.00 Std. | 15,9 km | 380 hm

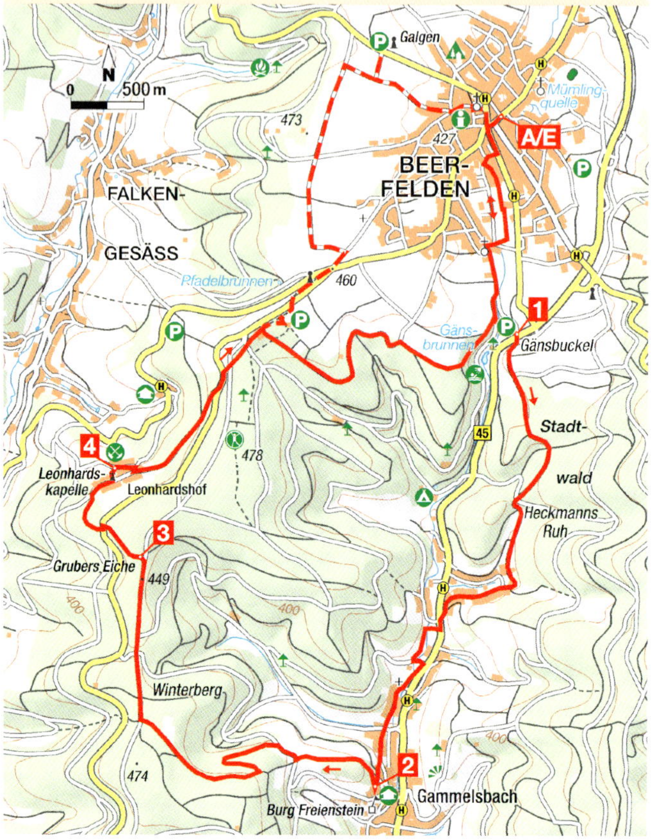

Anlage vor Angriffen von der Bergseite. Diese stürzte im März 1988 ein.

ZU GRUBERS EICHE Nach Besichtigung steigen wir den gut markierten Hohlweg weiter hoch (S6). Oben übernimmt das grüne Quadrat die Führung, leitet uns an einer Gabelung zuerst nach rechts und kurz darauf an der Verzweigung der Feldwege nach links. Auf weichem Waldboden geht es nun stetig bergan. Auf der Höhe verzweigen wir nach rechts in Richtung Finkenborn und wandern an einem jungen Birkenhain entlang. Der Waldpfad mündet auf einen Höhenradweg, wo wir rechts abbiegen. Das grüne Quadrat verlässt uns hier, stattdessen übernimmt wieder S6 die Führung. Es folgt eine gut 1 Kilometer lange Durststrecke auf schnurgeradem Waldweg bis zu einem Wegestein. Hier biegen wir links ab und können am idyllischen Picknickplatz **3 Grubers Eiche** unsere Vesperbrote auspacken. Danach überqueren wir die Landesstraße in einer gefährlichen Kurve (Achtung: Motorradfahrer).

Auf weichem Waldpfad gelangen wir zum fast alpin wirkenden Weiler Leonhardshof. Hier heißt es ein bisschen aufpassen. Vor einer Holzscheune zeigt das Wanderzeichen nach links auf einen kaum wahrnehmbaren Wiesenweg. Rechts hinter dem verschindelten Haus finden wir die spärlichen Grundmauern der **4 Leonhardskapelle**.

EIN HAUS FÜR DEN HEILIGEN LEONHARD Man kann kaum mehr erahnen, dass an dieser Stelle im Mittelalter eine bedeutende Wallfahrtsstätte war, deren heilige Quelle schon die Germanen aufsuchten. Eine ursprüngliche Holzkapelle, die die Mönche des Klosters Lorsch errichtet hatten, musste bald einer geräumigeren Kirche aus Stein in gotischem Stil weichen. Das Gotteshaus wurde dem heiligen Leonhard geweiht, der im Mittelalter Schutzpatron der Tiere war. Nachdem von der Grafschaft Erbach der lutherische Glauben eingeführt wurde, endeten die Wallfahrten. Die Kapelle wurde aufgegeben und im Dreißigjährigen Krieg endgültig zerstört.

AUS KUMMER INS KLOSTER Eine Sage erzählt von einem Nonnenkloster neben der Kapelle. Eine Braut, deren Ritter nicht vom Kreuzzug heimgekehrt war, trat aus Kummer als Nonne dort ein. Als eines Tages ein Ritter ans Tor klopfte, erkannte sie ihren früheren Bräutigam. Als sie sich küssten, wurden beide vom Blitz erschlagen. An jener Stelle blühte eine weiße und eine rote Rose.

AM HEILIGEN WASSER VORBEI Unten an der Querstraße finden wir den Leonhardsbrunnen, an dem das »Heilwasser« immer noch hervorsprudelt. Die Markierung leitet uns wieder in den Wald, wo wir erneut die Straße überqueren. Am kunstvoll gemalten Wegweiser verzweigen wir nach links in Richtung Beerfelden und ziehen hinter der Liegebank rechts in den Wald. Für die Variante geht es geradeaus weiter zum Waldparkplatz. An der nächsten Kreuzung halten wir die Richtung bei und biegen nach der Schutzhütte rechts ab. Die gelbe 2 bringt uns auf einem informativen Waldlehrpfad zurück.

VARIANTE ÜBER DEN BEERFELDER GALGEN Eine asphaltlastige Variante führt an der schaurigen Hinrichtungsstätte vorbei: Am Wanderparkplatz Vogelherd überqueren wir die Straße, gehen parallel dazu in nordöstlicher Richtung am Ehrenmal vorbei, überqueren die Landesstraße und biegen links und an erster Möglichkeit rechts ab (gelbe 2). Nach dem langen Wirtschaftsweg durch die Felder haben wir schon aus der Ferne den Galgen in Sichtweite. Der Weg zurück in den **E Ort** ist selbsterklärend.

Ein Teil der gewaltigen Schildmauer von Burg Freienstein stürzte 1988 ein.

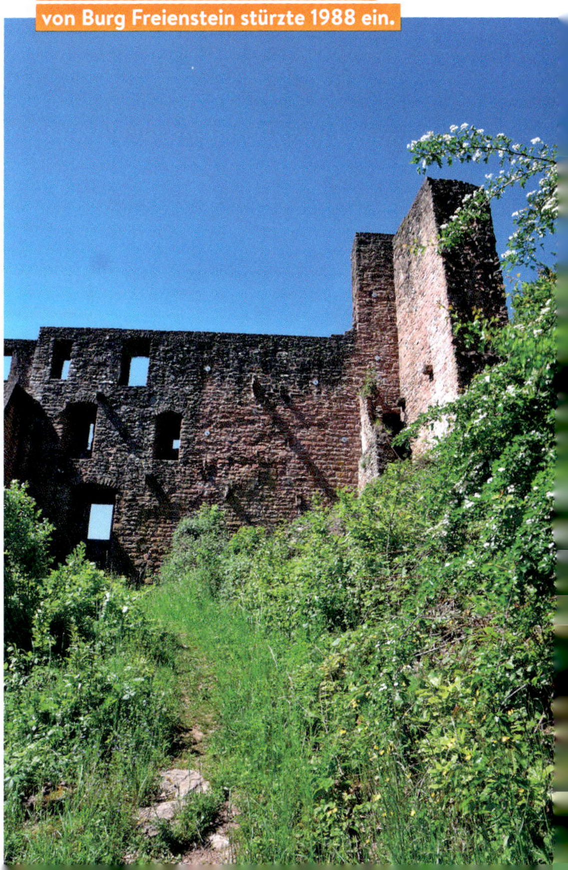

Von Römern und christlichen Pilgern

Am Odenwaldlimes

Römer, die ihre Götter Mars und Jupiter anbeteten, und Christen, die auf zahlreichen Bildstöcken die Muttergottes oder das Wunder von Walldürn verehren. Vielen Relikten zweier Kulturen, die im Lauf der Geschichte ineinander verschmolzen, begegnen wir auf dieser Tour am ehemaligen Odenwaldlimes.

24

Römische Götterstatuen vor einem einstigen Tempel am Odenwaldlimes

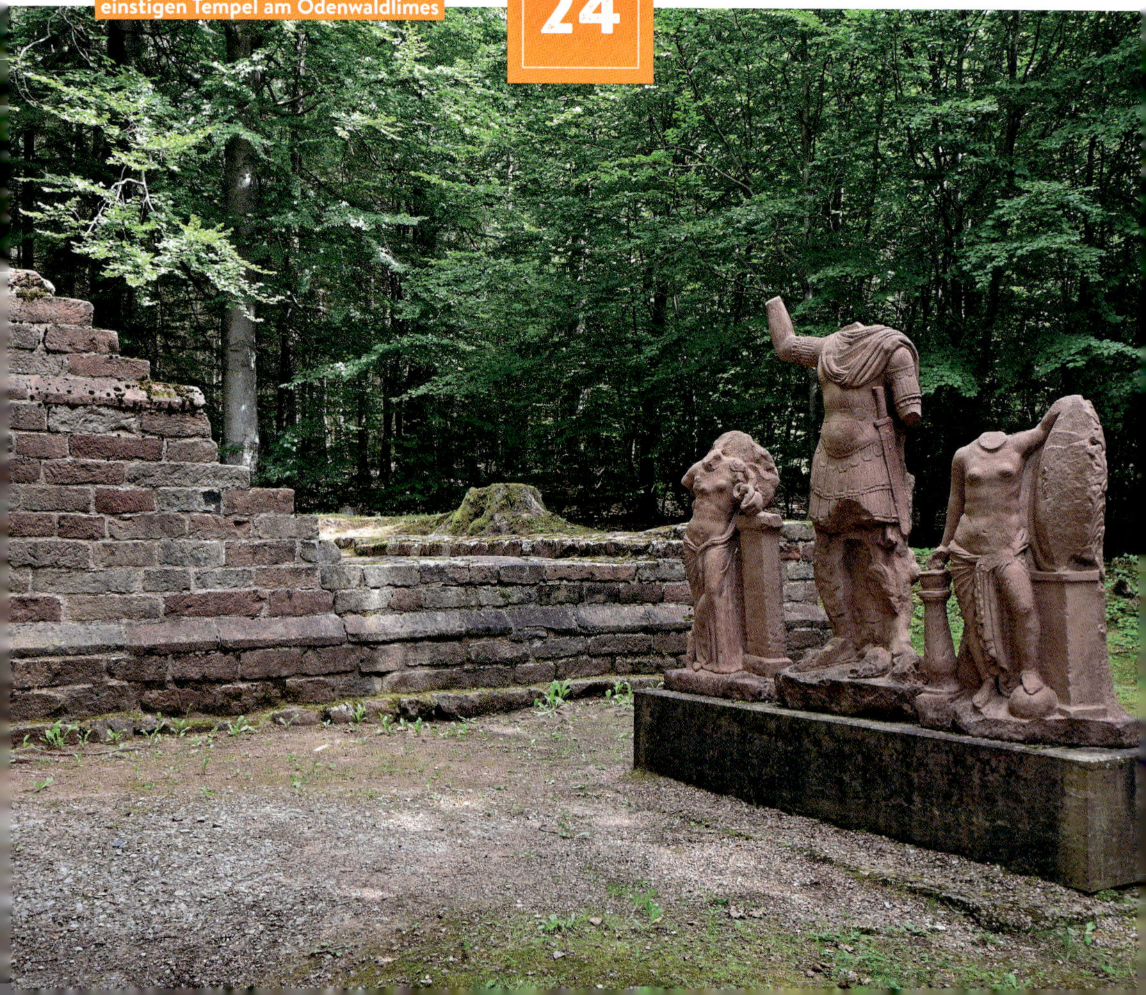

REGIN DER SCHMIED Los geht's am Bahnhof von **A Kailbach**. Auf der Zufahrtsstraße begegnet uns wieder ein Fingerzeig auf die Nibelungensage. Bei Regin dem Schmied hatte Siegfried sein magisches Schwert Balmung geschmiedet, mit dem er den Drachen besiegte. Wir setzen auf der Straße fort und verlassen sie auf den Friedrichspfad, der uns in den Talgrund der Itter geleitet (gelber Punkt). Nach einem Links- und Rechtsschwenk geht es nun sanft, aber stetig an der Flanke des Sachsenbergs hinauf. An einer Verzweigung bleiben wir auf dem geradeaus führenden Forstweg, der uns zu einem Mobilfunkmast bringt. Zehn Meter dahinter geht ein alter verwegener Hohlweg rechts ab. Wer dem Weg nicht traut, folgt der Markierung weiter. Der romantische Holzabfuhrweg wird mit zunehmender Höhe gut begehbar und endet an einer kleinen Lichtung bei der **1 Platte**, wo uns der gelbe Punkt wieder aufnimmt.

Tipp

DAS BLUTWUNDER VON WALLDÜRN

Im Jahr 1330 stieß der Walldürner Priester Heinrich Otto versehentlich den mit Messwein gefüllten Kelch um, worauf sich auf dem Tuch das Bild des Gekreuzigten abzeichnete. Vor Schreck versteckte er das Leintuch hinter dem Altar und erzählte erst nach 50 Jahren auf dem Sterbebett davon. Es dauerte noch einmal Jahrzehnte, bis das Wunder vom Papst anerkannt wurde. Die damit verbundene Ablassgewährung der Walldürner Kirche mit dem Blutaltar, in dem der Schrein mit dem heiligen Tuch aufbewahrt ist, lockte in der Folge zahlreiche Pilger an. Bis heute ist der Pilgerstrom nicht abgerissen. Jährlich strömen bis zu 100 000 Besucher zur Wallfahrtsbasilika St. Georg nach Walldürn.

DER MUDAUER MEISTER Keine 100 Meter dahinter finden wir links einen herrlichen Bildstock aus Sandstein der »ex voto« (aufgrund eines Gelübdes) von »Johanes Galm und Catarina desen Ehweib von Schlosach Ano 1800« hier aufgestellt wurde und an den Unglückstod eines Angehörigen erinnern soll. Auf dem Motivstein ist das Walldürner Blutwunder aufgeführt (siehe oben rechts). Mehr als 41 Bildstöcke, viele mit ähnlichen Motiven, finden sich rund um Schloßau. Da sie in Werkstoff und Gestaltung alle gleichartig sind, konnten sie dem »Mudauer Meister« (MM) Ignatz Englert, einem Steinmetz und Maurermeister, zugeordnet werden, der die Werke zwischen 1790 und 1810 schuf.

MORD AN DER SEITZENBUCHE Wir folgen dem Forstweg bis zur Kreisstraße, gehen dort nach links und sofort wieder nach rechts, wo wir das grüne L des Limeswegs finden, das uns auf weichem Waldboden über die Höhe geleitet. Schon nach wenigen Metern treffen wir auf die Überreste des römischen Wachturms 10/36 Fischerpfad. Nicht weit entfernt, an der Straßenkreuzung bei der Seitzenbuche, befand sich ein Kleinkastell mit einer Besatzung von ca. 40 Mann, die den Passübergang kontrollierten. Die Seitzenbuche verdankt ihren Namen dem Überfall auf den fürstlichen Forstgehilfen Johann Sebastian Seitz, der hier im Oktober 1819 von Wilddieben an eine mächtige Buche gefesselt und ermordet wurde.

ZU RÖMISCHEN GÖTTERN Weiter geht es auf grünem L zum eindrucksvollsten Wachtposten am Odenwaldlimes, dem Wachturm 10/31, genannt **2 Schneidershecke**. Drei Götterstatuen, deren Repliken hier aufgestellt sind, waren in einer Nische am Ende einer Freitreppe aufgestellt. Dabei handelt es sich um den Kriegsgott Mars mit Brustpanzer, die Siegesgöttin Victoria und Salus, die Göttin der Gesundheit und des Wohlbefindens. Die Originale stehen im Römermuseum Osterburken.

DAS SCHLOSSAUER KASTELL Wir marschieren weiter, bis sich am Waldrand ein Blick über die flachgewellte Hochfläche rund um das Waldhufendorf Schloßau eröffnet. Auf dem asphaltierten Wirtschaftsweg biegen wir links ab. Sofern die Wiese gemäht ist, können wir am Baumsolitär nach wenigen Metern die Straße nach rechts verlassen. Dabei treffen wir auf einen fast vom Unterholz bedeckten Bildstock, diesmal ohne Inschrift. Am Ortsbeginn informieren zwei Hinweistafeln über das Schloßauer Kastell, das mit seinen 80 Metern Seitenlänge etwa 150 Soldaten beherbergte. Davon zeugen nur noch Bodenfunde, die nach Ausgrabung und Vermessung geborgen wurden. Im Ortszentrum von **3 Schloßau** halten wir uns an der Durchgangsstraße rechts und überqueren an der kleinen Grünanlage nach links die Straße. Gegenüber der Sitzbank, im Vorgarten eines Privathauses, steht ein wunderbarer Bildstock, der vermutlich ebenfalls aus der Hand des Mudauer Meisters stammt.

EIN BILDSTOCK IM FELD Der Sl2-Wanderweg führt uns aus dem Ort stramm geradeaus an den Feldern entlang. Kurz nach einem sehr alten Exemplar einer Stele, hinter deren Vergitterung früher vermutlich eine Muttergottes für die Fruchtbarkeit der Felder sorgen

INFO

TOURENCHARAKTER
Anspruchsvolle Streckenwanderung zum Kamm des Hohwalds und zur Hochebene um Schloßau. Auf Forstwegen wieder hinab ins Ittertal

AUSGANGS-/ENDPUNKT
Bahnhof Kailbach (250 m)

ANFAHRT
Auto: Von Heidelberg über B37/B45 bis Eberbach. Von dort das Ittertal hoch bis Kailbach Bahnhof; Bus & Bahn: Von Frankfurt verkehrt die Odenwaldbahn direkt nach Kailbach. Von Heidelberg mit S1/S2 nach Eberbach. Dann mit der Odenwaldbahn nach Kailbach

GPS
49.53953, 9.07806

GEHZEITEN
Kailbach – Platte 1.45 Std. – Schloßau 1.30 Std. – Galmbach 1.15 Std. – Kailbach 1.30 Std.

schwer | 6.00 Std. | 16,6 km | 540 hm

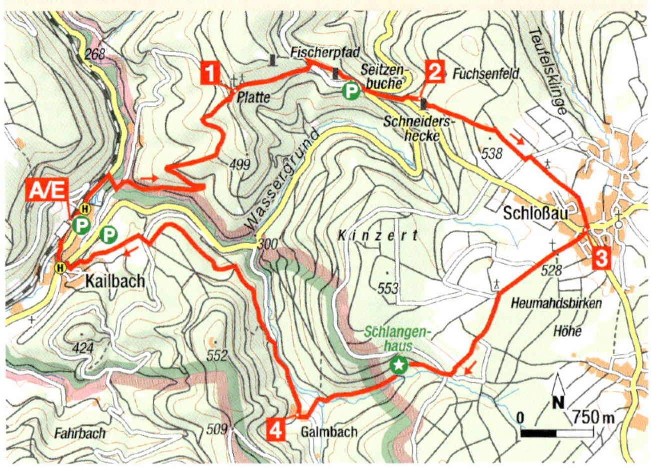

EINKEHR
Schloßau, Pizzeria Castello, Fr–Mi ab 17 Uhr

INFORMATION
Magistrat, 64760 Oberzent-Beerfelden, Metzkeil 1, www.stadt-oberzent.de

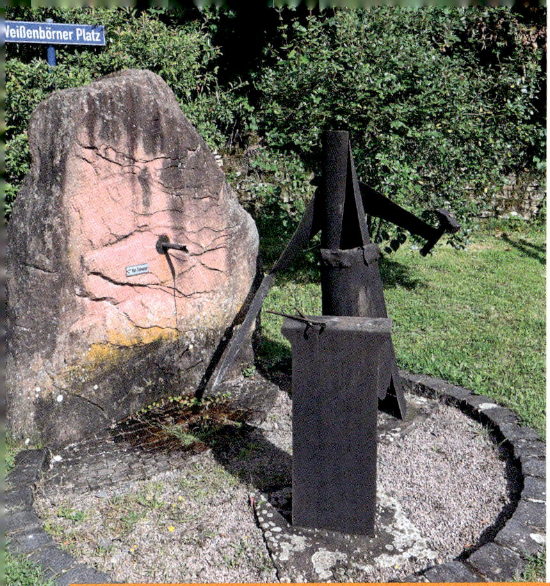

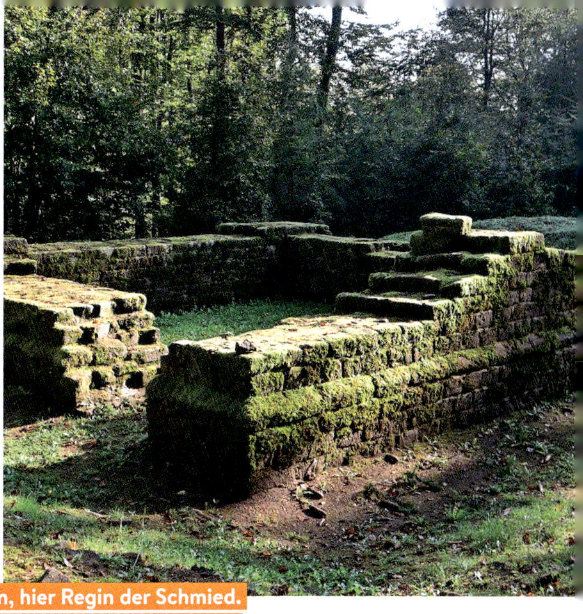

↑ Man trifft sie überall im Odenwald: die Nibelungen, hier Regin der Schmied.
↗ Grundmauern des römischen Wachtpostens Fischerpfad am Odenwaldlimes

sollte, biegen wir links ab. Im Wald weist der Sl2 nach links, wir gehen hier geradeaus am Waldrand weiter für eine nette Abkürzung. An der Unterkante der Wiese finden wir einen Pfad, der auf einen Forstweg mündet, an dem das grüne Quadrat nach rechts zeigt.

DAS SCHLANGENHAUS Nach 10 Minuten taucht am Wegesrand, fast von der Natur verschlungen, die Ruine des Schlangenhauses auf. Durch das Pflanzenkleid ist nur noch mit Mühe Mauerwerk zu erkennen. Der Legende zufolge bewohnte ein Förster mit seiner Frau das Haus. Eines Abends fuhr der Waidmann mit der Kutsche ein Muttergottesbildnis um. Ohne sich um den Schaden zu kümmern, kehrte er nach Hause zurück. Wenige Tage später fand seine Frau voller Schrecken unzählige Schlangen, die sich im Keller ringelten. In seiner Not fragte der Jäger den Pfarrer um Rat und gestand ihm den Vorfall mit dem Bildstock. Der riet ihm, den Schaden ordentlich zu beheben und dabei ein paar Gebete zu sprechen. Er tat, wie ihm geraten, stellte das Bildnis wieder auf, aber herzlos und ohne sich Mühe zu geben. Nach einiger Zeit hörte er erneut die Schreie seiner Frau aus dem Keller. Die Schlangen waren wieder da. Daraufhin verließen die Eheleute für immer das Haus.

EIN VERLASSENES DORF Am alten Teich vorbei, kommen wir zum gerodeten Areal der einstigen Siedlung **4 Galmbach**. Die 30er-Jahre des 19. Jahrhunderts waren Jahre mehrerer Missernten. Im Odenwald herrschte vielerorts große Armut (siehe auch Touren 19 und 27). Während die arme Landbevölkerung nichts mehr zu essen hatte, trachteten manche Fürsten danach, ihre Jagdgründe zu erweitern. Galmbach lag genau im Zentrum des geplanten neuen Jagdreviers. Da die feuchten Wiesen im Talgrund ohnehin wenig hergaben, nahmen die Bewohner das Angebot zur Umsiedlung dankend an. So wurden die rund 150 Einwohner in benachbarte Dörfer verlagert, nur das Forsthaus Eduardsthal blieb erhalten. Am Galmbach entlang und vorbei am »Hosenscheißer Sitz« – einem Jagdsitz in Bodenhöhe für kletterfaule Jäger – führt uns das grüne Quadrat zurück nach Kailbach. Im Talgrund geht es links über den Bahnpfad hoch zum **E Bahnhof**.

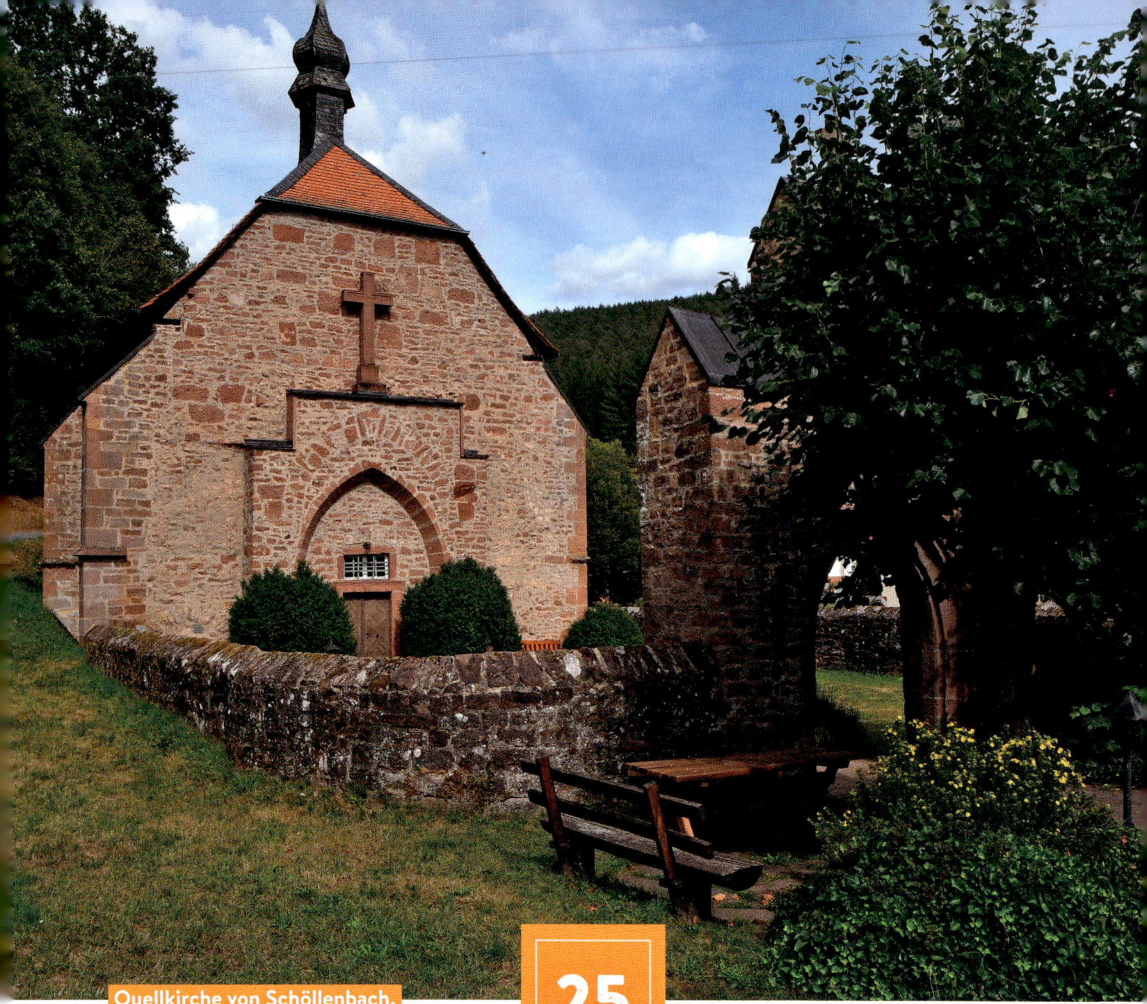

Quellkirche von Schöllenbach. Noch heute wird das Taufwasser der Quelle entnommen.

25

Odenwälder Quellkirchen

Über römische und neuzeitliche Grenzen

Quellen galten oft sowohl unseren germanischen Vorfahren als auch den Römern und im Mittelalter als heilig und verehrungswürdig. In vielen Sagen und Legenden spielen sie eine zentrale Bedeutung. Gleich zwei solcher ehemals heiligen Stätten begegnen wir auf einer abwechslungsreichen Tour rund um das Höhendorf Hesselbach.

QUELLKIRCHE VON SCHÖLLENBACH

Man fühlt sich fast zurückversetzt in Kindertage, wenn man der Odenwaldbahn im Bahnhof Hesseneck- **A Schöllenbach** entsteigt. Das Bahnhöflein sieht original aus, wie jene Faller-Häuschen der Modellbahnen, die Generationen von Kindern beglückt haben. Von dort ziehen wir hinab zur Durchgangsstraße und besichtigen erst einmal die kleine, früher aber bedeutende Quellenkirche. Die Kirche von Schöllenbach wurde Mitte des 15. Jahrhunderts von den Schenken zu Erbach über einer Quelle erbaut und entwickelte sich zu einer viel besuchten Marien-Wallfahrtsstätte.

HESSELBACH Der Nibelungensteig weist uns am munteren Euterbach entlang aus dem Ort, windet sich in Serpentinen zwischen Farn und Heidekraut bergan und entlässt uns an einem Picknickplatz auf der Hochebene. In **1 Hesselbach** an der ehemaligen Schule ignorieren wir den Linksabzweig des Nibelungensteigs, da er in großem Bogen um das Dorf führt. Wir gehen geradeaus weiter, am alten Pfarrhaus vorbei zum kleinen Dorfteich. Dort gibt eine Wandertafel einen Überblick der Wanderwege. Wir orientieren uns fürs Erste an der gelben 3 des Wachturmwegs.

DIE SCHWARZE MADONNA Auch Hesselbach besitzt eine Quellkirche, die in ihrer jetzigen Form 1766 errichtet wurde. Ebenso wie in Schöllenbach wurde sie Ziel zahlreicher Wallfahrten. Die im Inneren barock gestaltete Kirche birgt mit der »Schwarzen Madonna des Odenwalds« eine besondere Kostbarkeit. Die über 600 Jahre alte Figur stand ursprünglich in der Schöllenbacher Kirche, verschwand zwischenzeitlich auf einem Dachboden und wurde dann nach Hesselbach verkauft. Falls Sie zur Gottesdienstzeit vorbeikommen, sollten Sie sich einen Besuch nicht entgehen lassen. Am Gasthof, vor dem sich unter einer Linde ein wunderbarer Bildstock von 1803 versteckt hat, biegen wir links ab in Richtung Kastell, dessen Umrisse in der quadratischen Weide links des Weges eindeutig auszumachen sind.

AM ODENWALDLIMES Die Römer und ihre Hinterlassenschaften begegnen uns allerorten im hinteren Odenwald. In umfangreichen Ausgrabungen zwischen 1964 und 1966 wurde das Numeruskastell Hesselbach gründlich erforscht, und gilt als Referenzmodell der Provinzialrömischen Archäologie. Das um 100 n. Chr. erbaute Militärlager war 60 Jahre lang belegt. Ein eigenständiger Centurio, nachgewiesen durch das mittige Stabsgebäude, der principia, befehligte eine Einheit mit etwa 150 Mann, die im Bedarfsfall den Limes verteidigen sollten.

Tipp

QUELLKIRCHEN IM ODENWALD

Schon in prähistorischer Zeit wurden an Quellen Gottheiten verehrt, was die Römer fortsetzten. Auch Christen übernahmen diese Tradition und gründeten vielerorts Kirchen über den Quellen, denen heilende Kraft nachgesagt wurde. Vor allem im wasserreichen Odenwald finden wir daher zahlreiche solcher Quellkirchen, wie in Amorbach, Güttersbach oder auch auf dieser Tour im nahen Hesselbach. Der Sage zufolge soll das Schöllenbacher Quellwasser Augenleiden heilen. Es zählt daher zu den Ottilienquellen. Durch solch ein Quellwasser wurde angeblich dem blinden Töchterlein Odilia des merowingischen Herzogs Eticho das Augenlicht geschenkt.

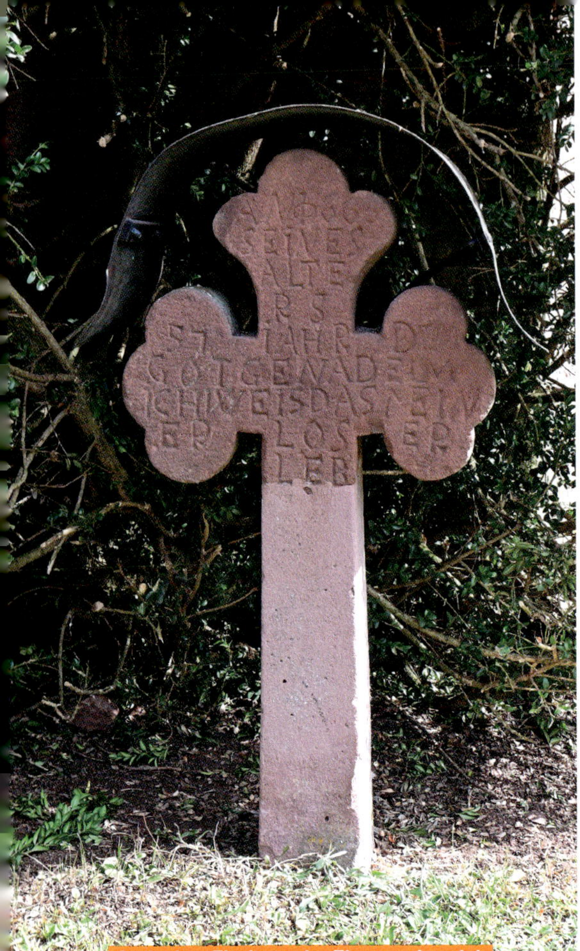

Gotisches Flurkreuz im Eingangsbereich der Schöllenbacher Kirche

WACHTURM VOGELBAUMHECKE An einem herrlichen Bildstock vorbei ziehen wir, dem grünen L folgend, auf dem asphaltierten Wirtschaftsweg weiter. An der nächsten Möglichkeit weisen uns die Wanderzeichen nach rechts zum Wald, den wir bis zu einer Kreuzung durchmessen. Nach dem Linksknick lädt Emils Ruhe am Waldrand zur Rast ein. Allmählich verjüngt sich der Forstweg zu einem wurzeligen Waldpfad, der nach einem Zaundurchgang am **2 Wachturm WP 10/30 »Vogelbaumhecke«** endet. Interessant an diesem Wachtposten ist der nachgebaute Palisadenzaun mit 3 Meter hohen Eichenpfählen, der eine Vorstellung vom Grenzwall vermittelt.

AN DER GRENZE VON DREI LÄNDERN Am Turm vorbei geht es zur kaum befahrenen Asphaltstraße. Dort schickt uns das Wanderzeichen 350 Meter in südliche Richtung, bevor wir sie wieder verlassen. Entlang der hessisch-bayerischen Landesgrenze führt unser Weg zuerst im Wald, später am Waldsaum entlang zum **3 Dreiländerstein**. Die Gravuren »GH« für Großherzogtum Hessen, »GB« für Großherzogtum Baden und »KB« für Königreich Bayern mit der Jahreszahl 1837 sind auch heute noch gültig, lässt man die monarchische Vorsilbe beiseite. Weiter dem N folgend, durchqueren wir das Waldstück und biegen am Ende links ab. An einer Gabelung mit einem historischen Grenzstein entschwindet uns der Nibelungensteig nach links.

WACHTURM KAHLER BUCKEL Wir orientieren uns am grünen L des Limeswegs und dem Schild zur »Seitzenbuche«, die uns zum **4 Wachturm 10/32 »Höhenbuckel«** bringen. Viel ist nicht mehr zu sehen vom ehemaligen Steinturm. Am Waldaustritt schickt uns das grüne L nach links. Wir stoßen auf einen querenden Forstweg, den wir aber sofort wieder nach links verlassen und nach einem Zaunüberstieg die nächste Infotafel vorfinden. Nicht nur von den Römern, sondern auch im Mittelalter wurde hier das Gelände durchpflügt. Und wieder einmal standen sich mit den Grafen von Erbach und den Kurmainzern zwei Territorialherren gegenüber, die sich mit einer mittelalterlichen Landwehr abgrenzten. Gleich daneben der Römische **5 Wachturm 10/33 »Kahler Buckel«**. Die höchste Stelle – auch unserer Wanderung – gewährte zu römischer Zeit weite Ausblicke in Feindesland. Wir gehen wenige Meter zurück und ziehen nach links auf hessischer Seite auf dem schmalen Pfad längs des Zaunes weiter. Der Pfad endet an der Kreisstraße, nach deren Überquerung das **6 Kleinkastell Zwing** seinen Dienst tat.

ZWEI HAMMERSCHMIEDEN Vom einstigen Kastell aus nehmen wir den ersten rechts abgehenden Forstweg, der ohne Markierung steil bergab führt. Nach gut 300 Metern zeigt uns eine gelbe 1 die Richtung an. Ihr folgen wir, mehrere Forstwege überquerend, bis zur scharfen Linkskehre in der Höllklinge, wo der Hesselbach ein tiefes Kerbtal gegraben hat. Wenige Meter dahinter verlässt uns die gelbe 1 nach rechts und der Verbindungsweg mit gelbem V übernimmt. Etwa 50 Meter vor der Lichtung im Talgrund finden wir einen Waldweg, der rechts vom Weg leicht hangaufwärts zieht und uns den harten Asphaltweg erspart. An der Abzweigung halten wir uns links zum Talgrund. Dort, wo der Naturweg mündet, biegen wir rechts ab, gehen aber zuvor 30 Meter zurück zum **7 Sühnekreuz** Hammerschmiede am Wegesrand mit eingemeißeltem Hammer und Zange. Eine Sage erzählt von zwei Hammerschmieden, die sich nach einer Diebestat beim Teilen der Beute gegenseitig umbrachten. Der talseitige Fahrweg bringt uns zurück nach **E Schöllenbach**, wo uns am Ortseingang prächtige Bildstöcke empfangen.

INFO

TOURENCHARAKTER

Ruhige Rundwanderung, die nach kurzem Anstieg über die Hochebene führt.

AUSGANGS-/ENDPUNKT

Ortsmitte Badisch-Schöllenbach (290 m)

ANFAHRT

Auto: Von Heidelberg über B37/B45 bis Eberbach. Von dort das Ittertal hoch bis Kailbach, links ab nach Badisch-Schöllenbach.
Bus & Bahn: Von Heidelberg mit S1/S2 nach Eberbach. Von Eberbach und von Frankfurt verkehrt die VIAS Odenwaldbahn nach Hesseneck-Schöllenbach.

GPS

49.56633, 9.07053

GEHZEITEN

Schöllenbach – Hesselbach 0.45 Std. – Dreiländerstein 1.45 Std. – Kastell Zwing 1.00 Std – Schöllenbach 1.15 Std.

EINKEHR

Hesselbach, Landgasthof Zum Grünen Baum, www.gruenerbaum-hesselbach.de

INFORMATION

Magistrat, 64760 Oberzent-Beerfelden, Metzkeil 1, www.stadt-oberzent.de

mittel | 4.45 Std. | 14,1 km | 420 hm

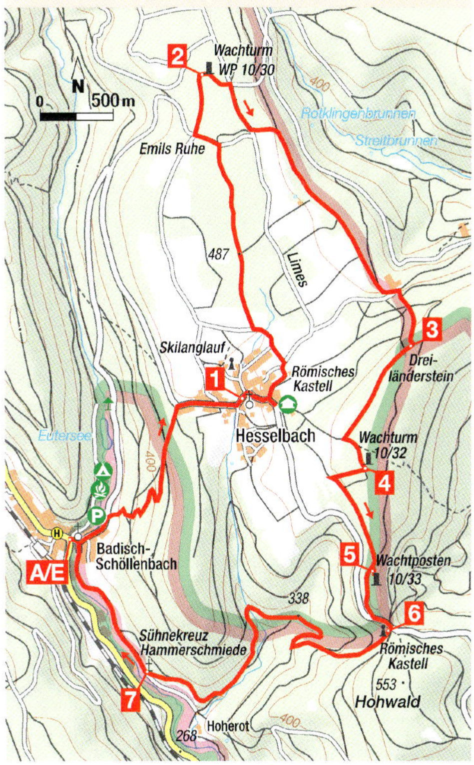

Der Mord im Odenwald

Zum Siegfriedbrunnen bei Gras-Ellenbach

Werden und Vergehen. Quellen als Sinnbild für Leben und Tod. Beides begegnet uns auf dieser Wanderung. Erst führt sie uns zum vermeintlichen Ort des feigen Meuchelmords an Siegfried. Danach wandern wir an einer mittelalterlichen Quellkirche vorbei zu einem mystischen moosüberzogenen Born, wo die Alabasterfigur einer Künstlerin auf die Kostbarkeit und Sinnfälligkeit von Wasser hinweist.

26

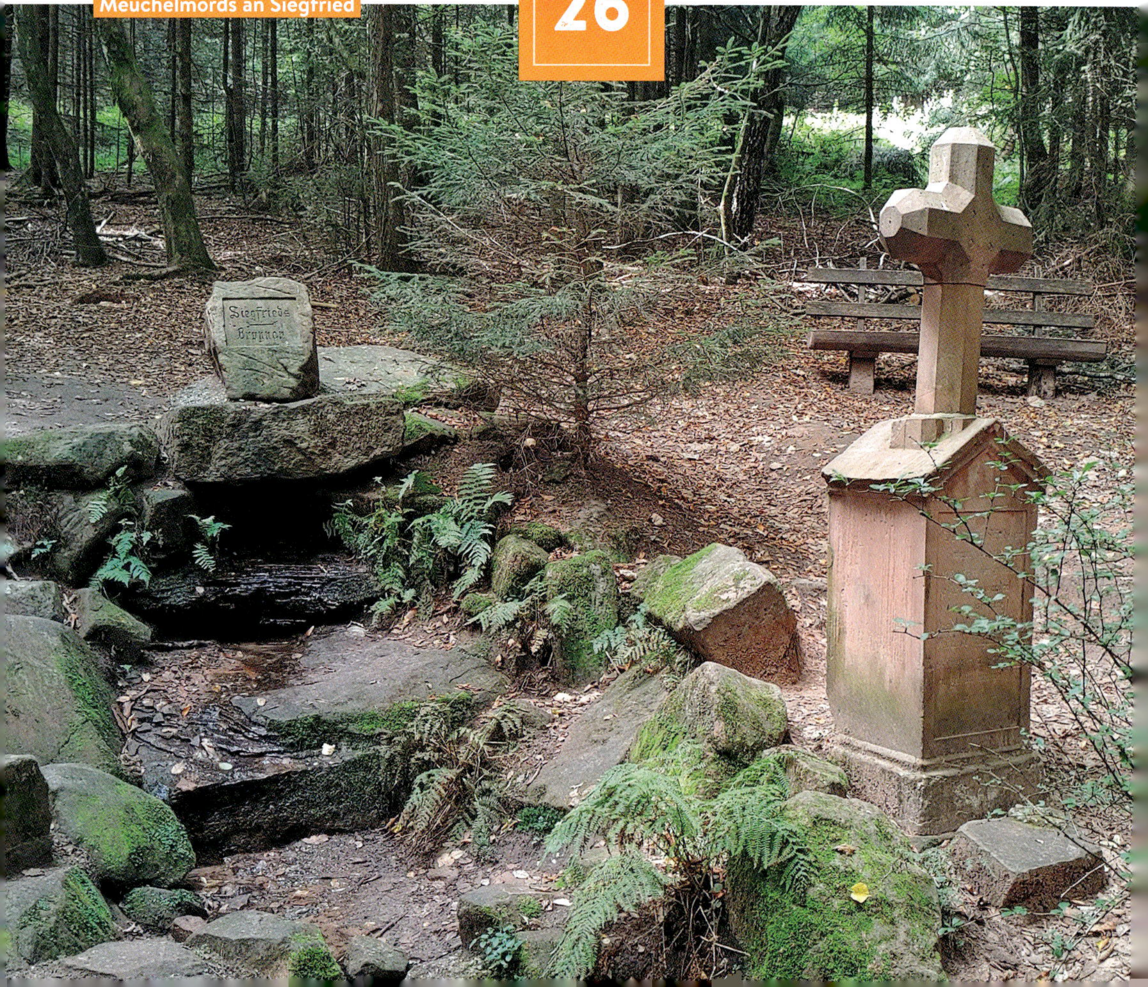

Mutmaßlicher Tatort des mittelalterlichen Meuchelmords an Siegfried

SIEGFRIEDQUELLE Am großen Parkplatz neben dem Kurhaus von **A Gras-Ellenbach** starten wir unsere Tour und schlendern dorfabwärts zur Brücke über den Ulfenbach. Eine ganze Latte von Wanderzeichen weist uns nach links. Wir orientieren uns natürlich im »Nibelungenort« am roten N, das uns an Tafeln des Geoparks die Details des Burgunderepos nahebringt. Wer eine Kurzfassung vorzieht, dem sei die etwas altertümlich, aber schön farbig gestaltete Tafel »Siegfriedbrunnen« am Waldrand empfohlen. Über einen steilen Stein- und Wurzelpfad überwinden wir den strammen Anstieg zum **1 Siegfriedbrunnen**.

DA DER HERRE SIFRIT OB DEM BRUNNEN TRANCH So steht es in einer der Handschriften der Nibelungensage geschrieben. Um welchen Brunnen es sich dabei handelt, darüber streiten sich seit Jahrhunderten die Gelehrten. Mehrere Orte im Odenwald weisen eine Quelle auf, an der Siegfried von Hagens Speer tödlich getroffen worden sein soll. Der geheime Hofrat Knapp aus Darmstadt kam 1845 zu der Überzeugung, dass der mittelalterliche Tatort des Meuchelmordes nur jener in Gras-Ellenbach sein könnte. Ein früheres mittelalterliches Sühnekreuz an dieser Stelle und die in der Bevölkerung kolportierte Legende von einem mächtigen Ritter, der hier erschlagen worden sei, ließ ihn nicht daran zweifeln. Die Gemeinde nahm dies dankend an und verstand es, daraus Nutzen zu ziehen.

DAS ROTE WASSER An Tafel 14 vorbei, wo mit Kriemhilds Rache das blutige Ende der Sage beschrieben wird, zieht sich der Pfad weiter den Hang des Spessartkopfes hinauf. An einer Abzweigung finden wir die gelbe 3 am Baum, die uns auf grasigem Waldpfad eine Abkürzung beschert. Schon an der nächsten Kreuzung empfängt uns wieder

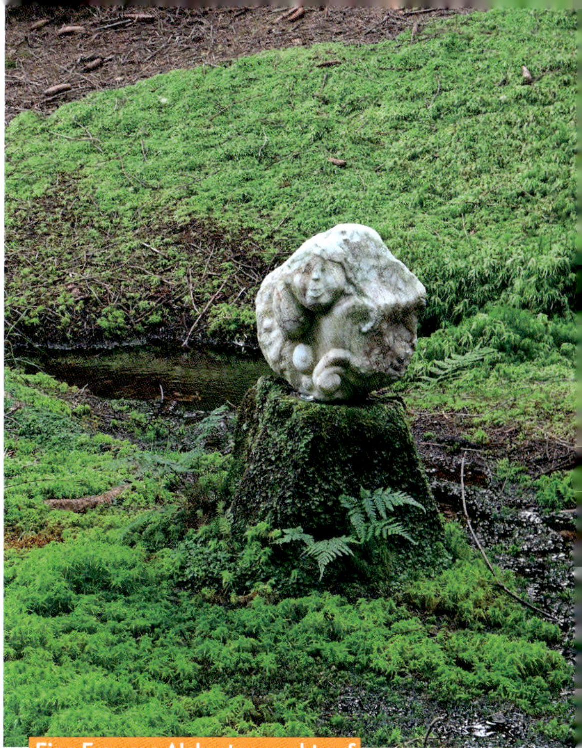

Eine Frau aus Alabaster macht auf die Bedeutung des Wassers aufmerksam.

Tipp

QUELLENDANK IM ODENWALD

Zusammen mit dem Geopark kreiert die Künstlerin Eva-Gesine Wegner einen Pilgerweg »Quellendank im Odenwald«, indem sie an diesen sinnfälligen Orten Skulpturen aufstellt, die auf die Ressource Wasser aufmerksam machen. Wasser steht für sie als Symbol für Nehmen und Geben, das es in Balance zu halten gilt. Fünf Quellorte sind bis jetzt mit ihren Skulpturen versehen, die in einem Flyer des Geo-Naturparks aufgeführt sind. Die alte Sage über die weiße Frau, die am heiligen Karfreitag hier an der Quelle ihre Wäsche machte, sollte dagegen eher von den alten keltischen, römischen und germanischen Quellkulten ablenken, die das sprudelnde Quellwasser als Sinnbild des Lebens verstanden.

der Nibelungensteig, dem wir uns erneut anvertrauen. Auf federndem, mit Wurzeln durchsetztem Pfad umgehen wir nun das sensible **2 Rote Wasser**. Eine Braunalge, die das Wasser des einzigen Hochmoores des Odenwalds rot verfärbt, verlieh ihm seinen Namen. Im Talgrund jenseits des Weges finden sich neben den Torfmoorhügeln seltene Pflanzen wie Sonnentau, Wollgras und Moosbeere. Ein entzückender Anblick inmitten des umgebenden Tannen- und Buchenwalds. Am Ende des Naturschutzgebiets führt uns der Fernwanderweg im Links-rechts-Knick weiter, bis wir an einer Ruhebank am Waldaustritt auf ein asphaltiertes Sträßchen stoßen und links abbiegen, wo das nächste Kulturdenkmal auf uns wartet.

PILGERS HALT Das **3 Olfener Bild,** von dem manche Spukgeschichten erzählt werden, war ein alter Treffpunkt auf dem Wallfahrtsweg nach Walldürn, wo sich Pilger zum Gebet versammelten. Im beschädigten »Häuschenbildstock« ist jedoch keine Marienfigur mehr. Leider müssen wir nun zweimal die Straße queren und ziehen am Wanderparkplatz wieder in den Wald. Nach dem Friedhof geht es unter mächtigen alten Eichen hinunter nach **4 Güttersbach**, wo wir auf der Terrasse des Hauses Schönblick diesen auskosten können.

INFO

TOURENCHARAKTER

Anspruchsvolle Streckenwanderung. Nach Anstieg auf steinigem Waldpfad meist bequeme Waldwege

AUSGANGS-/ENDPUNKT

Grasellenbach (385 m)

ANFAHRT

Auto: Von Weinheim das Weschnitztal hoch über die B38. Hinter Fürth auf B460 nach Grasellenbach. Bus & Bahn: Von Weinheim Bhf. verkehrt die Buslinie 681 nach Grasellenbach.

GPS

49.62761, 8.85873

GEHZEITEN

Grasellenbach – Rotes Wasser 1.30 Std. – Güttersbach 0.30 Std. – Weißfraubrunnen 1.15 Std. – Grasellenbach 1.30 Std.

EINKEHR

Güttersbach, Zum Goldenen Löwen, tgl. außer Mi, 11.30-14 Uhr, www.goldener-loewe-mossautal.de.

mittel | 4.45 Std. | 14 km | 440 hm

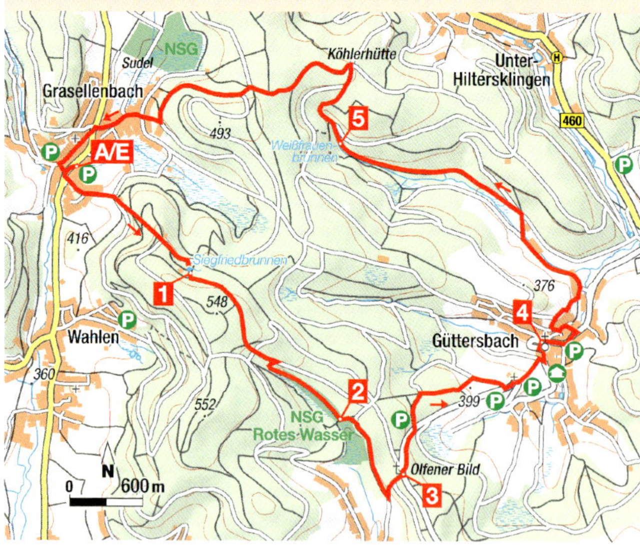

Grasellenbach, Landgasthof Hagen, Mi-So, 11.30-14 und ab 17.30 Uhr, www.gasthof-hagen.de

INFORMATION

Tourist-Information Nibelungen-Land, Tel. 049/6251175260, www.vorderer-odenwald.de

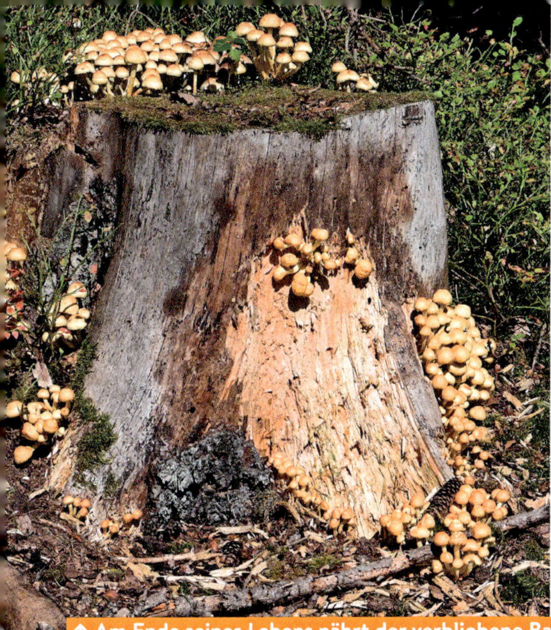

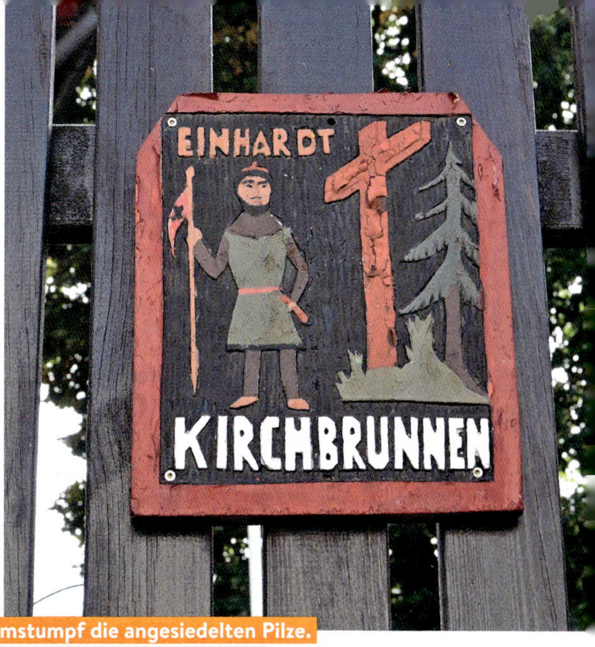

↑ Am Ende seines Lebens nährt der verbliebene Baumstumpf die angesiedelten Pilze.
↗ Auch der Kirchbrunnen im Erholungsort Güttersbach galt einst als Heilquelle.

DIE HEILIGE QUELLE VON GÜTTERSBACH Ähnlich wie in Schöllenbach und Hesselbach (Tour 25), war auch in Güttersbach eine Quelle, die im Mittelalter als heilkräftig angesehen wurde. Über der Wasserstelle wurde eine Kapelle errichtet, die bei Umbauten unterhalb des Pfarrhauses verlegt wurde. Und so wurde auch Güttersbach zum Etappenziel der Pilger auf dem Weg nach Walldürn. Gleichzeitig hatte der Ort auch strategische Bedeutung und besaß im Mittelalter am Mösselbach eine Tiefburg, die den Talzugang kontrollierte. In der Dorfmitte können wir einen Abstecher nach rechts zur Kirche machen. Ansonsten verlassen wir den Ort über Neuer Weg und die Straße Am Helmsberg.

WEISSFRAUBRUNNEN In der Linkskehre des Teersträßchens gehen wir geradeaus weiter, ignorieren kurz darauf das Schild Privatweg, da es als offizieller Wanderweg beschildert und in der Karte eingetragen ist, und halten uns am Pferdehof links. Der Gü5-Wanderweg führt uns ins liebliche Tal des Mösselsbachs, wo einst die Tiefburg stand, die vermutlich durch kriegerische Auseinandersetzungen zwischen den Schenken von Erbach und der Kurpfalz zerstört wurde. Kurz nach der Anlage zur Wasseraufbereitung wechseln wir die Talseite und wandern am alten Forsthaus in Richtung Wald und biegen links ab (MD1). Ein schattiger Picknickplatz bietet sich am hübsch gefassten Dachsbrunnen an. Rührend ist das steinerne Herz davor, mit der Aufschrift »Ich vermisse dich«. War es ein Treffpunkt zweier Liebender oder einfach das Ziel eines früheren gemeinsamen Spaziergangs? Wir werden es wohl nicht erfahren. 15 Minuten später sind wir am mystischen **5 Weißfraubrunnen** angelangt, wo mitten im Moosteppich eine weiße Skulptur aus Alabaster steht (siehe S. 123). Links und rechts davon bahnen sich diverse Wasseradern ihren Weg talwärts. Ein Anblick, der einen ehrfürchtig verharren lässt. Kurz nach der Quelle, in der Kehre des Weges, verlassen wir MD1 und wandern geradeaus auf Gü6 bis zur Köhlerhütte. An der eingeebneten Fläche, wo früher ein Köhler seinen Meiler betrieb, biegen wir links ab und folgen dem gelben umgekehrten T zurück nach **E Gras-Ellenbach**.

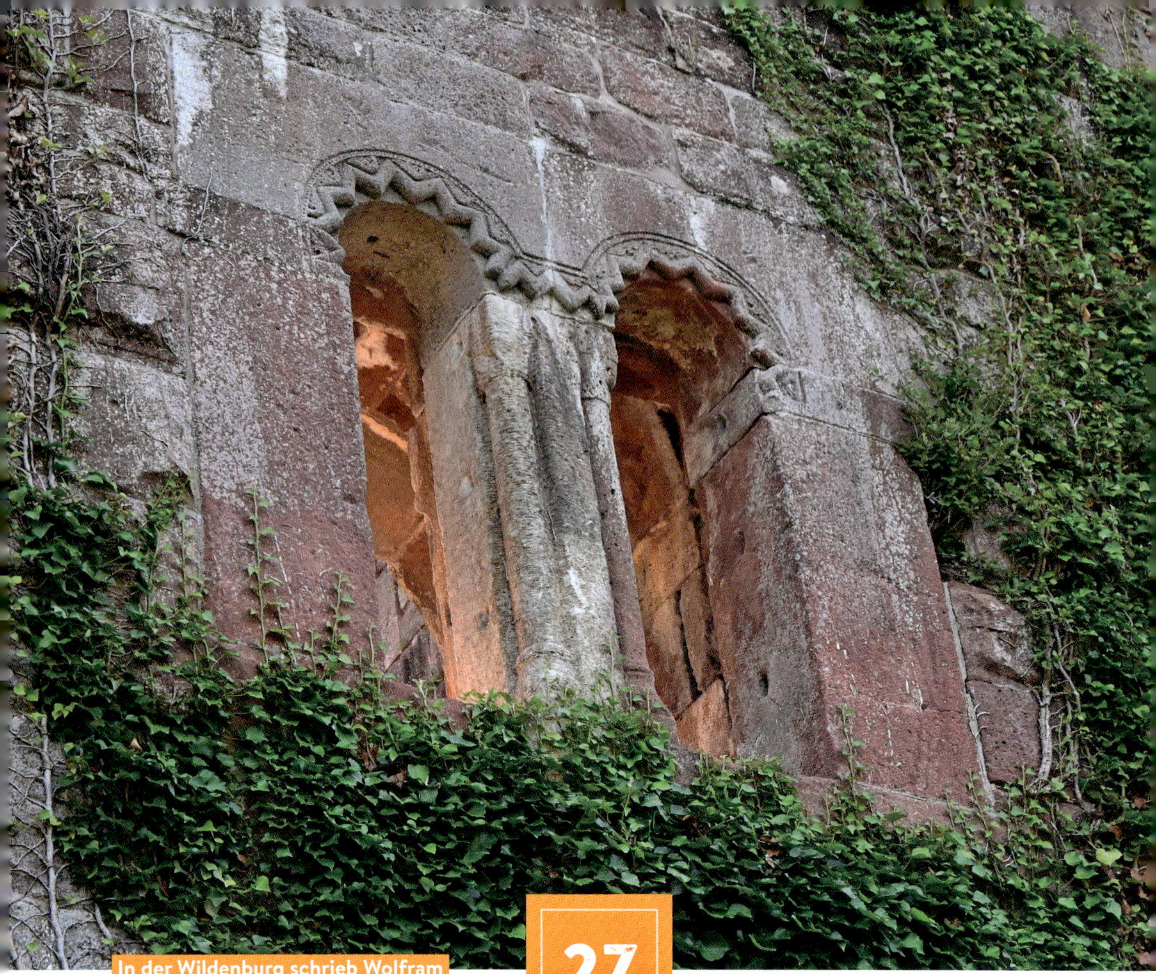

In der Wildenburg schrieb Wolfram von Eschenbach vermutlich Teile des Parzival-Epos.

27

Das Literaturhaus des Mittelalters

Vom Wolkmannsberg zur Wildenburg

Nur kurz blühte die staufische Wildenburg im Mittelalter auf. Die gewaltige Anlage der Edlen von Dürn lockte auch den mittelalterlichen Dichter Wolfram von Eschenbach an, der sich dort zu seinem epochalen Werk über den Ritter Parzival auf der Suche nach dem heiligen Gral inspirieren ließ.

ZUM WOLKMANNSBERG Vom Rathaus in Ortsmitte von **A Kirchzell** gehen wir Richtung Kirche und wandern dort zwischen dem hübschen alten Feuerwehrhaus und dem Dorfbrunnen bergauf (Wanderweg K2). Am Ende des schweißtreibenden Einstiegs biegen wir im Wald nach der Schranke rechts ab und folgen dem V in Richtung Pulvermühle. An der Verzweigung bleiben wir auf dem geradeaus führenden Verbindungsweg, ignorieren den nächsten Abzweig und können uns ein paar Meter rechts des Weges am klaren Wasser des Wolkmannbrünnle erfrischen. Noch 300 Meter und wir haben an der **1 Grohe Männle Bank** den ersten Anstieg hinter uns gebracht.

DAS GROHE MÄNNLE Hier auf der Höhe des Wolkmannbergs erzählt man die Legende vom Grohe Männle, das dort umhergeistert. Der untersetzte Mönch des Amorbacher Klosters trieb hier sein Unwesen, indem er mit seinem gruseligen Anblick Leute erschreckte und wieder im Unterholz verschwand. Auf der Tafel hinter der Ruhebank wird die Geschichte in wunderbarem Odenwäldnerisch erzählt.

DIE PULVERMÜHLE IM TAL DER MUD An der Verzweigung nach knapp 400 Metern schlagen wir den nach rechts bergabführenden Weg ein. Im großen Bogen führt uns der Forstweg um den Wolkmannsberg, und an der Kreuzung nach einer scharfen Rechtskehre finden wir wieder Anschluss zum A7-Wanderweg, der uns zur **2 Pulvermühle** im Tal leitet. Der Name des Weilers stammt von einer Pulverfabrik, die hier im 18. Jahrhundert Schwarzpulver hergestellt hat. Wir überqueren den Fluss und ziehen rechts des ehemaligen Gasthauses die Wiese hoch zum Waldrand, wo wir nach rechts auf den alten Verbindungsweg zwischen Amorbach und Kirchzell einschwenken. Auch die nächste Mühle hat längst den Betrieb eingestellt und ist dem Verfall preisgegeben. An der Verkehrsstraße nach Mudau biegen wir links ab, queren auf Höhe eines ehemaligen Gasthauses die Straße und wandern in den Talgrund zum Örtchen **3 Buch**. Wir bleiben auf der rechten Seite des Gewässers und folgen den Wanderzeichen durch das lieblich grüne Tal, wo schon von Ferne die Silhouette des Bergfrieds grüßt. Auf knackigem Anstiegsweg erreichen wir die auf einem Felssporn liegende Ruine der stattlichen **4 Wildenburg**.

WO PARZIVAL ENTSTAND Erbauer der Burg waren die Edelherren von Dürn, Gefolgsleute der Staufer, die um 1250 zu regionalen Herrschern aufstiegen, aber schon nach 150 Jahren wieder im Dunkel der Geschichte verschwanden. Ullrich III. von Dürn, der sich vermutlich finanziell übernommen hatte, verkaufte 1271 die Burg an den Mainzer Erzbischof. Im Bauernkrieg

Tipp

WATTERBACHER HAUS

Das Wald- und Bauernmuseum ist in einem für den Odenwald typischen Einhaus, in dem Wohnung und Stall in einem Gebäude untergebracht waren, zu besichtigen. Der kunsthistorisch wertvolle Firstsäulenbau, um 1475 errichtet, gilt als das älteste Bauernhaus des Odenwalds und fand erst nach zweimaligem Abriss und Wiederaufbau seinen Platz hier in Preunschen. Im Museum wird die forstgeschichtliche Nutzung des Odenwalds erklärt, und man erfährt einiges über alte, nicht mehr existierende Handwerke wie Glasmacher, Köhler oder Pechsieder (Infos: März–Okt., Sa und So 12–16 Uhr, www.watterbach.de).

INFO

TOURENCHARAKTER
Anspruchsvolle Tour mit steilem Beginn. Ein zweiter, aber nicht so steiler Anstieg nach Durchquerung des Mudtals

AUSGANGS-/ENDPUNKT
Rathaus in Kirchzell (195 m)

ANFAHRT
Auto: Von Heidelberg durch das Neckartal bis Eberbach. Ittertal bis Kailbach, dort rechts nach Kirchzell. Parkplatz in Ortsmitte, Nähe Rathaus; Bus & Bahn: Von Mai bis Oktober verkehrt am Sa und So der NeO Rad- und Wanderbus von Eberbach nach Kirchzell.

GPS
49.61895, 9.17940

GEHZEITEN
Kirchzell – Buch 2.15 Std. – Wildenburg 1 Std. – Ottorfzell 1.45 Std. – Kirchzell 1 Std.

EINKEHR
Kirchzell, Pizzeria Fratelli, Mi–Sa ab 17, So 10.30–14 und ab 17 Uhr

INFORMATION
www.bayerischer-odenwald.de

schwer | 6 Std. | 17,8 km | 680 hm

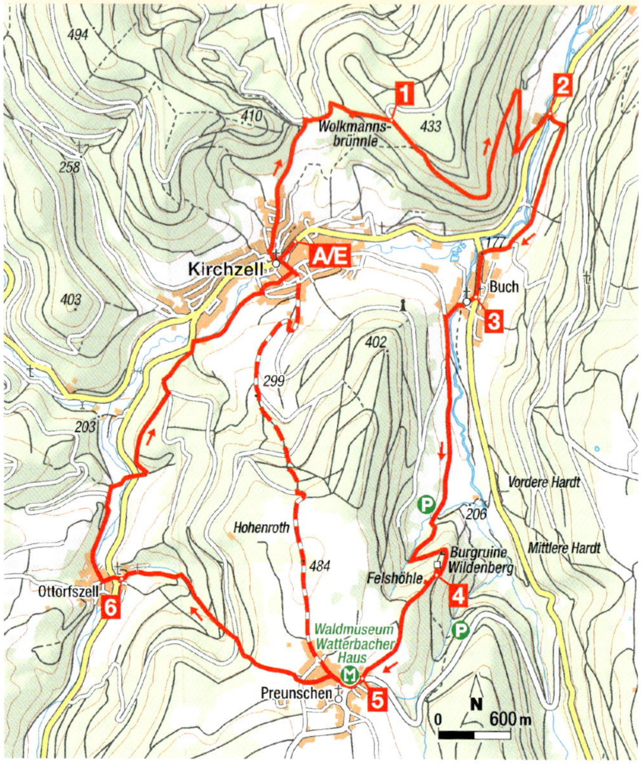

HINWEIS
Eine um zwei Kilometer kürzere Variante führt über den Preunscher Berg zurück.

wurde sie vom »Hellen Haufen« unter der Führung Götz von Berlichingens in Brand gesetzt und zerstört. Ihre sagenumwobene Bedeutung erlangte die Burg durch die Vermutung, dass der Dichter Wolfram von Eschenbach seinen Parzival, das Meisterwerk der mittelalterlichen höfischen Literatur, in Teilen auf der Burg verfasst haben könnte. In einigen Passagen der Erzählung über den Ritter auf der Suche nach dem heiligen Gral diente vermutlich die Wildenburg als Vorlage für die Gralsburg. Wir lassen uns verzaubern von den runden Torbogen und den efeuumrankten, kunstvoll verzierten romanischen Fenstern. Auf manchen Steinen entdecken wir mittelalterliche Steinmetzzeichen. An der Ostseite des Palas die Inschrift »Bertold mauerte mich. Ulrich hieb mich«. Auch alte Sagen ranken sich um die Gemäuer der Burgruine. So soll im Burghof ein Schatz vergraben sein, der vom Teufel bewacht wird.

DIE FELSENBURG Nach dem Turm des Vorpostens bleiben wir rechts auf dem Pfad, orientieren uns am Nibelungensteig und passieren die Felsenburg, auch Glasa Felsen genannt, ein natürliches Felsmassiv, in das eine Behausung eingearbeitet wurde. Über Brückenpfeiler, von denen noch Reste vorhanden sind, war sie mit der Wildenburg verbunden und diente vermutlich als Vorposten. Auf der Hochebene verlassen wir den Wald und streben dem Höhenort **5 Preunschen** zu, an dessen Ortseingang sich das Waldmuseum Watterbacher Haus (siehe unten) befindet.

OTTORFSZELL IM GABELBACHTAL Wir biegen rechts ab und wandern die Dorfstraße hoch. An erster Möglichkeit, bei einem ehemaligen Gehöft, halten wir uns erneut rechts und bewundern einen alten Bildstock aus Sandstein vor dem Bauernhaus. Links haltend (unmarkiert) verlassen wir das Dorf. Für die 2 Kilometer kürzere Variante gehen wir geradeaus weiter über den Preunscher Berg (gelbes V) zurück nach Kirchzell. Am alten Wegekreuz finden wir wieder unser rotes N und wandern halb rechts weiter. Bald lotst uns die Markierung im Wald quer zu den Höhenlinien steil und steinig bergab. Ein moosüberzogenes kleines Felsenmeer leuchtet grün wie im Märchenland. In **6 Ottorfszell** überqueren wir an der schmucken Dorfkirche die Straße, halten uns nach dem Fluss rechts und biegen an der neuzeitlichen Kapelle mit den leuchtenden Fenstern rechts ab. Schon nach wenigen hundert Metern zeugen die nächste Kapelle von 1896 und ein alter Bildstock daneben von der Frömmigkeit im Amorbacher Land. Eine gemütliche Picknickbank am rauschenden Bach lädt vor der Überquerung zur Rast ein. Erst oberhalb, später direkt neben dem murmelnden Gabelbach, spazieren wir im idyllischen Tal zurück nach **E Kirchzell**.

↓ Frömmigkeit allerorten. Gotischer Bildstock aus Sandstein im Höhenort Preunschen

↘ Die gewaltige Burg Wildenstein wurde von Götz von Berlichingen niedergemacht.

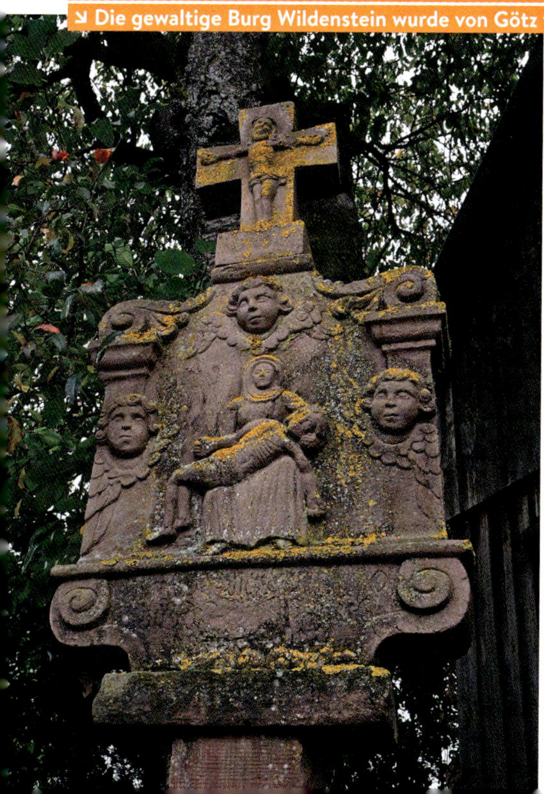

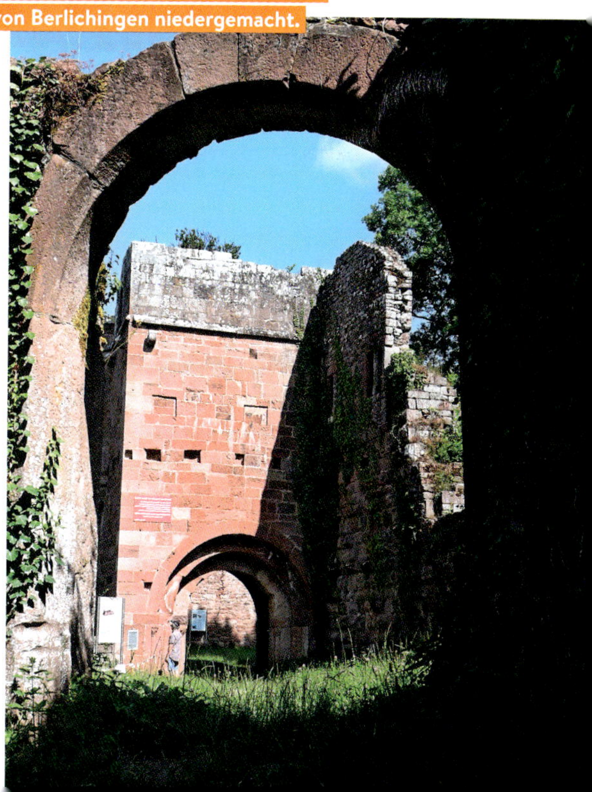

Zur Wildererhöhle des Karre-Franz

Im fränkischen Odenwald bei Amorbach

Auf reizvollem Naturweg führt der Nibelungensteig durch das Tal der Morre nach Zittenfelden. Auf dem Rückweg werden wir am felsigen Unterschlupf an den legendären Odenwälder Wilderer Karre-Franz erinnert, der im 19. Jahrhundert die Förster und Gendarmen im fränkischen Odenwald auf Trab hielt.

Unterschlupf von Karre-Franz, der Gendarmen im fränkischen Odenwald gerne narrte.

28

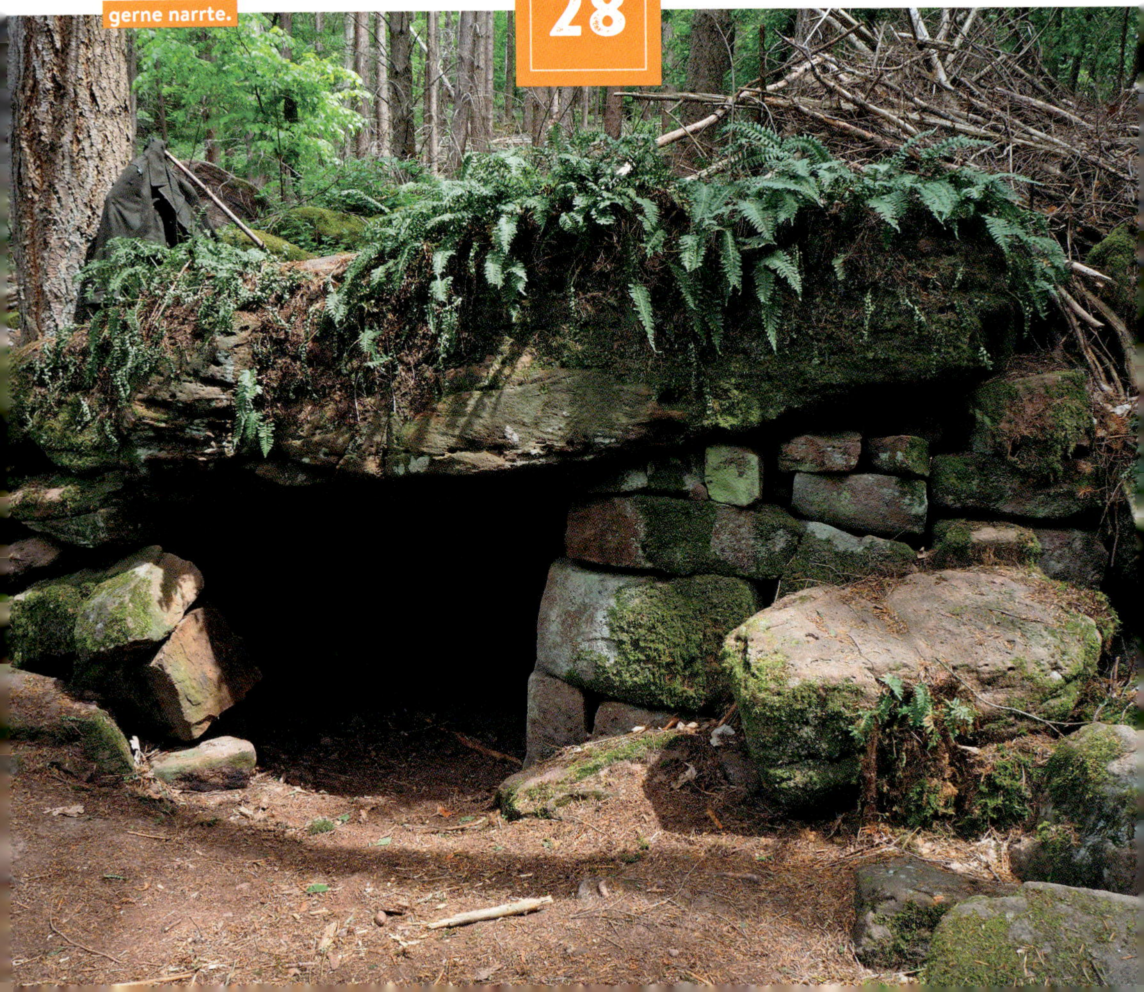

ADORNOS LIEBLINGSSTÄDTCHEN »Zu Unrecht und zu Recht ist mir Amorbach das Urbild aller Städtchen geblieben, die anderen nichts als seine Imitation«, schrieb der große Philosoph und Kulturkritiker der Frankfurter Schule Theodor W. Adorno, der in seiner Kindheit oft mit Mutter und Tante in Amorbach weilte.

ZWEI QUELLEN IM BUNTSANDSTEIN Vom Bahnhof in **A Amorbach** folgen wir der roten Raute ortseinwärts. Gegenüber dem Finanzamt biegen wir rechts ab, halten uns am Marktplatz mit der prächtigen goldenen Mariensäule links und spazieren zur Abteikirche. Nach Besichtigung steigen wir an der Stirnseite der beiden Türme rechts die Stufen hoch zur Kalten Gasse. Wir überqueren die Durchgangsstraße und wandern auf dem Fußweg zwischen den Schulgebäuden bis zum Ende. Dort links und sofort wieder rechts in die Von-Stein-Straße. Am Ende umrunden wir linker Hand den Friedhof, treffen auf zwei Tafeln des Nibelungensteigs und ziehen weiter in die Feldflur. Ein wunderschöner, von Wiesen gesäumter Pfad leitet uns entspannt durch das Tal der Morre. Ab dem **1 Gesundheitsbrünnle** verläuft der verträumte Weg direkt am Bach entlang. Im Wechsel von Waldrand und Wald steigt unser Weg nun gemächlich an. Mit der von Moos und Flechten umrankten **2 Zittenfelderquelle** erreichen wir wieder einmal eine potenzielle Siegfriedquelle.

EIN ODENWÄLDER WILDERER Kurz nach der Wasserstelle lädt eine Schutzhütte mit herrlicher Aussichtsterrasse ein zur Rast. Wir verlassen hier das rote N und setzen auf linkem Zweig (blaues Kreuz) über den oberen Mühlbergweg fort, der auf Gras weiter bergan führt. Ein weicher Waldpfad unter dunklen Tannen bringt uns wieder talwärts. Am Austritt aus der urigen Schlucht halten wir uns links, durchwandern ein ehemaliges Gehöft mit altem Bildstock davor und biegen an der Straße in **3 Zittenfelden** nach links ab. Das Örtchen hatte früher den Ruf als Wildererdorf. Wer möchte, macht einen kleinen Abstecher nach rechts zur sehenswerten Kapelle. Nach 100 Metern entlang der Straße leitet uns die Markierung S7 nach rechts auf einen Wiesenweg, der zum Waldrand hochführt. Der Weg knickt nach rechts ab und im Anstieg erreichen wir inmitten dutzender Sandsteinblöcke die **4 Karre-Franz-Höhle**. Der legendäre Wilderer Karre-Franz (1864–1926), hatte schon im Alter von sieben Jahren seinen ersten Hasen erlegt. Jahrelang hielt er die Gendarmerie zum Narren und versteckte sich geschickt in Naturhöhlen oder Hütten zwischen Mud und Erfa. Zahlreiche Anekdoten stilisierten ihn zum Oden-

Tipp

AMORSBRUNN

Einen Besuch der Kapelle Amorsbrunn, die ca. 1,5 Kilometer nordwestlich des Zentrums liegt, ist Pflichtprogramm in Amorbach. Die vergoldete Figur des heiligen St. Amor, errichtet aus »Dankbarkeit wegen glücklich erhaltener Leibesfrucht«, sowie ein prächtiger spätgotischer Flügelaltar, lohnen sich zu besichtigen. Legenden ranken sich um die Kapelle Amorsbrunn, die im 12. Jahrhundert über einer Quelle errichtet wurde. Irische Wandermönche sollen an der germanischen Kultstätte die ersten Christen getauft haben. Dem Amorsbrunner Wasser wurden Wunderheilungen nachgesagt. So soll es gegen Kinderlosigkeit und Augenleiden helfen. Die österreichische Kaiserin Elisabeth und ihre Tochter Maria Theresia, die immerhin 16 Kinder zur Welt brachte, schworen angeblich auf die Heilkraft des Wassers.

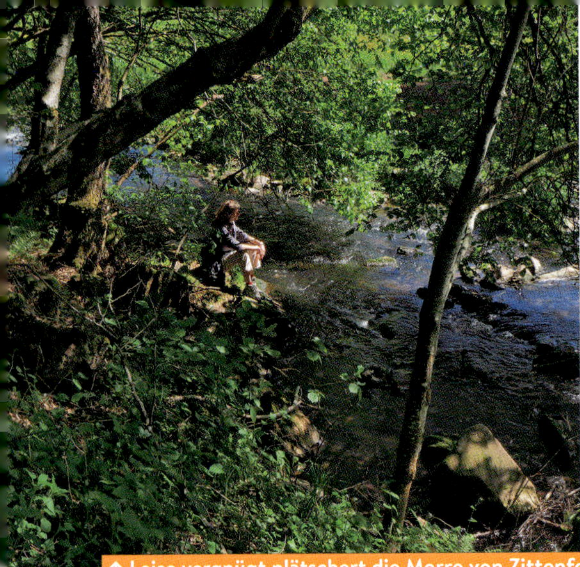

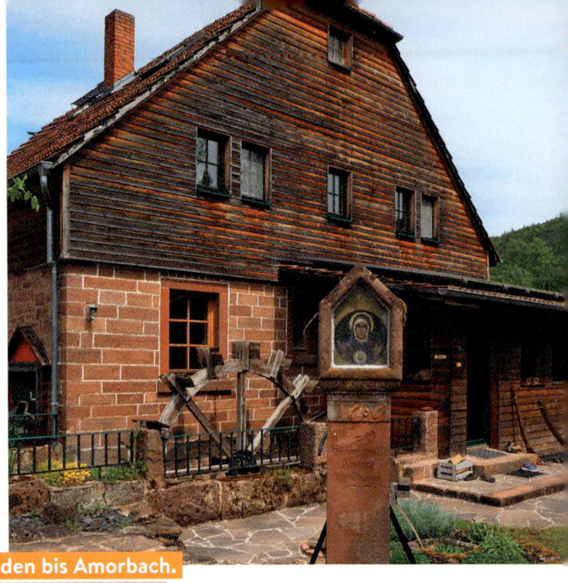

↑ Leise vergnügt plätschert die Morre von Zittenfelden bis Amorbach.
↗ Marienbildstock vor einem ehemaligen Bauernhof bei Zittenfelden

wälder Volkshelden. So soll er sich eines Abends auf der Flucht vor den Gendarmen in einer Scheune zur Ruhe gelegt haben. Wenig später stießen auch seine Verfolger hinzu und schliefen nichts ahnend in derselben Hütte im Heuboden. Am nächsten Morgen steckte er den noch tief schlafenden Beamten einen Zettel zu mit der Aufschrift: »Ihr habt so laut geschnarcht, dass ich schon etwas früher gegangen bin, Euer Karre-Franz« (nach Rainer Türk). Im Jahr 1900 wurde er gefasst und zu 16 Jahren Gefängnis verurteilt.

HOCH ÜBER DEM MORRETAL Wir ziehen auf dem steinigen Pfad weiter hoch, wo der Weg nach links schwenkt und schließlich einen Forstweg tangiert. Hier halten wir uns links und wandern auf dem S6-Wanderweg bergab. An der Linkskurve ziehen wir geradeaus, nehmen den steilen Anstieg unter die Füße und folgen auf moosüberzogenem Weg unserem Wandersymbol. Am Wendehammer gehen wir noch etwa 100 Meter weiter und biegen dann in spitzem Winkel rechts ab, wo ein mit Bruchholz und Steinen überzogener Hohlweg hochführt. Auf schwach ausgeprägtem überwuchertem Pfad queren wir ein abgeholztes Areal und finden gegenüber wieder unser Wanderzeichen. Auf herrlichem Panoramaweg setzen wir hoch über dem Tal fort. In der Ferne lugt die Gotthardsruine herüber. In **5 Schneeberg** biegen wir an zweiter Möglichkeit rechts ab und folgen kurzfristig dem S4-Wanderweg.

MARIA IM SCHNEE Eine Legende erzählt den Ursprung des Ortsnamens. Auf einem Holderbusch neben der Kirche wurde eines Tages ein Marienbildnis mit dem Jesuskind gefunden. Sofort brachte man es in die Kirche und stellte es auf den Altar. Am nächsten Tag fand man es wieder auf dem Strauch und dies wiederholte sich noch zweimal. Beim vierten Mal lag um den Busch mitten im Juni knöcheltiefer Schnee, in dem sich der Umriss einer Kapelle abzeichnete. Das sah man als Fingerzeig Gottes und baute an dieser Stelle eine Kapelle um das Marienbildnis. Schon bald zog die Holzplastik der Mutter Gottes zahlreiche Pilger an. Schneeberg entwickelte sich zu einem viel besuchten Wallfahrtsort und blieb es bis heute.

KUNST UND NATUR Wir überqueren die Durchgangsstraße und schreiten wieder

INFO

TOURENCHARAKTER

Abwechslungsreiche Tagestour für konditionsstarke Wanderer mit mehreren An- und Abstiegen

AUSGANGS-/ ENDPUNKT

Bahnhof Amorbach (160 m)

ANFAHRT

Auto: Von Frankfurt über A3 und B469 nach Amorbach. Von Heidelberg über B37 nach Eberbach, dann weiter Richtung Kirchzell. Parkplatz auf anderer Seite der Bahngleise; Bus & Bahn: Von Frankfurt mit ICE bis Aschaffenburg. Von dort mit Regionalbahn nach Amorbach

GPS

49.64694, 9.22079

GEHZEITEN

Amorbach – Zittenfelden 2.30 Std. – Schneeberg 1.30 Std – Amorbach 1.45 Std.

EINKEHR

Diverse Restaurants in Amorbach

INFORMATION

Tourist Information, 63916 Amorbach, Schlossplatz 1, www.amorbach.de

schwer | 5.45 Std. | 16,6 km | 570 hm

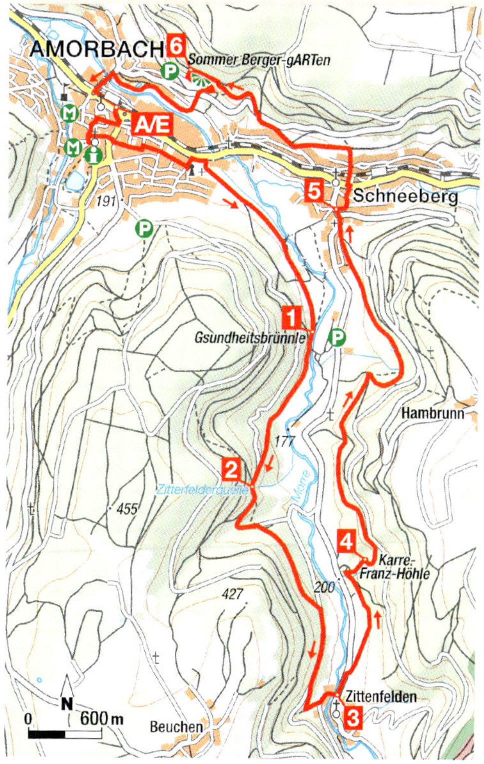

bergauf. Kurz nach dem ehemaligen Restaurant Hellas ziehen wir rechts die Wiese hoch, wo uns anschließend die S2-Markierung im Zickzack stramm bergauf leitet. Am alten Sandstein-Bildstock biegen wir links ab. Ein wild überwucherter Grasweg führt uns an knorrigen Obstbäumen vorbei. Auf der Teerstraße geht es nach rechts weiter. Nach Überquerung einer Autostraße führt gegenüber ein Waldpfad weiter bergan. An der Verzweigung nach den Steinterrassen nehmen wir den rechts bergaufführenden Pfad (S2) an einer Quelle vorbei. Oben am Forstweg geht es links weiter. Nach wenigen Metern führt durch ein hölzernes Tor links des Weges ein extrem steiler Steintreppenpfad eine Etage tiefer (Vorsicht: bei Nässe erhebliche Rutschgefahr, dann besser geradeaus weiter). Wir sind im Meditationspark 6 **SommerBerger-gARTen**, den der Künstler Michael Berger im Sommer 2003 gestaltet hat. Die ansprechenden Installationen aus Holz und Natursteinen sollte man in Ruhe genießen und ruhig etwas verweilen und meditieren. Unten linkshaltend, folgen wir den Wanderzeichen, die uns über die Albertanlage, die Zaunpfostengalerie und den E **Bürgergarten** zurückleiten.

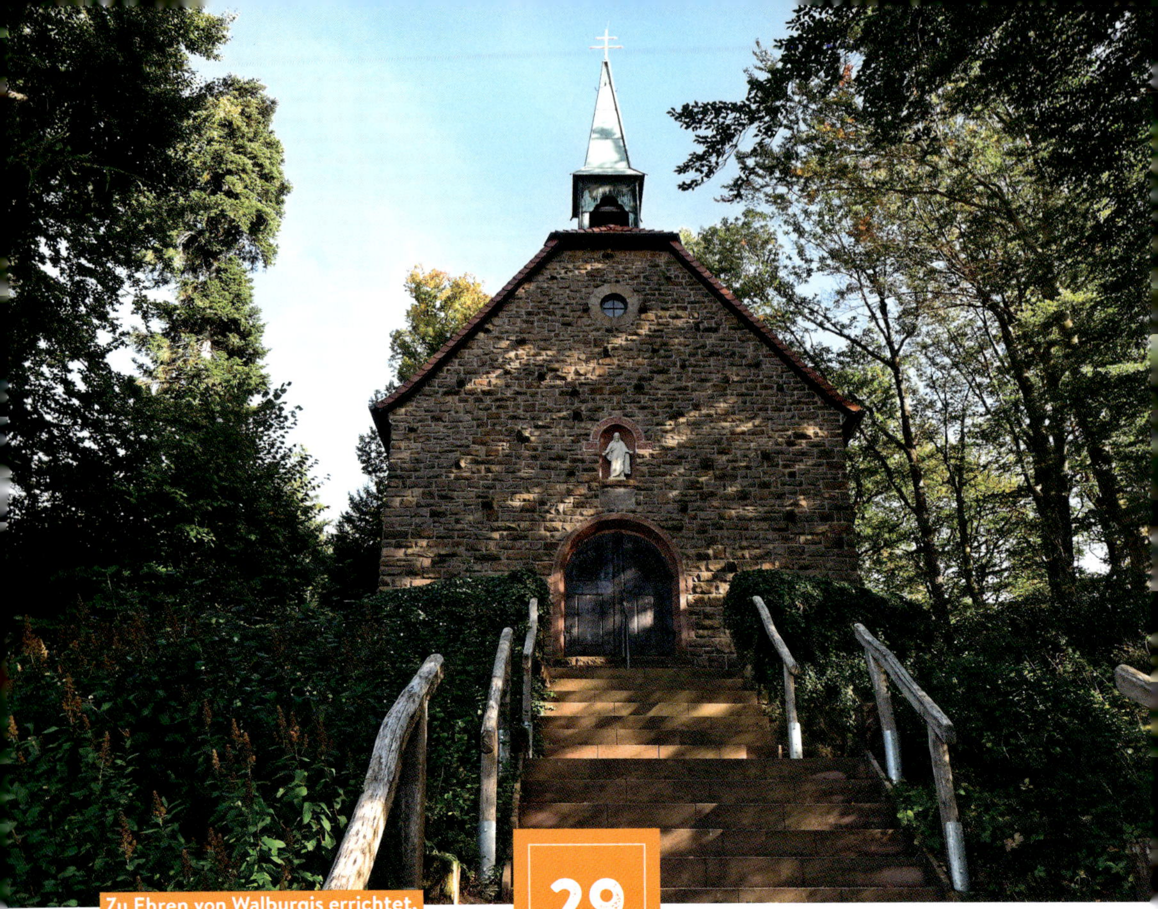

Zu Ehren von Walburgis errichtet, der Nichte des heiligen Bonifatius

29

Auf den Spuren Karls des Großen

Vom Lärmfeuer zur Walburgiskapelle

Gleich mehrere Zeugnisse alter Kulturen begegnen uns auf der waldreichen Tour im oberen Weschnitztal. Vom alten Sühnekreuz des lahmen Schneiders führen ausgetretene Naturpfade über einen alten Pilgerweg zum Mossauer Bild. Nach mittelalterlichen Spuren Karls des Großen begegnen wir am Hildegeresbrunnen einem weiteren potenziellen Ort des Meuchelmords an Siegfried.

ABGELÖST Vom Wanderparkplatz bei **A Weschnitz** aus ziehen wir bergauf in Richtung Kapelle. Nach wenigen Metern, vor dem Waldfriedhof, verlassen wir den Weg nach links und lassen uns vom G8-Rundwanderweg leiten. Alte Wegesteine mit dem Vermerk »abgelöst«, dem Mainzer Rad und der Kurpfälzischen Raute geben uns zunächst Rätsel auf. Eine Infotafel klärt schließlich auf. Wir erreichen den Wanderparkplatz **1 Wegscheide** 1, Wasserscheide zwischen Rhein und Donau, halten uns links, überqueren die Siegfriedstraße und biegen am gegenüberliegenden Parkplatz rechts ab.

DER ERDOLCHTE SCHNEIDER Wir gehen rechts am Parkplatz vorbei und orientieren uns am Ende an der geradeaus weisenden gelben 4. Nach dem Rechts-links-Versatz des Weges und der ansteigenden Waldetappe finden wir rechts des Weges einen Hinweis zum **2 Schneiderskreuz**, das knapp 50 Meter unterhalb steht. Auf dem Sandsteinblock sind schemenhaft die Umrisse einer Person mit einem kürzeren Bein abgebildet. In der linken Hand könnte sie ein Messer halten, das auch auf dem Schaft des abgebrochenen Kreuzes dargestellt ist. Ein lahmer Schneider soll der Legende zufolge hier um 1700 auf dem Heimweg erdolcht worden sein.

ZU PILGERS RAST An der nächsten Einmündung eines Weges ziehen wir geradeaus weiter und bleiben auf dem breiten Forstweg, der erst einen großen Linksbogen beschreibt und dann nach rechts bergab führt. Etwa 300 Meter nach der Kurve heißt es etwas aufpassen, da der links abgehende unmarkierte Waldpfad, kurz vor einem abgeholzten Areal, nur schwer erkennbar ist. Auf federndem Waldboden geleitet uns der Pfad zur Jürgen-Gießke-Hütte. Wenige Meter nach der Kreuzung folgen wir dem halb rechts verlaufenden Weg, der mit einem Wegweiser in Richtung Lärmfeuer (gelbe 3) gekennzeichnet ist. Ein paar Schritte weiter staunen wir über einen seltsamen Grabstein mitten im Wald. Der **3 Neesstein**, die Grabsäule des Gräflich-Erbachischen Försters Nees und seiner Tochter, wurde nach Abräumen des Grabes in Reichelsheim an dessen Lieblingsplatz im Wald aufgestellt. Wir biegen dahinter rechts ab und folgen dem schmalen Wurzelpfad stramm bergauf. Am zweiten Querweg biegen wir links ab (rotes Plus) auf einen Pilgerweg, der mit alten Wegsteinen gesäumt ist. Das **4 Mossauer Bild**, ein spätgotischer Häuschenbildstock aus dem 16. Jahrhundert, war Treffpunkt und Gebetsort der Pilger, die von der Bergstraße zum Wallfahrtsort Walldürn zogen. Gegenüber lädt eine Picknickgruppe zur Rast am traditionsreichen Ort ein.

MEHR FEUER ALS LÄRM Wir gehen scharf rechts und wandern in fast entgegengesetzter Richtung wieder zurück (gelbe 3). An einer verfallenden Holzbank schicken uns die Wanderzeichen nach rechts, wo wir nach ei-

Das Schneiderskreuz, wo vermutlich ein lahmer Schneider erdolcht wurde.

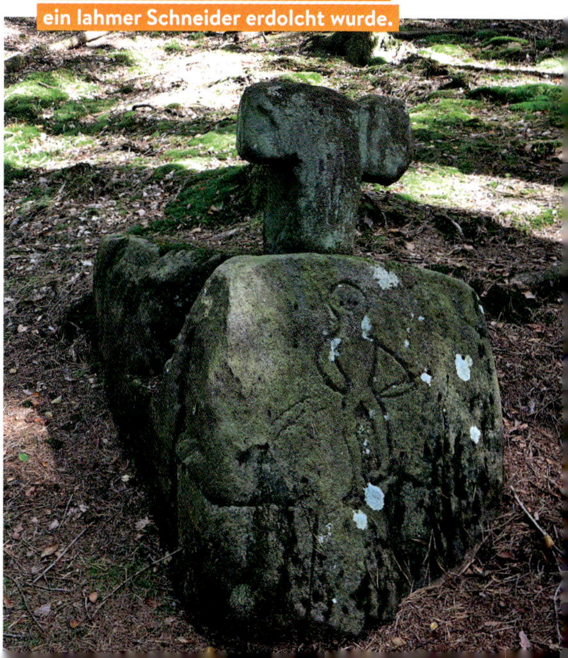

nigen Metern rechts die Ihrig-Hütte finden. Eine Infotafel davor erläutert uns die Systematik der Lärmfeuer, die seit dem Dreißigjährigen Krieg bis zu den Napoleonischen Feldzügen die Bevölkerung mittels großer Feuer auf herannahende Feinde aufmerksam machten. Ähnlich wie bei den Wachtürmen des Limes wurden die Feuer- und Rauchsignale von einem Posten zum nächsten weitergegeben. Gegenüber, etwas im Unterholz versteckt, ein Gedenkstein von 1883 mit dem Erbacher Wappen. Auf federndem Waldpfad, umrankt von Heidelbeeren, erzählt eine weitere Tafel, wie sich Kinder früher in den Heidelbeerferien ihren »Wiesenmarktpfennig« für das Erbacher Volksfest verdienten.

UND NOCH EIN SIEGFRIEDBRUNNEN

Nach einem großen abgeholzten Areal richten wir unsere Sorgfalt auf den rechten Wegesrand, wo wir einen dreieckigen Wegestein ausmachen. Dort folgen wir nach rechts der gelben 3 auf einen unscheinbaren Pfad. Durch herrlichen Mischwald mit regionstypischen Buchen, Eichen und Kiefern senkt sich der Weg ab. Wir queren einen Forstweg und verlassen hier unser Markierungszeichen, das nach rechts weiterführt. Stattdessen ziehen wir halb links auf breitem Forstweg zügig Richtung Tal. Kurz vor dem Waldaustritt, die Straße ist schon hörbar, verzweigt ein Forstweg nach links. Wer den Abstecher zum hübsch gelegenen Hofcafé im

INFO

TOURENCHARAKTER

Anspruchsvolle Rundtour auf bequemen Forst- und reizvollen Naturwegen

AUSGANGS-/ENDPUNKT

Waldparkplatz Kapellenberg (330 m)

ANFAHRT

Auto: Von Weinheim das Weschnitztal hoch auf B38. Hinter Fürth auf B460 nach Weschnitz. Parken am Waldparkplatz Kapellenberg; Bus & Bahn: Von Weinheim Bhf. verkehrt die Buslinie 681 nach Grasellenbach. Weiter mit Bus 667 nach Weschnitz-Mitte. Von Heppenheim mit Bus 667 bis Weschnitz

GPS

49.65782, 8.84735

GEHZEITEN

Weschnitz – Schneiderskreuz 1 Std. – Lärmfeuer 1.45 Std. – Hildegeresbrunnen 1.15 Std. – Weschnitz 1 Std.

mittel | 5 Std. | 14,8 km | 450 hm

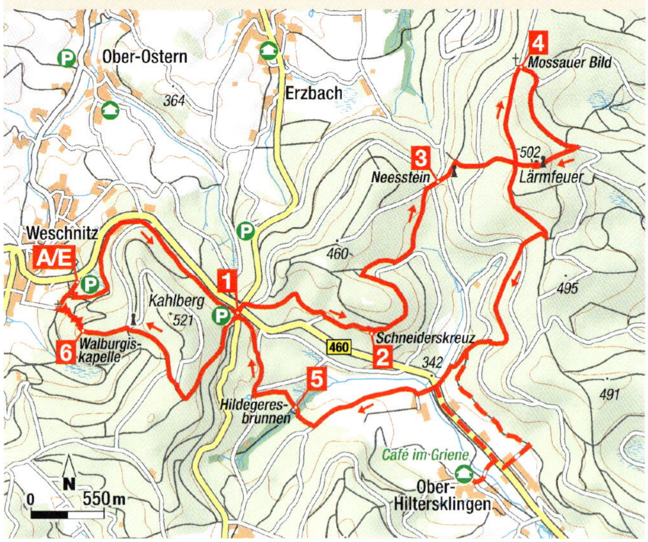

EINKEHR

Ober-Hiltersklingen, Hofcafé im Griene, Mi–Sa 14–18, So und feiertags 9–18 Uhr, www.hofcafe-im-griene.de

INFORMATION

Tourist Information NibelungenLand, Tel. 06251/175260 www.vorderer-odenwald.de

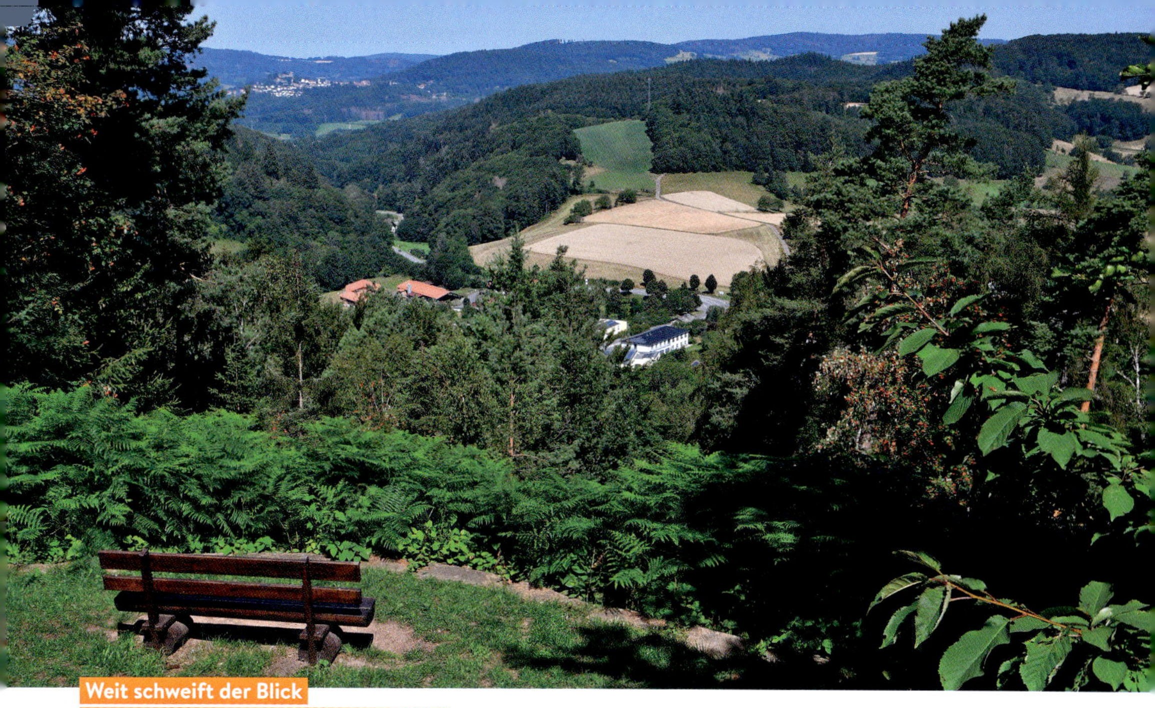

Weit schweift der Blick
von der Terrasse der Walburgiskapelle.

Griene macht, biegt hier links ab und wandert genüsslich am Waldrand entlang, bis das Wanderzeichen nach rechts ins Tal weist. Das Café ist weithin sichtbar, gut beschildert und nicht zu verfehlen. Wer auf den Kaffee verzichtet, überquert die B460 und den Marbach und wandert auf dem Radweg in Richtung Grasellenbach weiter. Kurz nachdem wir den Wald betreten haben, biegen wir am ersten Weg rechts ab und treffen im Talgrund auf den 5 **Hildegeresbrunnen**, der schon im Jahr 795 als wichtiger Grenzpunkt der Königsmark Heppenheim im Lorscher Codex erwähnt wurde. Auch diese Quelle gilt als ein möglicher Ort, an dem Hagen den Recken Siegfried niederstreckte.

WALBURGISKAPELLE Das rote Plus leitet uns an einem düsteren Moorteich vorbei hoch zur Wegscheide. Dort queren wir die Straße und ziehen sofort links an der Schranke vorbei auf breitem Wirtschaftsweg bergauf. Nach dem eintönigen Anstieg biegen wir an erster Möglichkeit rechts ab und stoßen auf den Nibelungensteig. Er führt uns direkt an einer gigantischen Windkraftanlage vorbei, deren leises Rauschen jedoch kaum stört. Am Kreuzungspunkt mehrerer Wege auf dem Kahlberg erfahren wir, dass hier einst Karl der Große in Anwesenheit fränkischer Adliger die Gaugrenzen festlegte. Fast zur selben Zeit missionierte Walburga, die Nichte des heiligen Bonifatius, im Frankenland. Angeblich wollte sie an der heidnischen Kultstätte das Christentum verkünden und musste in einer nahegelegenen Höhle vor den Heiden Schutz suchen. Ihr zu Ehren wurde die nicht weit vom Kahlberg entfernte 6 **Walburgiskapelle** in wunderbarer Aussichtslage errichtet, die schon 795 erwähnt und im Lauf der Jahrhunderte immer wieder erneuert wurde. Von der Terrasse der kleinen Bergkapelle schweift der Blick weit über das obere Weschnitztal zum malerischen Lindenfels gegenüber und selbst die weit entfernte Burgfeste Hering im nördlichen Vorland des Odenwalds ist noch gut auszumachen. Auf dem mit Farn überwucherten Serpentinenpfad steigen wir ins E **Tal** ab.

Auf römischen und bayerischen Grenzwegen

Rund um die Hochebene von Würzberg

Vom römischen Limes auf der Hochebene wandern wir in ein idyllisches Odenwälder Tal hinab, das anmutet, als sei die Zeit stehen geblieben.

Lustige Überraschung mitten im Wald: der nachgebaute bayrische Grenzposten

30

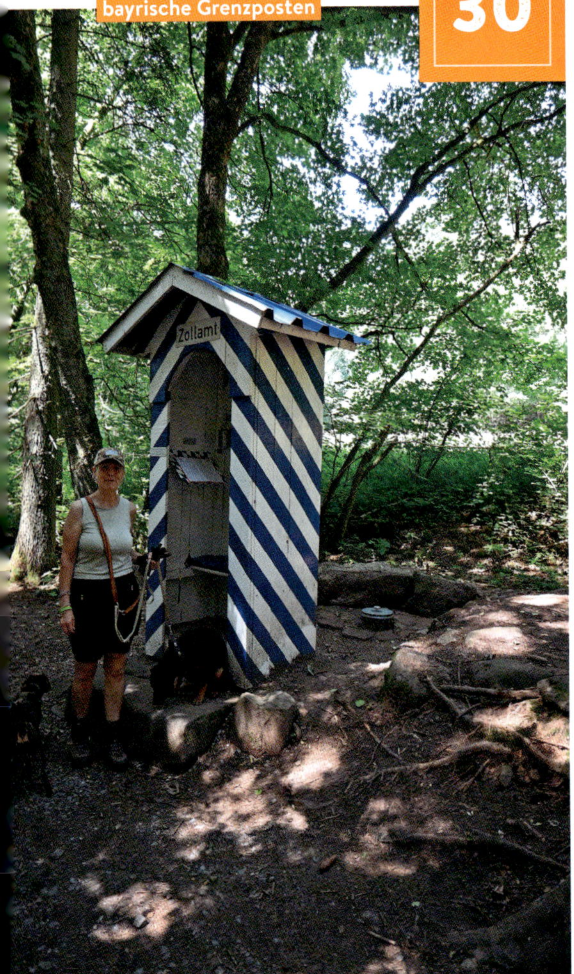

ZUM RÖMERKASTELL Im Zentrum von **A Würzberg** am kleinen Teich starten wir. Wenige Meter südlich zweigt rechts der Steinweg ab, wo uns die Wü4-Markierung bergauf lotst. Oben an der Kreuzung verlassen wir nach links mit der gelben 5 den Ort. Etwa 150 Meter nach der Linkskurve ziehen wir nach rechts und wandern zum deutlich erkennbaren Wall des Römerkastells. Interessant sind die Reste des **1 Römerbads**. Im 1981 restaurierten Bad sind die Räume des römischen Wellnessbads gut zu erkennen. Vom Kaltbad (Frigidarium) durchliefen die Besucher das Schwitzbad (Sudatorium), ähnlich einer Sauna, um sich im lauwarmen Caldarium mit Fußboden- und Wandbeheizung wieder zu akklimatisieren. Auf dem Wü4-Weg geht es zum Wanderparkplatz. Dahinter, auf der Kreisstraße, biegen wir gegenüber der Baumgruppe rechts ab. Kurz vor dem Linksknick des Forstwegs wechseln wir rechts auf einen unmarkierten Waldweg. Zwei alte Grenzsteine zeigen, dass wir in kurmainzisches Gebiet wechseln. Der Weg scheint sich im hüfthohen Dickicht zu verlieren. Erst an einem Wendehammer stoßen wir wieder auf einen befestigten Forstweg, den wir nach 200 Metern nach links verlassen. Nach der Rechtskurve gelangen wir an

INFO

TOURENCHARAKTER
Außer dem überwucherten Waldpfad nach den ersten Grenzsteinen bequeme Wald- und Talwege

AUSGANGS-/ENDPUNKT
Parkplatz im Ortszentrum von Würzberg (485 m)

ANFAHRT
Auto: Von Frankfurt aus über A3 und B45 Dieburg, Groß-Umstadt nach Michelstadt. B47 bis kurz vor Eulbach, dann rechts nach Würzberg; Bus & Bahn: Von Darmstadt oder Eberbach mit Odenwaldbahn nach Michelstadt. Von dort mit Bus 40 nach Würzberg

GPS
49.64737, 9.08090

GEHZEITEN
Würzberg – Römerbad 0.30 Std. – Schrahmühle 1.45 Std. – Bayr. Grenze 1.30 Std. – Würzberg 1.15 Std.

EINKEHR
Würzberg, Odenwälder Caféstube, Di–So, 13–17 Uhr

INFORMATION
www.bergstrasse-odenwald.de

mittel | 5 Std. | 15,6 km | 380 hm

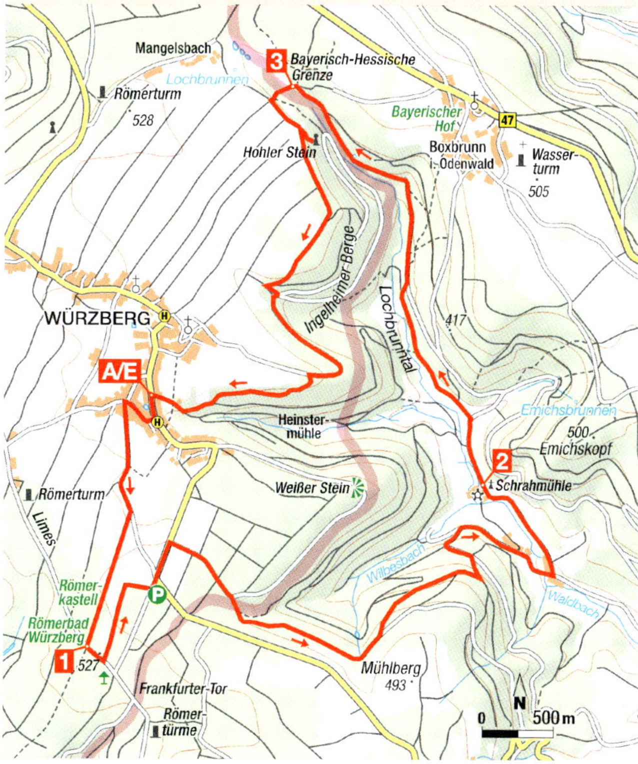

eine Kreuzung und ziehen in spitzem Winkel nach links einen Hohlweg bergab. Unten führt uns der Wa2-Wanderweg zu Tal, wo wir nach der Bachüberquerung am Kreuz nach links talaufwärts marschieren (Wa3).

SCHRAHMÜHLE Nach zehn Minuten erreichen wir die schon 1395 erwähnte **2 Schrahmühle** mit der kleinen Kapelle. Der Sage nach wurde die frühere Mühle samt Müller von einem Unwetter weggeschwemmt. Nur seine Hand ragte aus dem Wasser. An dieser Stelle erbaute man die (heutige) Mühle. Bauernhofidylle, wie man sie aus der Kindheit kennt.

ZUR BUNTEN LANDESGRENZE Wir schlendern das Tal hoch, verlassen an der Ruhebank Wa3 und bleiben linkshaltend im idyllischen Lochbrunntal. Nach letztem Anstieg erreichen wir die Oberkante der Schlucht, wo uns etwas Skurriles erwartet. Über dem Bachlauf wird eine alte **3 Bayerisch-Hessische-Grenze** nachgestellt. Wir überschreiten die Brücke und wenden uns am Waldaustritt nach links. Nach 300 Metern weist ein Schild nach links zur versteckten Felsgruppe Hohler Stein. Zurück am Weg folgen wir dem Wü4-Wanderweg nach **E Würzberg.**

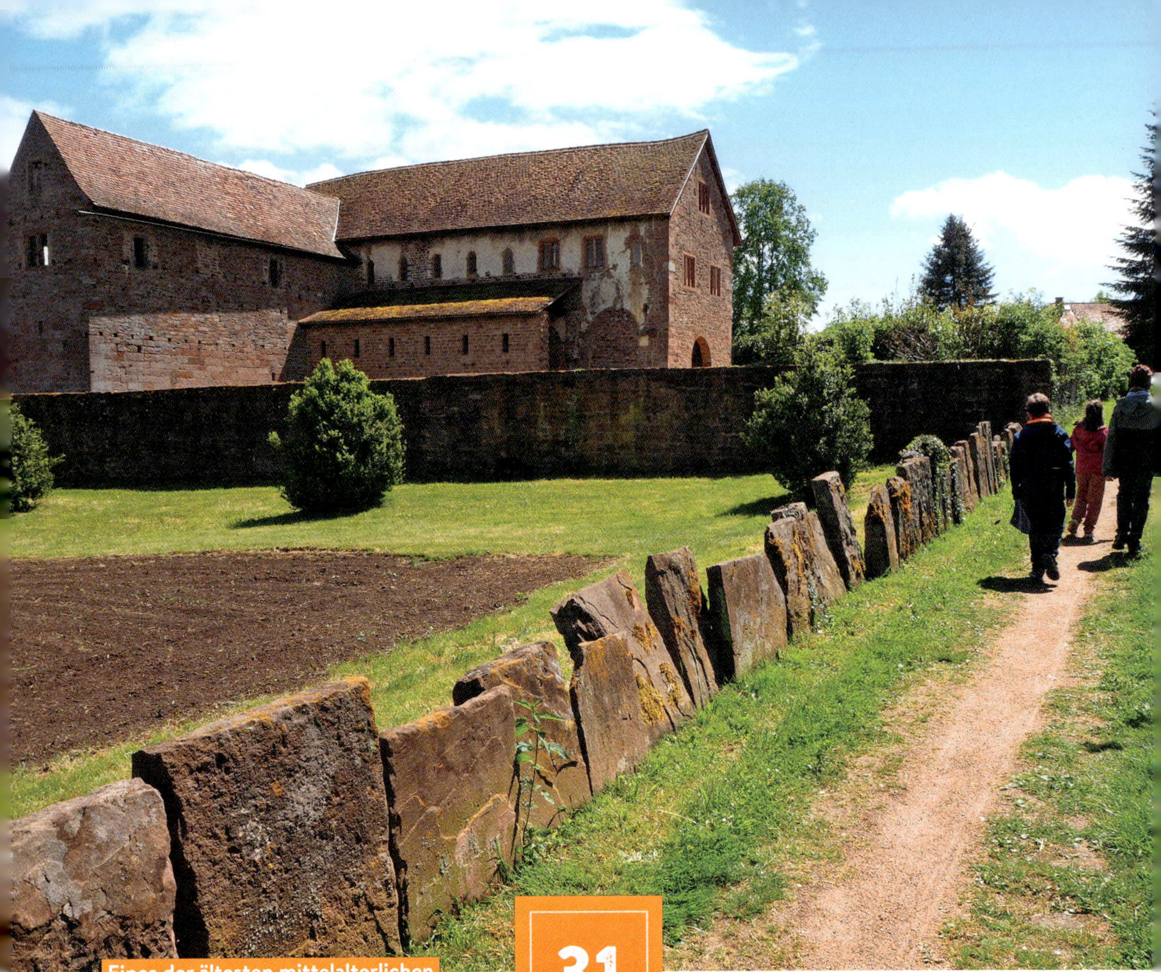

Eines der ältesten mittelalterlichen sakralen Bauwerke: die Einhardsbasilika

31

Der Sonnengesang des heiligen Franziskus

Zur Einhardsquelle bei Michelstadt

Was wären die Kapitel der Geschichtsbücher ohne das Wissen um die Biografie Karls des Großen aus der Feder seines Vertrauten Einhard? Auf seinen Spuren wandeln wir hier und würdigen die Natur mit den Zeilen des Sonnengesangs des heiligen Franziskus.

SCHLOSS FÜRSTENAU Wir beginnen unsere Tour am Bahnhof von **A Michelstadt**. Dabei lassen wir uns auf weiten Teilen vom Kulturhistorischen Wanderweg Steinbach des Geo-Naturparks leiten (gelbes L). Wir überqueren ortsauswärts die Gleise und biegen vor der Mümlingbrücke rechts ab. Unser Weg führt direkt zum Schloss Fürstenau, dem wir zuerst einen Besuch abstatten. Durch einen Torbogen betreten wir das Areal des prächtigen Renaissanceschlosses, das von der Grafenfamilie zu Erbach-Fürstenau noch heute bewohnt wird. Die ehemalige mittelalterliche, von Kurmainz errichtete Wasserburg wurde von den Erbachischen Grafen zu einer dreiflügeligen Schlossanlage erweitert. Besonderes Augenmerk verdienen der Rote Turm mit überdachtem Umlaufgang und der reichhaltige verzierte Torbogen daneben. Zurück am Eingangstor wenden wir uns nach rechts und wandern auf der Schlossstraße zur **1 Einhardsbasilika**.

Tipp

DER BAUMEISTER KARLS DES GROSSEN

Der aus dem fränkischen Hochadel stammende Einhard wurde im Kloster Fulda erzogen. Durch außerordentliches Talent schaffte er es, in den engsten Kreis Karls des Großen aufzusteigen, wo er maßgeblich an der Errichtung zahlreicher Bauwerke und Pfalzen beteiligt war. Auch als Biograf Karls des Großen ging er in die Geschichte ein. Wegen seiner Verdienste, die auch Karls Sohn Ludwig der Fromme würdigte, erhielt er von diesem im Jahr 815 die Mark Michelstadt als Schenkung. In der Absicht, sich nach seinen Aufgaben am Kaiserlichen Hof dort niederzulassen, errichtete er am Ufer der Mümling die Basilika. Die Reliquien ließ er in einer Nacht-und-Nebel-Aktion vom Vatikan heranschaffen. Im Jahr 840 verstarb Einhard im Kloster Seligenstadt.

EINHARDSBASILIKA Je nach Öffnungszeiten können wir einen Besuch der Kirche auch auf das Ende der Tour verschieben. Zwischen 824 und 827 ließ sich der Biograf Karls des Großen »eine zur Abhaltung des Gottesdienstes geeignete prächtige Kirche« erbauen, die auch Grablege für sich und seine Frau Imma sein sollte. Tatsächlich kam es dann anders (siehe oben rechts). Die dreischiffige Basilika ist eines der besterhaltenen Bauwerke aus karolingischer Zeit, trotz ihrer Veränderungen und Zweckentfremdungen, die sie durchmachen musste. Die Basilika verfiel im Laufe der Jahrhunderte zusehends und diente zuletzt nur noch als Schuppen für Jagdgeräte und als Holzlager. Erst 1873 erkannte man die kunsthistorische Bedeutung der Basilika und sorgte für ihre Aufwertung.

ZUR EINHARDSQUELLE Vom Ausgang des Basilikageländes gehen wir bis zur Kreuzung, biegen links ab in die Einhardstraße und nach den Infotafeln nochmal links in die Höhenstraße, wo mehrere Wanderwege die steile Anhöhe hinaufleiten. Wir orientieren uns bis Rehbach vorwiegend am Meditationsweg mit dem gelben T, das ein franziskanisches Segenszeichen (Tau) darstellt. Der Themenweg ist mit Strophen des Sonnengesangs des heiligen Franziskus versehen, in

Zitate aus dem Sonnengesang des heiligen Franziskus begleiten uns.

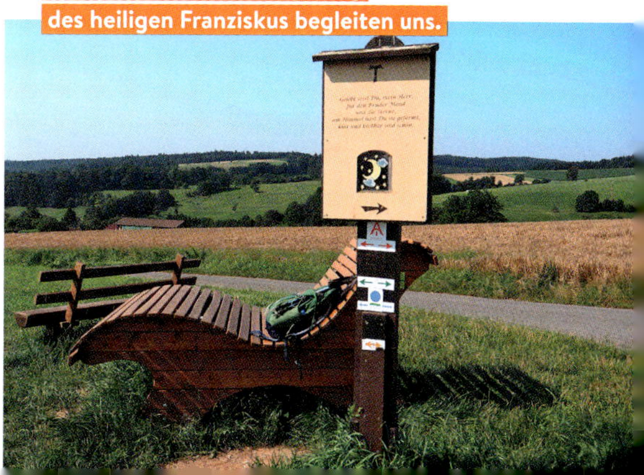

denen die Schönheit der Schöpfung gepriesen wird. Eine Tafel mit dem Dank an Luft, Wolken und Wetter sollte besonders uns Wanderer ein bisschen demütig vor dem Universum machen. Nach dem Rechtsknick des Weges am Parkplatz gehen wir halb links weiter und finden den Trampelpfad, der nach links zur **2 Einhardsquelle** hinunterführt. Ob an der erfrischenden Quelle tatsächlich schon Einhard seinen Durst gestillt hat?

EINE EIGENKIRCHE Zurück an der Kreuzung, orientieren wir uns am gelben Quadrat, das links bergauf weist. Auf der Kuppe zwischen den Getreidefeldern mit Blick auf das Brombachtal im Norden, folgen wir dem gelben T nach links auf einen Wiesenweg. Es leitet uns durch den Mischwald hinab nach **3 Rehbach**, wo wir vor dem Spielplatz links abbiegen. Rechts die Bartholomäus-Kirche, die 1113 im Lorscher Codex erstmals erwähnt wurde. Es handelt sich hier um eine Eigenkirche (auf eigenem Grund und Boden), wie sie im frühen Mittelalter meist von Laien errichtet wurden. Dabei hatte der Grundherr das Recht zur Investitur, also zur Ein- oder Absetzung eines Geistlichen ohne Zustimmung des Bischofs. In Rehbach orientieren wir uns vorübergehend am gelben V, biegen nach dem Pferdegestüt links ab, überqueren die B47 und steuern den Dorfteich gegenüber an, wo es sich prächtig picknicken lässt.

EIN WEIHESTEIN FÜR GÖTTIN DIANA
Nach der Fischerhütte gehen wir rechts hoch und biegen am Waldrand links ab. Hier treffen wir auf das rote A des Alemannenweges und folgen ihm vorerst. Auf federweichem Waldpfad geht es weiter, wobei leider die Geräusche der nahen Bundesstraße für eine Weile etwas störend sind. Am Wanderwegweiser Schmelzbrunnen orientieren wir uns an der grünen S4, die nach rechts weist. In ein paar Kurven zieht sich der Forstweg hoch bis zum **4 Forsthaus Acht Buchen**. Das ehemalige Forsthaus war ein Ausflugsziel der

Wasserlilien umrahmen den einladenden Picknickplatz am Dorfteich von Rehbach.

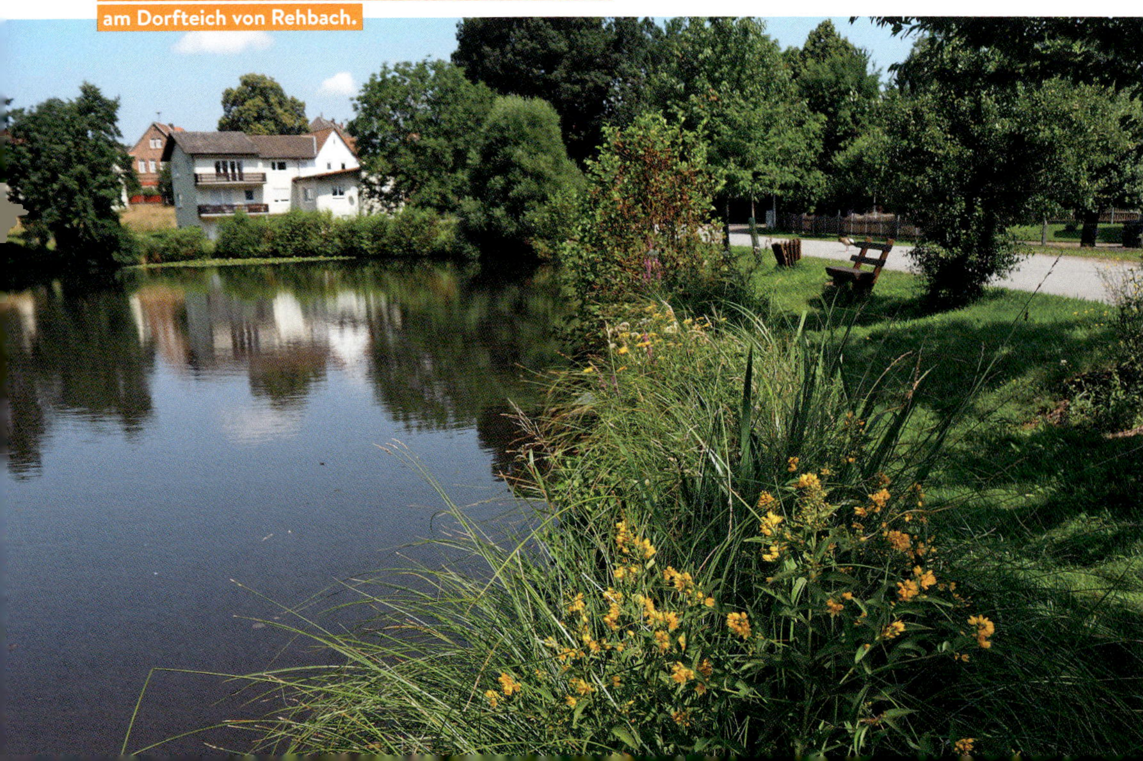

INFO

TOURENCHARAKTER

Beliebter kulturhistorischer Wanderweg ohne markante Steigungen

AUSGANGS-/ENDPUNKT

Bahnhof Michelstadt (200 m)

ANFAHRT

Auto: Von Frankfurt über A3/B45 Dieburg, Groß-Umstadt nach Michelstadt. Von Bensheim über B47/B460 über Reichelsheim; Bus & Bahn: Von Darmstadt mit Regionalbahn bis Michelstadt. Von Heidelberg mit S1 bis Eberbach, dann Bus 50 bis Michelstadt

GPS

49.68546, 9.00224

GEHZEITEN

Michelstadt – Einhardsquelle 1.15 Std. – Rehbach 0.45 Std. – Forsthaus 8 Buchen 1.00 Std – Michelstadt 1.30 Std.

EINKEHR

Unterwegs keine Möglichkeit. Idyllische Picknickbänke am Dorfteich in Rehbach

leicht | 4.30 Std. | 13,8 km | 340 hm

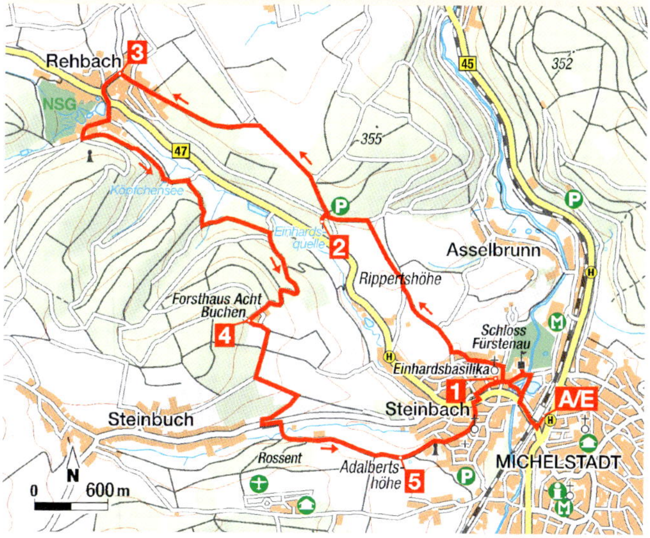

INFORMATION

Gästeinformation, 64720 Michelstadt, Marktplatz 1, www.michelstadt.de oder unter www.geo-naturpark.net

gräflichen Familie innerhalb des damals reichhaltigen Wildparks, in dem sich über 600 Hirsche tummelten. Ganz in der Nähe entdeckte man einen Diana-Altar (Römische Göttin der Jagd). Anscheinend kannten schon die Römer den Wildreichtum der Gegend. Hinter dem Gebäude biegen wir links ab und genießen eine prächtige Aussicht ins Mümlingtal. Wir bleiben dem S4-Wanderweg treu, überqueren am Friedhof die Kreisstraße und biegen rechts ab.

BAAL-SCHEM Ein Birnbaum erinnert an einen berühmten Michelstädter Bürger, dessen Grab noch heute von Juden aus aller Welt aufgesucht wird. Der Rabbiner Seckel-Löb-Wormser, bekannt als Baal-Schem, führte im 18. Jahrhundert eine Talmudschule in Michelstadt, die zur Verbreitung jüdischen Wissens maßgeblich beigetragen hat. Er genoss großes Ansehen, sodass nach seiner Beerdigung 1847 in einer Zeitung zu lesen war, dass »auch Seine Erlaucht, der regierende Graf zu Erbach-Fürstenau, hatten die Gnade, Seine Achtung dem Verblichenen durch eine Deputation zu bezeugen«.

ADALBERTSHÖHE An der **5 Adalbertshöhe**, wo früher ein Aussichtsturm stand, können wir es uns noch mal bei prächtiger Aussicht gemütlich machen. Unten im Ort bringt und uns das rote Dreieck zurück zur Einhardsbasilika und auf bekanntem Weg zurück zum **E Ausgangspunkt**.

Zur römischen Oberschicht

Von der Villa Haselburg zur Obrunnschlucht

Ein Höhepunkt der Wanderung ist das Freilichtmuseum der Villa Haselburg, Vergnügen für Kinder die Obrunnschlucht mit Skulpturen und Miniaturen.

32

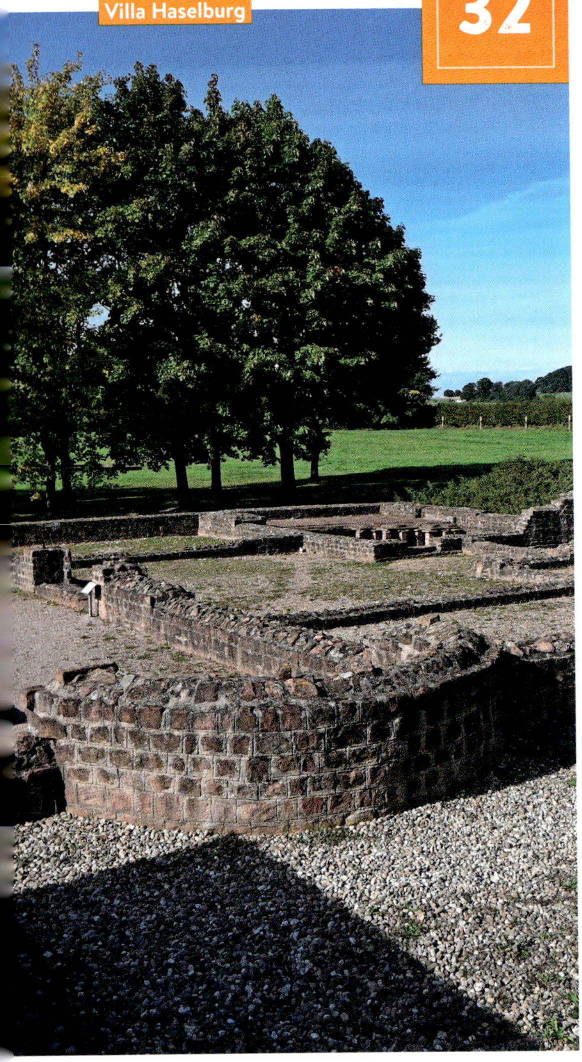

Ausgrabungen an der Villa Haselburg

DURCHS GRÜNE ANNELSBACHTAL Gegenüber dem alten Bahnhofsgebäude von **A Höchst** folgen wir dem grünen H1-Rundwanderweg. Vor dem Wald gehen wir nach rechts zur Villa Haselburg (kurze Variante geradeaus). Nach ein paar Schritten sehen wir den jüdischen Friedhof (Schlüssel beim Gemeindebauamt) . Vor **1 Annelsbach** verlassen wir den Wald und wandern durch die grüne Bachaue. Links der Straße entdecken wir ein altes Sühnekreuz. Die Sage berichtet von einem Mord. Der Überfallene rief in letzter Verzweiflung die Vögel zu Zeugen und Rächern an. Immer wenn der Mörder nun am Ort des Verbrechens vorbeikam, attackierte ihn eine Amsel. So konnte er schließlich gefasst werden.

EIN RÖMISCHER LANDSITZ Wir durchqueren das Dorf und wandern durch das Annelsbachtal. Nach Querung der Landesstraße auf der Höhe weisen uns die Wanderzeichen nach rechts zur **2 Villa Haselburg** mit der Ausgrabungsfläche der römischen Villa, die um 120 n. Chr. erbaut wurde. Die Anlage umfasst ein repräsentatives Herrenhaus mit Wirtschaftsgebäuden und einen Badetrakt. Der eingemauerte Matronenstein ist eine Replik, das Original steht in der Bergkirche Mümling-Crumbach. Nach der Besichtigung wandern wir talwärts in Richtung Mümling-Grumbach. Am Picknickplatz Römer-Hütte vorbei ziehen wir gen Wald und umwandern in großem Rechtsbogen die Anhöhe. In Mümling-Grumbach überqueren wir die B45 und steigen die Stufen zur **3 Bergkirche** empor.

EINE SCHLUCHT FÜR KINDER Am Waldeintritt weist uns der H1 nach links. Wir kürzen die Schleife ab, gehen geradeaus auf dem MG2-Weg. Am Wald gegenüber finden wir die H1-Markierung, die uns bergab über die Hühnerleiter nach rechts zum oberen Ende der **4 Obrunnschlucht** leitet. Wir queren immer wieder den Bachlauf, und an jeder Ecke lugt ein Häuschen, Schlösschen oder eine Märchengestalt hervor. Bei Jim Knopf und Lukas verlassen wir die Schlucht und folgen den Wanderzeichen zurück nach **E Höchst**.

INFO

mittel | 5.30 Std. | 17,1 km | 410 hm

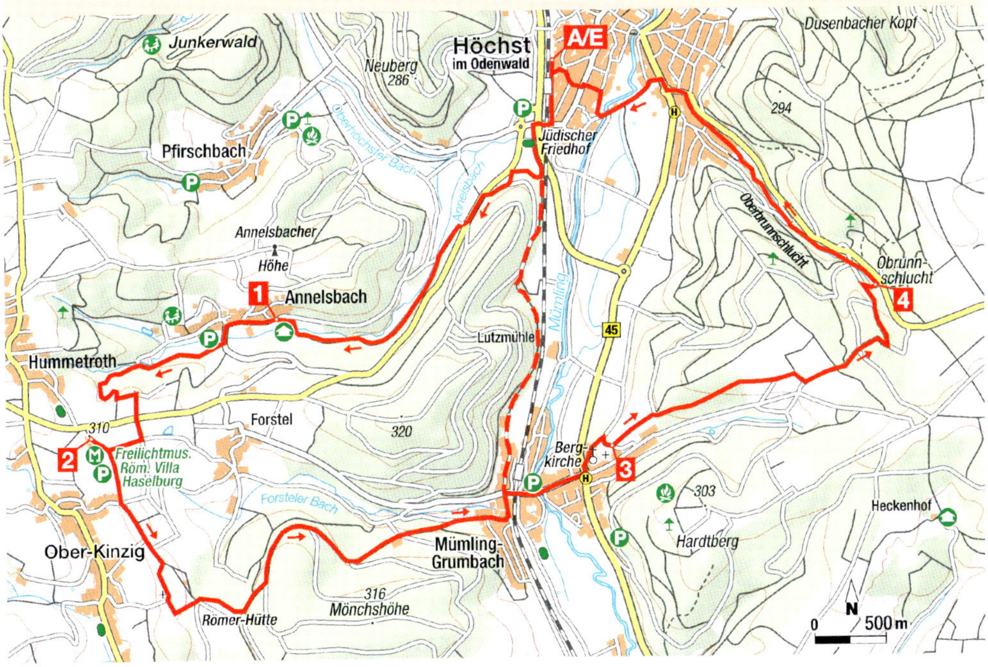

TOURENCHARAKTER

Streckenwanderung, auf Waldpfad durch die Obrunnschlucht

AUSGANGS-/ENDPUNKT

Höchst Bahnhof (175 m)

ANFAHRT

Auto: Von Frankfurt A3 bis Kreuz Weskirchen, dann B45. Von Darmstadt B26 und B45 bis Höchst; Bus & Bahn: Mit der VIAS Odenwaldbahn bis Höchst

GPS

49.79551, 8.98912

GEHZEITEN

Höchst – Villa Haselburg 1 Std. – Mümling-Grumbach 1.45 Std. – Höchst 1 Std.

EINKEHR

Gasthaus und Landhotel Dornröschen in Annelsbach, Tel. 06163/24 84, www.dornroeschen-annelsbach.de

INFORMATION

www.hoechst-i-odw.de

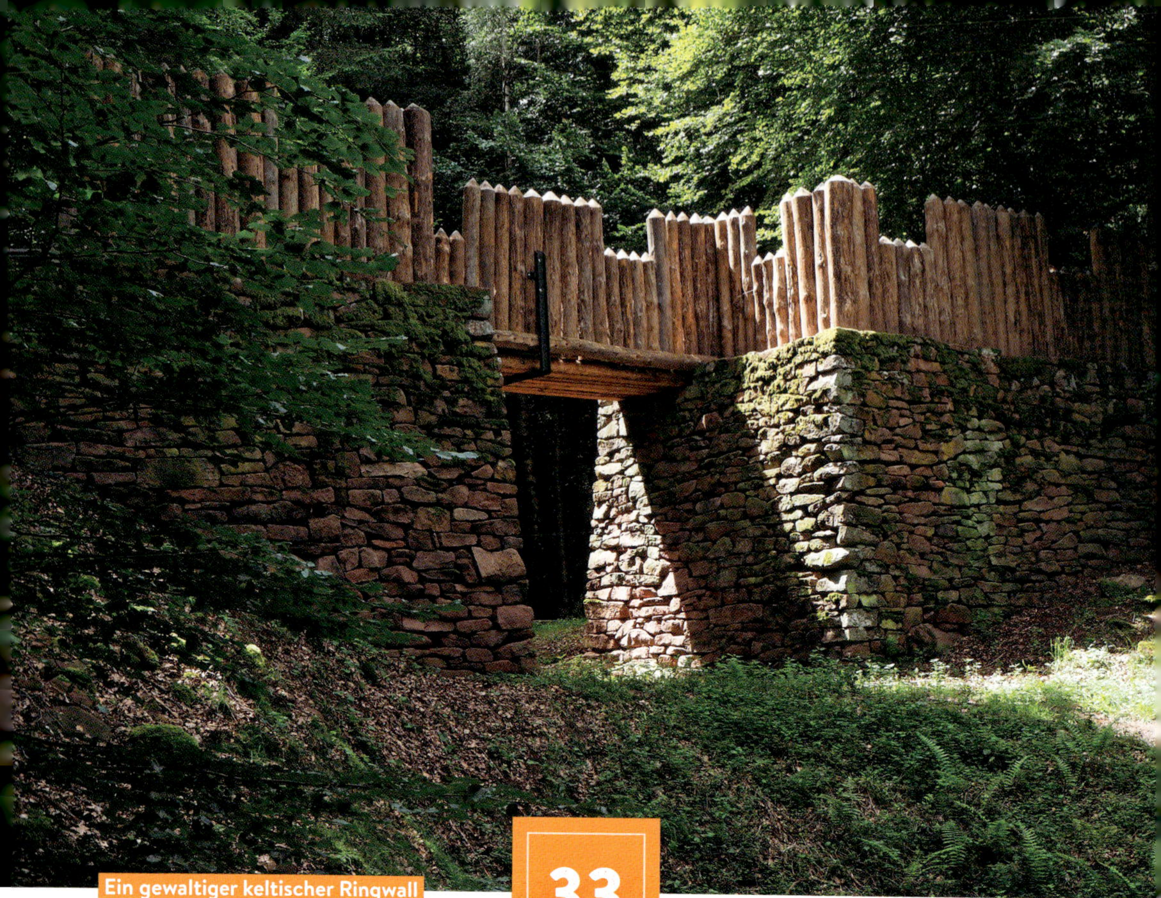

Ein gewaltiger keltischer Ringwall umfasste die gesamte Bergkuppe.

33

Von Kelten und mittelalterlichen Steinmetzen

Zum Centgrafenberg bei Bürgstadt

Auf herrlichen und aussichtsreichen Naturwegen führt die Tour über den geschichtsträchtigen Bürgstädter Hausberg, wo uns die Sandsteinfiguren von Siegfried, Gunther und Kriemhild erwarten. Zu guter Letzt macht der Ausgang der Wanderung durch eine bunte Weinberglandschaft Lust auf ein Glas Wein, das wir mit etwas Glück in einer fränkischen Häckerwirtschaft aufstöbern.

CENTGRAFENKAPELLE Vom Parkplatz Nahe des Mainufers von **A Bürgstadt** gehen wir hoch zum stattlichen Renaissance-Rathaus, das 1590 mit den reichlich sprießenden Einnahmen aus dem Weinanbau errichtet werden konnte. Eine Halskrause vor dem Eingangs- und ehemaligen Markttor lässt vermuten, dass hier so mancher Missetäter zur Schau gestellt wurde. Links haltend, folgen wir dem Nibelungensteig in die Freudenberger Straße und biegen vor der Pfarrkirche rechts ab. Wir spazieren durch den Pfarrhof und finden dahinter die absolut sehenswerte Martinskapelle (siehe Tipp). An der kleinen Grünanlage vorbei führen uns die Markierungszeichen zum Wanderparkplatz Stutz. Dort geht es auf dem Ewaldsweg weiter zur **1 Stutzkapelle**, wo wir unter alten Kiefern stimmungsvolle Ausblicke auf Bürgstadt und die Höhen des Spessart gegenüber genießen. Ein angenehmer Waldweg führt uns weiter hinauf zur **2 Centgrafenkapelle**, von der wir ins Maintal und das Seitental der Erf hinunterblicken. Die Kapelle ist keine Ruine, wie man auf den ersten Blick vermutet, sondern ein unvollendetes Gotteshaus. Der Einfall der protestantischen Schweden im Dreißigjährigen Krieg beendete 1629 die Bautätigkeit. Kurz dahinter begegnen uns erste Tafeln und Sandsteinskulpturen zur Nibelungensage. Sie wurden hier am Ende (bzw. Anfang) des bekannten Weitwanderwegs von einem Bildhauer und Schülern und Schülerinnen der Mittelschule Miltenberg aufgestellt.

AUSSCHUSS BEI DER STEINBEARBEITUNG Wir folgen dem roten N in Richtung Ausgrabung und treffen auf mittelalterliche Relikte der Sandsteinverarbeitung. Nach den ersten Säulenrohlingen drehen wir eine kurze Schleife nach links und biegen an der auffälligen dreischichtigen Felsformation rechts ab. Dahinter finden wir Fragmente von Mühl-

Tipp

DIE MARTINSKAPELLE IN BÜRGSTADT

Dieses Kleinod sakraler Kunst sollte man sich nicht entgehen lassen. Die Kapelle zählt zu den ältesten Kirchenbauten in Franken und geht bis ins 10. Jahrhundert zurück. Der heutige Stand beruht auf einer grundlegenden Erneuerung im 16. Jahrhundert. Der gesamte Innenraum überrascht mit Renaissancefresken, die sich über Wände und die Decke erstrecken. In über 50 Bildtafeln sind Geschichten aus dem Alten und Neuen Testament dargestellt, die früher den Leseunkundigen die Heilige Geschichte nahebringen sollten. Eine Kreuzigungsgruppe wird der Schule Tilman Riemenschneiders zugeschrieben. Im Blumengeschäft gegenüber erhält man den Schlüssel zur Besichtigung.

Und wieder begleiten uns die Nibelungen auf dem Skulpturenweg bei Bürgstadt.

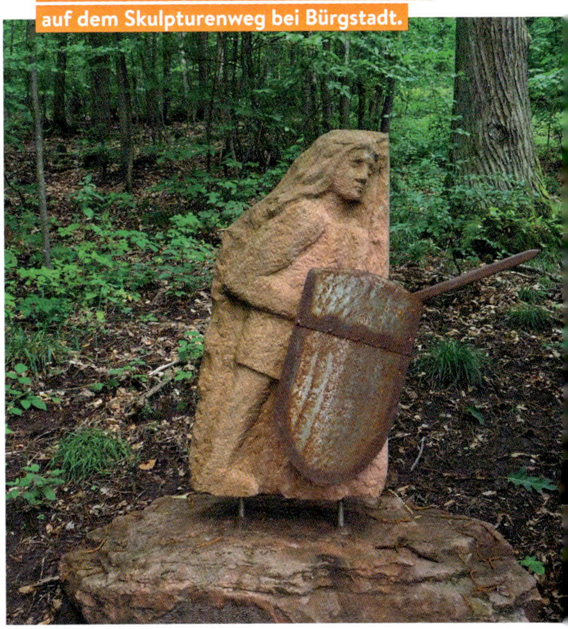

INFO

TOURENCHARAKTER
Abwechslungsreiche Wald- und Weinbergstour auf Wegen und Pfaden

AUSGANGS-/ ENDPUNKT
Bürgstadt (120 m)

ANFAHRT
Auto: Von Frankfurt über A3 bis Stockstadt. Dann B469 am Main entlang. Parkplatz Josef-Ullrich-Straße; Bus & Bahn: Von Frankfurt mit ICE bis Aschaffenburg. Von dort mit Regionalbahn nach Miltenberg und mit Bus 80 bis Bürgstadt

GPS
49.71573, 9.26464

GEHZEITEN
Bürgstadt – Centgrafenkapelle 1 Std. – Wannenberg 1.30 Std – Centgrafenberg 1 Std. – Bürgstadt 1.15 Std.

leicht | 4.45 Std. | 13,4 km | 430 hm

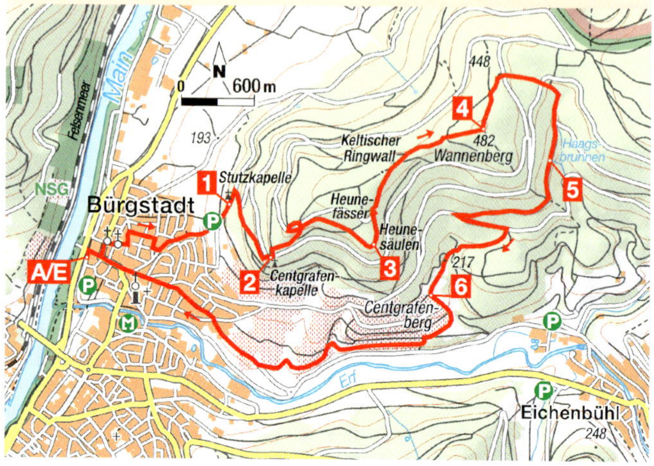

EINKEHR
Bürgstadt, Hotel Restaurant Centgraf, tgl. außer Mi/Do ab 17, So, 11.30-14 Uhr, www.hotel-centgraf.de

INFORMATION
Drei am Main, 63897 Miltenberg, Engelplatz 69, www.miltenberg.info

steinrohlingen. Nach der kurzen Runde treffen wir wieder auf den Nibelungensteig und setzen linkshaltend fort. Nachdem uns die Geschichte über die rachsüchtige Kriemhild und ihren Bruder, den Burgunderkönig Gunther, erzählt wird, treffen wir auf die nächsten bearbeiteten Steinblöcke. Die **3 Heunesäulen** und etwas später die Heunefässer sind Säulenrohlinge, die vermutlich durch Spaltungsprozesse im Gestein unbrauchbar waren und an Ort und Stelle verblieben. Eine Holztafel beschreibt detailliert den Herstellungsprozess und warum die Werkstücke dann schließlich doch ungenutzt liegen blieben. Der Name Heune leitet sich aus Hüne (= Riese) ab und stammt aus der Zeit der Romantik. Legenden, wie jene, dass die Steine Spielzeuge von Riesen waren, wurden früher um die rätselhaften Steine gewoben.

KELTISCHER RINGWALL Vom Mittelalter geht es nun in der Geschichte noch weiter zurück bis in die Zeit der Kelten. Wenige hundert Meter weiter treffen wir auf den Nachbau eines Keltischen Ringwalls, der mit einer Länge von 3,1 Kilometern um die gesamte Bergkuppe ging. Gefäßfragmente von Ausgrabungen konnten der jungsteinzeitlichen Michelsberger Kultur um 3000 v. Chr. zugeordnet werden. Zu einer erneuten Besiedlung kam es dann während der Urnenfelderkultur um 800 v. Chr., der die rekonstruierte Toranlage entspricht. Vermutlich diente sie zu jener Zeit als Fliehburg für die im Maintal siedelnde Bevölkerung.

ZUM GIPFELKREUZ Mit gemächlichem Anstieg führt unser Weg bis zum Gipfel

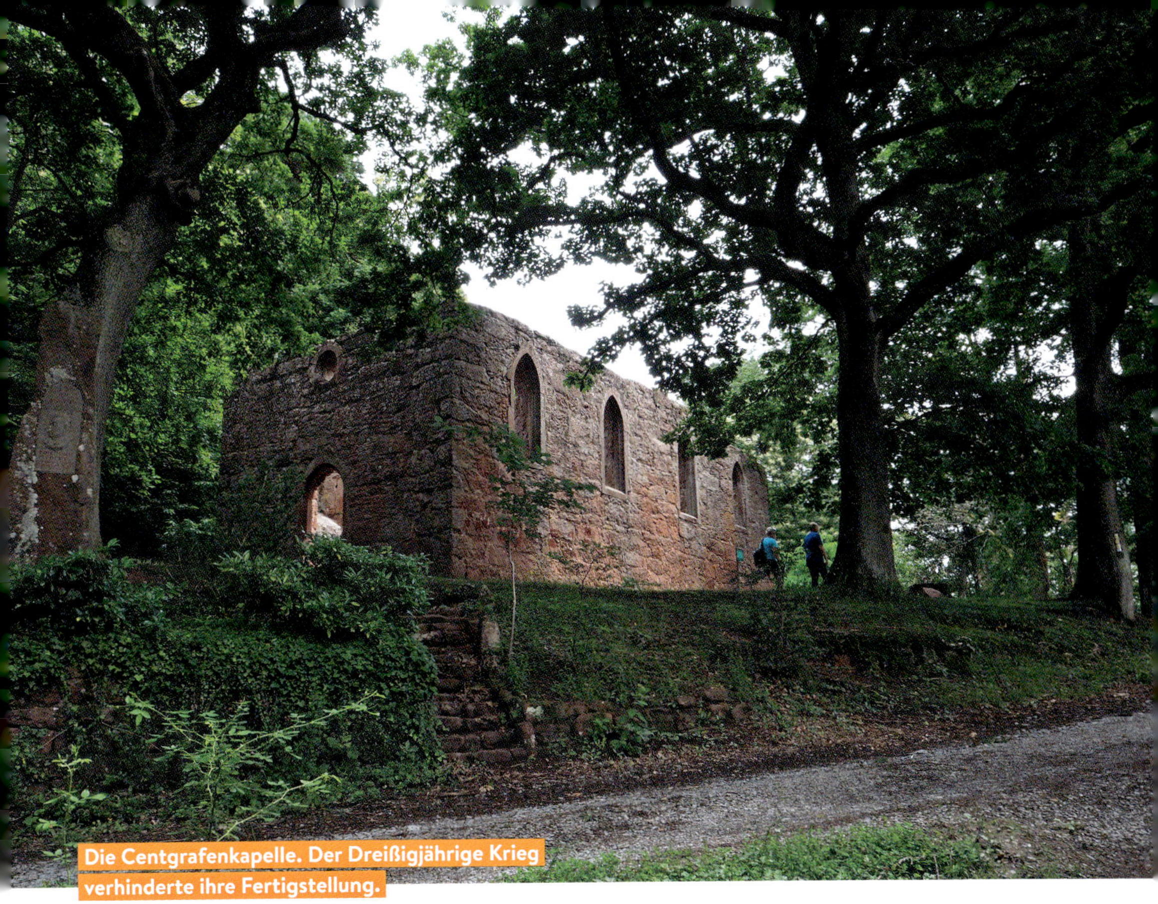

Die Centgrafenkapelle. Der Dreißigjährige Krieg verhinderte ihre Fertigstellung.

des **4 Wannenbergs**. Auch wenn die Besteigung des Bürgstädter Hausberges keine Hochleistung war, dürfen wir uns trotzdem im Gipfelbuch verewigen. Linkshaltend steigen wir wieder bergab, bis uns nach fünf Minuten an der nächsten Kreuzung der Nibelungensteig nach links verlässt. Wir gehen geradeaus den unmarkierten und von Forstmaschinen zerpflügten Waldweg bergab, queren einen Forstweg und treffen auf das Wanderzeichen rotes Dreieck. An der unter Farnen versteckten Quelle des **5 Haagsbrunnens** vorbei senkt sich der Wanderweg gemütlich ab. Nach der scharfen Linkskehre biegen wir rechts ab in den Höllgrabenweg und verlassen diesen aber sofort wieder nach rechts auf einen steil hangabwärts führenden Waldpfad. Achtung, der Höllgrabentrail, wie der Pfad sich nennt, ist auch bei Mountainbikern beliebt. An der Gabelung am Ende des Hohlwegs verlassen wir das rote Dreieck und wandern rechtshaltend auf dem Fränkischen Marienweg weiter. Er bringt uns längs einer Viehweide zu einem Gatter oberhalb der Bürgstädter Weinlage **6 Centgrafenberg**. Wir wenden uns nach links, umschreiten den Weinberg im Halbkreis und verlassen den Wirtschaftsweg an erster Möglichkeit wieder durch ein Viehgatter auf einen geschotterten Weg. Durch die idyllische Weinberglandschaft mit wunderbaren Ausblicken ins Tal der Erf wandern wir gemütlich zwischen Reben und Schafsweiden zurück. Im Ort halten wir die Richtung bei und treffen am alten Rathaus wieder auf unseren **E Ausgangspunkt**.

Jugendstil mitten im Wald

Zum historischen Wasserwerk im Ohrnbachtal

Mitten im Wald von wunderbarem Jugendstil überrascht zu werden, passiert einem nicht oft. Dazu ein geheimnisvoller rot bemalter Bildstock mit weißer Madonnenfigur, dessen Herkunft im Dunkeln liegt.

34

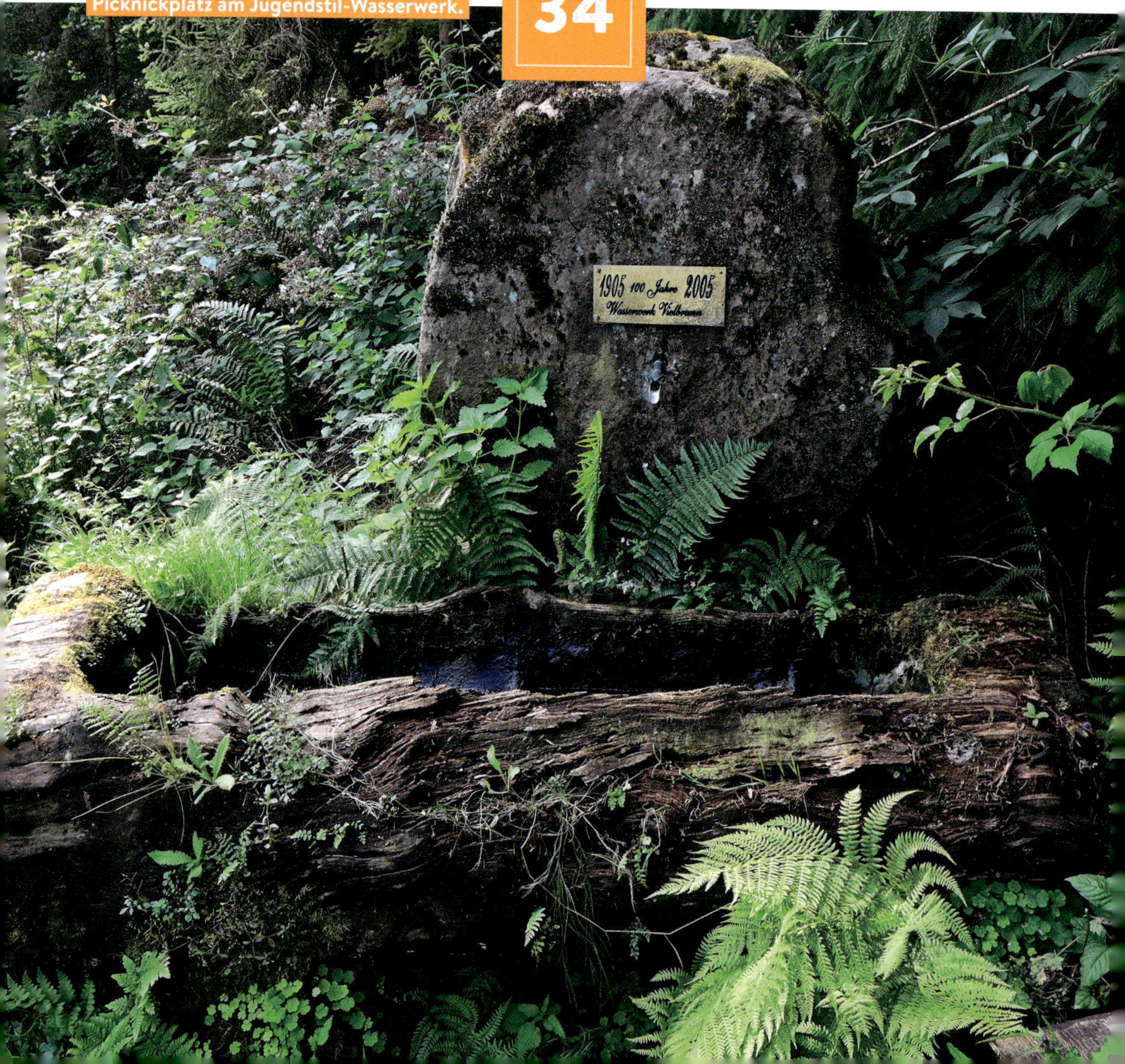

Ein alter Holzbrunnen ziert den Picknickplatz am Jugendstil-Wasserwerk.

PLANETEN AUS STEIN Im Zentrum von **A Vielbrunn** folgen wir der Durchgangsstraße in nordwestlicher Richtung und treffen auf die kleine Grünanlage mit dem Fünfröhrenbrunnen. Wir ziehen rechtshaltend hoch zur spätgotischen Kirche. Von dort bringt uns der Vi1-Wanderweg hinaus in die Feldflur, wo an der Wetterstation der Erdzeitalter- und Planetenweg beginnt. Der schnurgerade Weg über die Hochebene wird durch die steinernen Planeten etwas aufgelockert. Nach Eintritt in den Wald dürfen wir endlich den Asphalt hinter uns lassen und wandern am Rande der Hochebene zum Weiler **1 Bremhof**, dessen Gasthof am Ortsanfang mit thailändischer Küche aufwartet.

EIN WASSERWERK IM JUGENDSTIL Wir machen hier kehrt und ziehen längs des Ohrnbaches in fast entgegengesetzter Richtung weiter. Nach 10 Minuten nimmt das Plätschern eines Gewässers deutlich zu und wir passieren eine Pumpstation. Etwa 150 Meter dahinter nehmen wir links den talwärts führenden Pfad und finden am Ufer des Ohrnbaches das Wasserwerk von 1905 mit Jugendstilornamenten. Eine Picknickgruppe neben dem kunstvollen Bauwerk lädt

↓ Das geheimnisvolle Rote Bild, dessen Herkunft im Dunkeln liegt.
↘ Der spätgotische Wehrturm von Vielbrunn ist mit Schießscharten versehen.

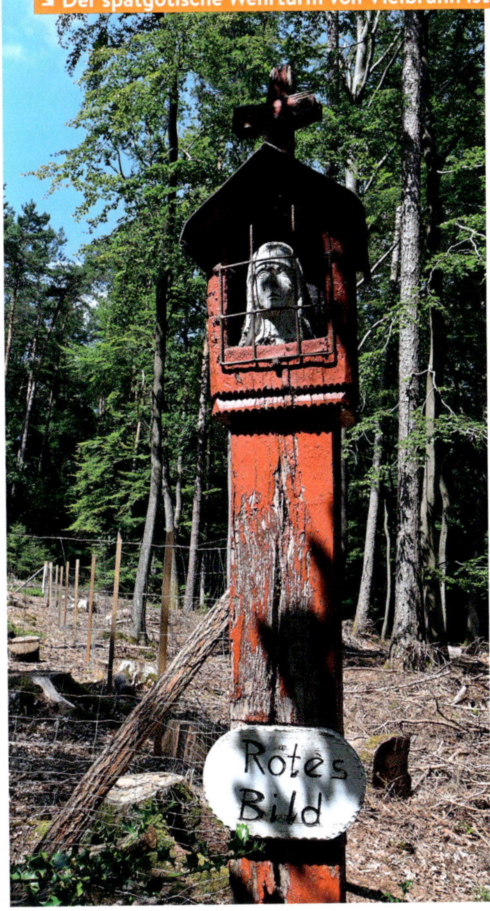

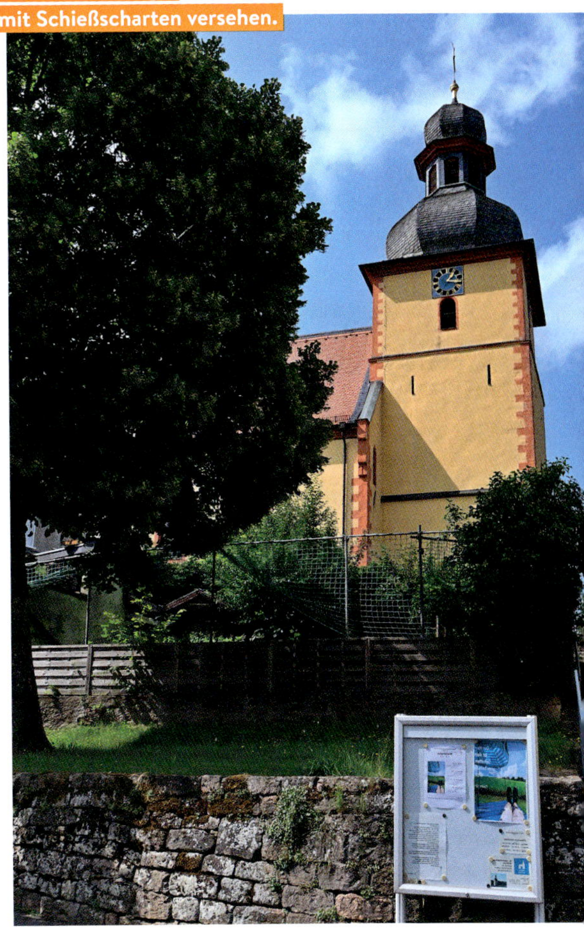

zum Verweilen ein. Das Pumpwerk im Inneren funktioniert noch vollständig (Besichtigung nach Voranmeldung, Tel. 06061/5427).

ZUM WEG DER LIEBE Wir gehen zurück bis zur neueren Anlage und verlassen 20 Meter dahinter den Weg nach rechts auf einen überwucherten Pfad durch hüfthohes Zittergras (gelbe 1). An der Verzweigung bleiben wir auf dem talseitigen Weg und verlassen kurz nach der Schranke unsere Markierung. Wir wandern scharf links hoch und folgen der gelben 2. Nach 10-minütigem Anstieg nehmen wir an der nächsten Gabelung die nach links führende Variante. Oben beim abgesägten Baumstamm schwenken wir nach rechts auf den mit rotem Herzen markierten Weg der Liebe ein. Der Themenweg zieht an Valentins- und Barbaratag Liebende zu Lesungen und Events an.

LAUSEICHE Sanft bergauf führt unsere Tour zum alten Kreuzungspunkt an der **2 Lauseiche**, die eher »Lauscheiche« heißen müsste, da hier in grauer Vorzeit vermutlich ein Posten war, auf dem man feindlichen Geräuschen gelauscht hat. Kurz dahinter fand man in der Wallgrabenanlage der Ohrenbacher Schanze römische Keramik und in der Mitte Reste eines Brunnens. Ein alter hölzerner Wegweiser zeigt zu den historischen Erdhügeln.

ZUM ROTEN BILD Wir beschreiten gegenüber dem Wall den Wanderweg mit der gelben 3, der um den Höhenzug führt. An der Kreuzeiche biegen wir links ab und machen einen Abstecher zum mysteriösen **3 Roten Bild**. Im hölzernen, rot angemalten Bildstock ist der weiße Kopf einer Madonnenfigur zu sehen, über deren Herkunft nichts bekannt ist. Zurück an der Kreuzeiche, bringt uns die gelbe 3 hinab ins **4 Ohnbachtal**. Am Gasthof vorbei geht es mit gelber 1 bergauf. Wir tangieren den nächsthöheren Waldweg, bleiben aber auf dem Grasweg, der in Höhe einer Kehre auf einen breiten Forstweg mündet. Hier verlassen wir die Markierung, ziehen bergab und wandern an der Kehre den unmarkierten Pfad geradeaus. Ein kleines Felsenmeer wird durchschritten, bevor wir auf dem Forstweg rechtshaltend fortsetzen. Am **5 Gesundbrünnlein** vorbei, dem energetische Kräfte nachgesagt werden, erreichen wir wieder unseren **E Ausgangsort**.

Das Historische Wasserwerk im Jugendstil funktioniert heute noch.

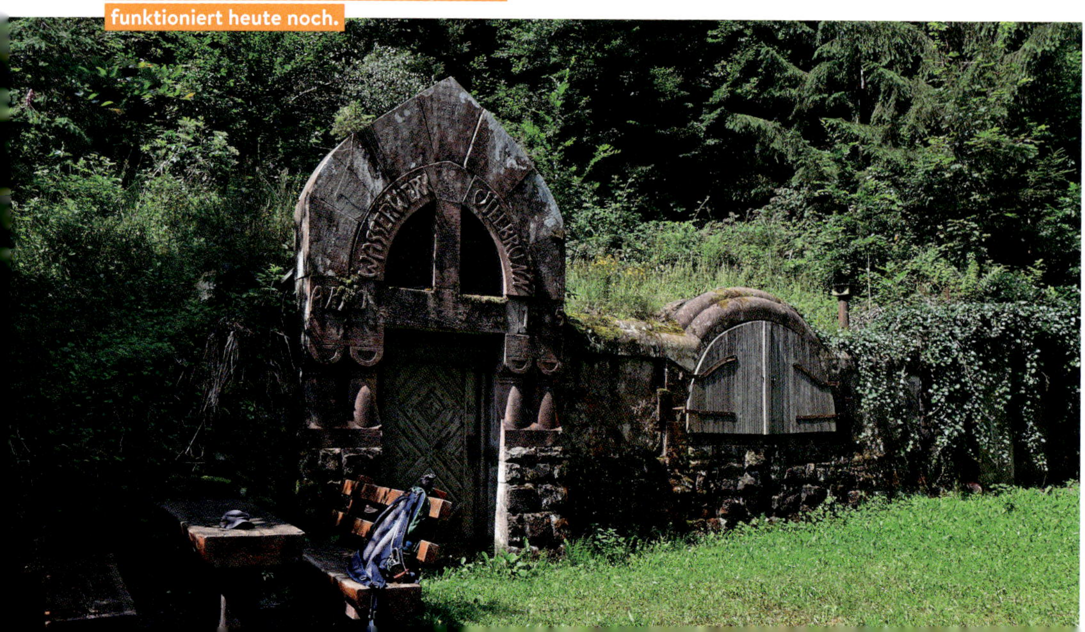

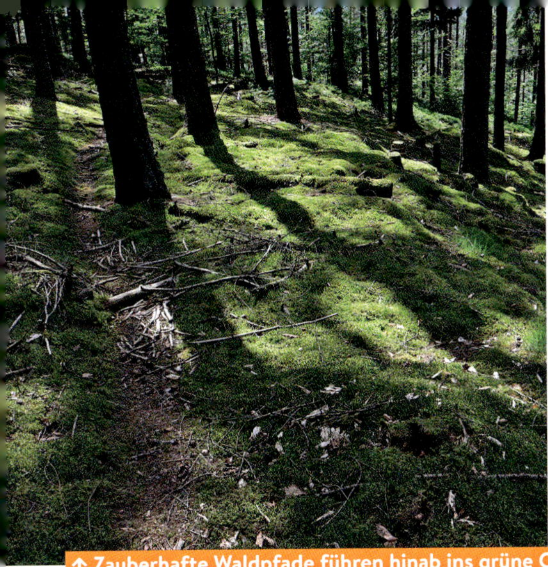

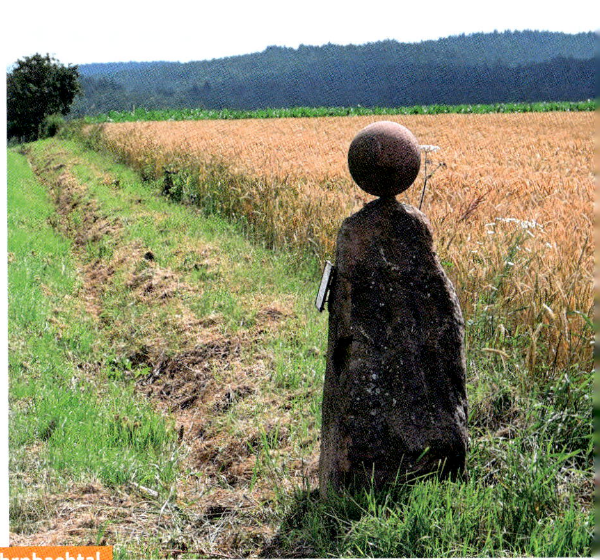

↑ Zauberhafte Waldpfade führen hinab ins grüne Ohrnbachtal.
↗ Auf dem Planetenweg bei Vielbrunn erfahren wir einiges über das Weltall.

INFO

mittel | 5 Std. | 15,6 km | 460 hm

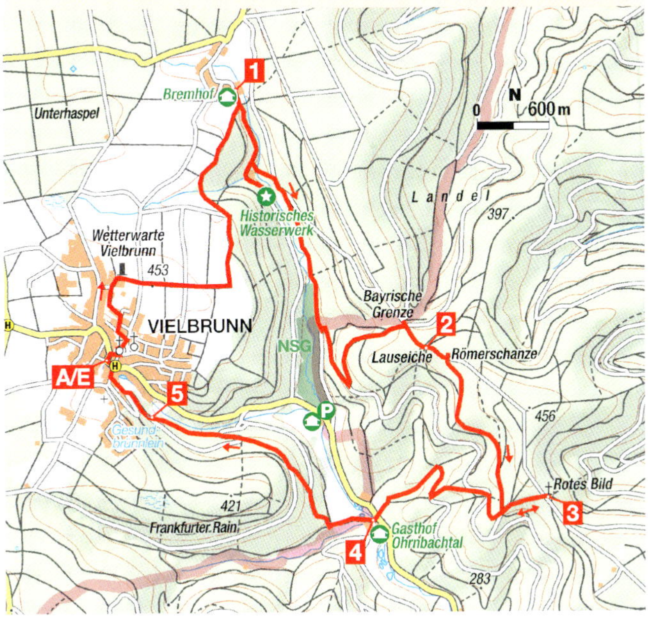

TOURENCHARAKTER

Anspruchsvolle Tour auf gut begehbaren Feld-und Waldwegen über die Hochebene und hinunter ins Ohrenbachtal

AUSGANGS-/ENDPUNKT

Parkplatz vor Hotel Weyrich in Vielbrunn (410 m)

ANFAHRT

Auto: Von Frankfurt aus über A 3 bis Stockstadt. Dann über B 469 bis Laudenbach, dort rechts nach Vielbrunn. Von Darmstadt B 26 / B 45 über Bad König; Bus & Bahn: Von Darmstadt oder Frankfurt mit Odenwaldbahn nach Bad König. Von dort mit Bus 28 nach Vielbrunn

GPS

49.71159, 9.09883

GEHZEITEN

Vielbrunn – Bremhof 1 Std. – Lauseiche 1.30 Std. – Gasthof Ohrnbachtal 1.30 Std. – Vielbrunn 1 Std.

EINKEHR

Gaststätte Bremhof, Di–So ab 12 Uhr. Gasthof Ohrnbachtal, Di, Fr 11.30-14 und ab 17 Uhr, Sa, So ab 11.30 Uhr, www.gasthof-ohrnbachtal.de

INFORMATION

www.vielbrunn.de und Gästeinformation, 64720 Michelstadt, Marktplatz 1, www.michelstadt.de

PS: LANDSCHAFT, EINE SYMBIOSE AUS NATUR UND KULTUR

BIS HEUTE HABE ICH DIE LANDSCHAFT EHER unter naturwissenschaftlichen Aspekten betrachtet. Eine Schlucht war für mich ein Landschaftselement, das durch erosive Kräfte entstanden ist, ein Fels war ein Gestein, das im Gegensatz dazu der Erosion widerstanden hat. Eine mystische Betrachtungsweise gab es für mich nicht. Das, was man in der Landschaft vorfindet, ist Naturgesetz, fertig, aus. Während des Schreibens und Recherchierens dieses Buches wurde mir von Tour zu Tour immer mehr gegenwärtig, dass sich in den Landschaften noch mehr verbirgt als tote Materie.

WAS FELSEN UND BÄUME ERZÄHLEN

Die Geschichten dahinter, Erzählungen von einer Fee, die Glück bringt, trifft man sie im Grunde des Tals, oder vom Teufel, der am Felsen angekettet war, von wilden Weibchen, die in der Höhle lebten und so weiter und so fort. Dies alles ließ mich die Landschaft mit anderen Augen sehen. Ich konnte mir vorstellen, wie man sich früher die teils schaurigen Geschichten abends vor dem Ofen erzählte und weitertrug. Mir wurde klar, dass Kulturlandschaft von den dort wohnenden Menschen, von ihren Träumen, Wünschen und auch ihren Ängsten geprägt ist. Und je bizarrer eine Landschaft ist, desto intensiver sind die Sagen und Legenden, die darum gesponnen werden.

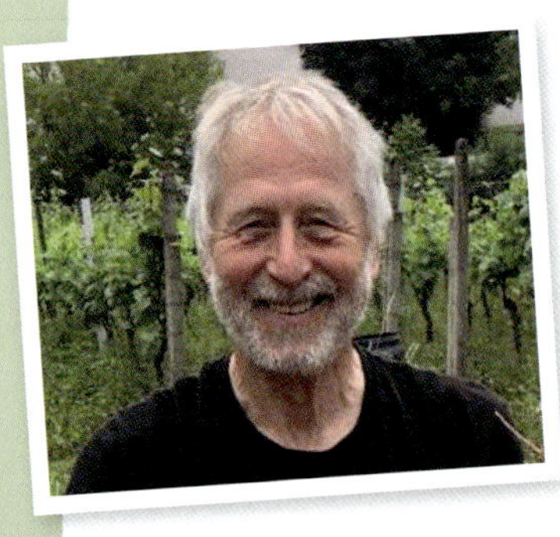

EINE LIEBESERKLÄRUNG

Der Odenwald, den ich schon lange kenne, ist mir auf diesen Wanderungen ein Stück näher gekommen. Ich habe eine Beziehung aufgebaut, die ich vorher nicht kannte. Vielleicht geht es Ihnen, liebe Leser ja ähnlich. Dann wäre mein Auftrag erfüllt.

In diesem Sinne, lassen Sie sich von mir entführen auf mystische Wege.

Albrecht Rilke

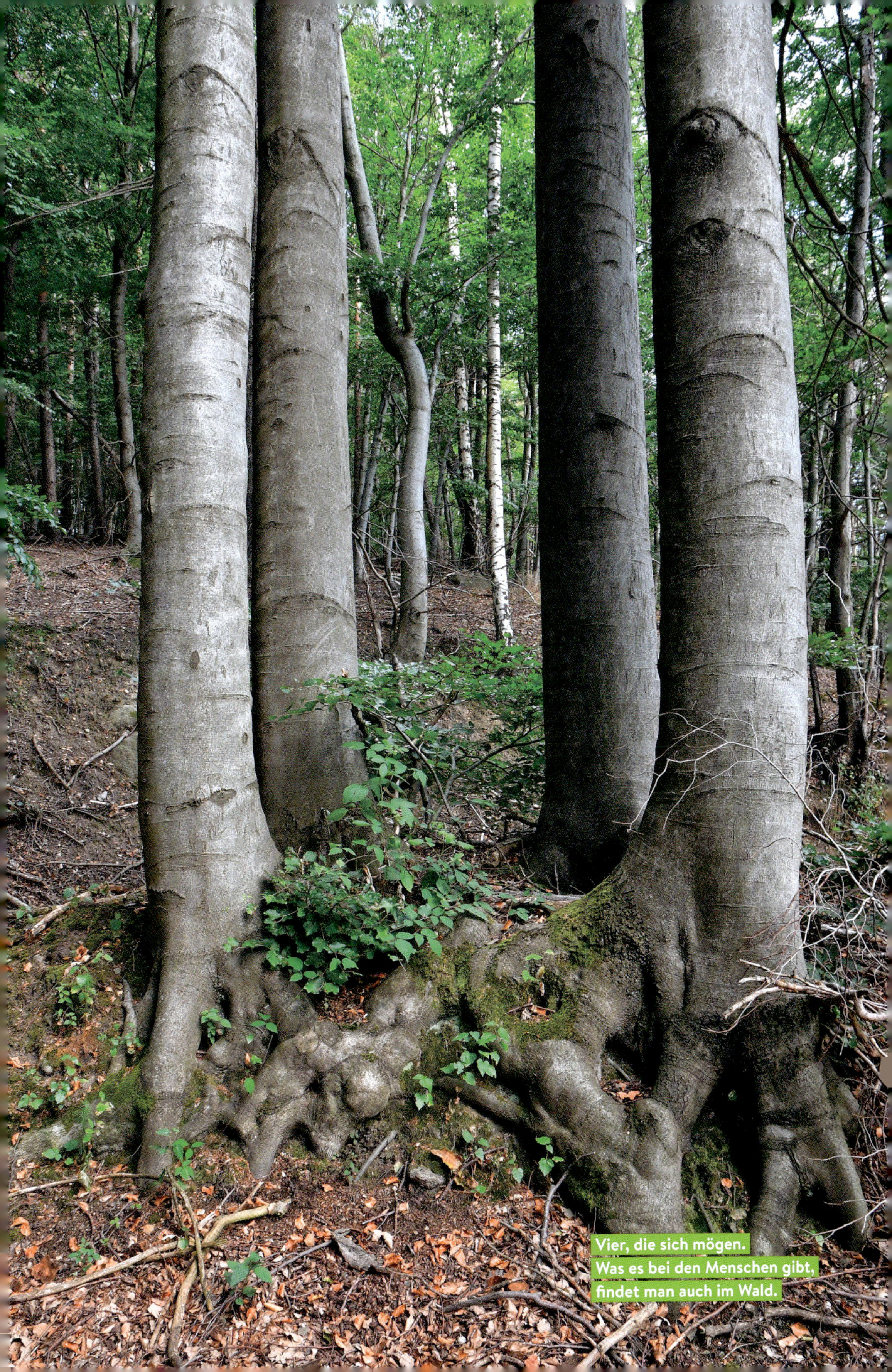

Vier, die sich mögen.
Was es bei den Menschen gibt,
findet man auch im Wald.

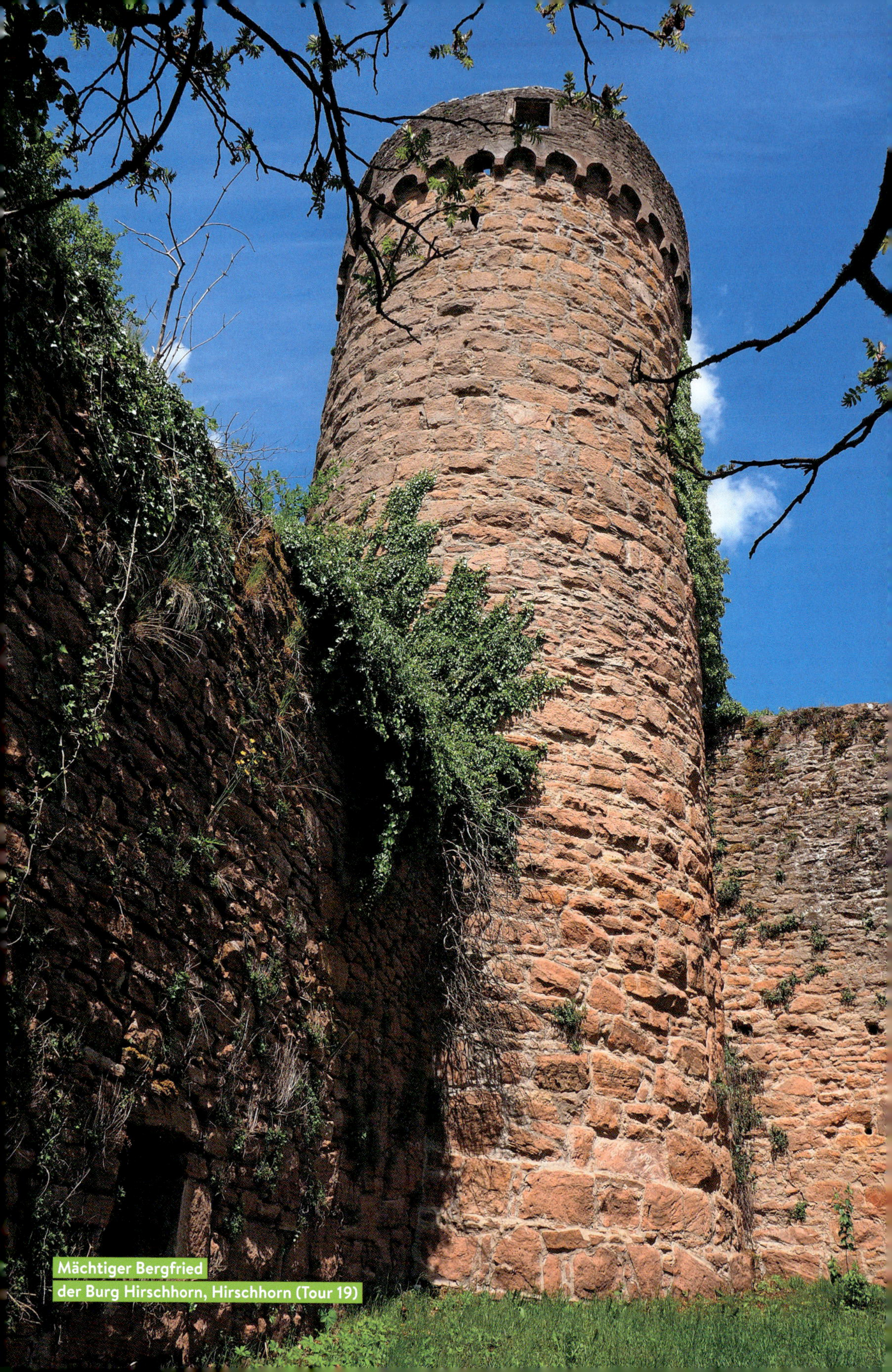

Mächtiger Bergfried
der Burg Hirschhorn, Hirschhorn (Tour 19)

REGISTER

IMPRESSUM

Verantwortlich: Sabine Klingan
Redaktion und Lektorat: Franka Virteburch
Satz: BUCHFLINK Rüdiger Wagner, Nördlingen
Korrektorat: Ralf J. Klumb | The Wordworms
Layout- und Reihengestaltung: Mathias Frisch
Covergestaltung: Rudi Stix
Repro: LUDWIG:media
Kartografie: Bruckmann Verlag GmbH, Heidi Schmalfuß
Herstellung: Alexander Knoll
Printed in Slovenia by Flojancic

Exklusiv für Sie als Leser:

MIT GPS-DATEN ZUM DOWNLOAD

unter: gps.bruckmann.de

★★★★★

Sind Sie mit diesem Titel zufrieden? Dann würden wir uns über Ihre Weiterempfehlung freuen.
Erzählen Sie es im Freundeskreis, berichten Sie Ihrem Buchhändler, oder bewerten Sie bei Onlinekauf. Und wenn Sie Kritik, Korrekturen, Aktualisierungen haben, freuen wir uns über Ihre Nachricht an Bruckmann Verlag, Postfach 40 02 09, D-80702 München oder per E-Mail an lektorat@verlagshaus.de.

Unser komplettes Programm finden Sie unter www.bruckmann.de

In diesem Buch wird aus Gründen der besseren Lesbarkeit das generische Maskulinum verwendet. Weibliche und anderweitige Geschlechteridentitäten werden dabei ausdrücklich mitgemeint, soweit es für die Aussage erforderlich ist.

Empfehlung der Redaktion Sie sind auf der Suche nach weiterführender Literatur? Dann empfehlen wir Ihnen den Titel »Hütten-Geheimtipps Pfälzerwald« von Albrecht Ritter. Oder Sie werfen einen Blick in die Zeitschrift *BERGSTEIGER*. Hier werden Sie bestimmt fündig.

Bildnachweis: Alle Bilder im Innenteil und auf der Umschlagrückseite stammen vom Autor.
Umschlagvorderseite: Morgennebel im Felsenmeer (lookphotos / Machalett, Heiner)
Umschlagrückseite: Burg Rodenstein, Tour 13

Die Deutsche Nationalbibliothek verzeichnet diese Publikation in der Deutschen Nationalbibliografie; detaillierte bibliografische Daten sind im Internet über http://dnb.d-nb.de abrufbar.

2., aktualisierte Auflage

ISBN 978-3-7343-2334-8